노화와 언어는
서로 어떻게 영향을 미칠까?

| 나이 듦에 따른 언어와 인지 변화에 대한 언어심리학적 접근 |

노화와 언어는 서로 어떻게 영향을 미칠까?

로저 크루즈(Roger Kreuz),
리처드 로버츠(Richard Roberts) 지음

최원일 옮김

GIST PRESS
광주과학기술원

형제자매는 유일한 친족이자 아마도 당신의 굴곡진 인생길을

함께 걸으며 당신과 평생을 함께 할 유일한 사람들이다.

− 제프리 클루거 Jeffrey Kluger, Salon(2011)

이 책을 우리의 형제자매들에게 바친다.

| 목차 |

감사의 말

로저 Roger 는 토리 타두그노 Tori Tardugno 에게 감사하고 싶습니다. 토리의 효율성과 전문성 덕분에 그는 이 프로젝트에 필요한 시간을 확보할 수 있었습니다. 또한 톰 네논 Tom Nenon 의 지지와 격려에 감사합니다.

리처드 Richard 는 제니퍼 빔 Jennifer Berne 에게 감사하고 싶습니다. 그녀는 언어에 미치는 노화의 영향과 노화에 미치는 언어의 영향의 대칭성을 지적함으로써 리처드가 토론하던 주제에 대해 새롭게 이해할 수 있도록 이끌었습니다. 그녀의 이 통찰은 바로 이 책의 소제목에 녹아 있습니다. 제프 뉴베른 Jeff Newbern 과 마크 시먼 Mark Seaman 은 고맙게도 그들의 집, 가슴, 그리고 마음을 열어주었습니다. 리처드는 또한 아무리 복잡한 개념도 잘 이해할 수 있을 정도로 설명하는 능력과 의지를 가진 그렉 모건 Greg Morgan 에게 감사를 표합니다. 그리고 어디를 가든 앞장서서 희망과 기쁨을 전하는 조이스 벤더 Joyce Bender 와 메리 브루거 Mary Brougher 에게도 감사를 전합니다.

로저와 리처드는 이 프로젝트에 대한 신념과 지지를 보내준 필 러플린 Phil Laughlin 에게 감사합니다. MIT 출판사에서 함께 고생해준 주디 펠드만 Judy Feldmann , 몰리 시먼스 Molly Seamans , 수잔 클라크 Susan Clark , 스테파니 코헨 Stephanie Cohen 을 포함한 모든 분들께도 감사를 전합니다. 편집자인 빌 헨리 Bill Henry 에게 감사하며, 벤자민 Benjamin L. 에게도 특별한 감사를 표합니다. 훅스 사회변화연구소는 우리가 이 일을 할 수 있도록 아낌없이 장소를 제공해 주었습니다. 세 분의 익명의 심사자들께서 이 프로젝트의 시작 단계에 유용한 조언을 주셨습니다. 우리는 특별히 수잔 피츠제럴드 Susan Fitzgerald , 지나 카우치 Gina Caucci , 알렉스 존슨 Alex Johnson 에게 감사합니다. 이들의 예리한 눈이 아니었으면 이 책의 완성본에는 많은 부적절한 표현들이 포함되었을 것입니다.

리처드는 현재 미국 국무부에서 일하고 있습니다. 그렇지만 이 책의 내용은 리처드 개인의 의견일 뿐이며 미국 정부의 의견이 아님을 분명하게 하고 싶습니다.

로저 크루즈 Roger Kreuz 와 리처드 로버츠 Richard Roberts

2018년 7월, 테네시주 멤피스에서

어떤 이의 삶에 대해 생각할 때 할 수 있는 일반적인 은유는 인생을 여행에 비유하는 것이다. 이 여행에서 함께 하는 친구 중 하나는 모국어다.[1] 우리는 외관상 아무런 노력 없이 유아기와 어린 시절에 언어를 습득한다. 그리고 정규 교육을 받으면서 읽고 쓰는 것을 배우는데, 어떤 측면에서 이는 두 번째 언어 습득이다. 비록 우리가 이미 육체를 가지고 있지만, 이 정규 교육 기간 동안 우리는 문법과 수사 양식에 대해 배우는데, 이것들은 언어의 골격과 관절이다. 우리의 어휘력은 점점 더 커진다. 모국어로 쓰인 산문, 시, 그리고 희곡에서 언어가 치솟을 수 있는 거대한 높이를 발견한다.

그다음은 무엇일까? 대부분의 사람들에게는 그것이 이야기의 끝인 듯하다. 이제는 외국어를 공부하는 것을 선택할 수도 있지만, 우리는 일반적으로 모국어를 습득한 방법과는 근본적으로 다른 방식으로 외국어를 배운다. 그리고 일단 학교 교육을 마치면 모국어는 완제품처럼 보일지도 모른다. 시간이 흐르면서 어휘를 추가로 배우고 더 나은 글을 쓰기 위해 노력하겠지만, 우리는 보통 이런 점에 대해 생각하는 데 많은 시간을 쓰지 않는다. 언어는 단순히 우리가 가지고 있을 수 있는 많은 기술들 중 하나이다. 예를 들어, 저글링을 하거나 피아노를 치는 것과 같은 것이다. 그러나 대부분의 저글러들은 뉴턴의 운동 법칙을 연구하기 위해 더 나아가지 않으며, 대부분의 피아니스트들은 작곡의 대위법이나 피아노 제작의 역사를 연구해야 한다고 느끼지 않는다. 대다수의 사람들에게 저글링, 음악 연주, 또는 언어를 사용하는 것은 단순히 목적을 위한 수단일 뿐 그 자체가 목적이 아니다.

일반적인 통념과는 달리, 인지 노화를 연구하는 학자들은 '언어 체계가 전 생애에 걸쳐 대체로 변하지 않는다.'는 생각에 일치된 견해를 보인다.[2] 그러나 이 말이 언어가 노화에 의해 전혀 영향을 받지 않는다는 말일까? 언어는 지각이나 기억과 같은 다른 인지적 과정에 의존하는 복잡한 현상이다. 어떤 이의 이름을 기억해내려고 노력하는 사람은 언어가 기억에 얼마나 의존하는가를 생각해 볼 수 있을 것이다. 더구나 시끄러운 식당에서 동반자가 하는 말을 듣거나 메뉴를 읽으려고 애쓸 때에는 언어의 지각 의존성도 또한 분명해진다.

이 시점에서 비유를 하나 소개하는 것이 도움이 될 것 같다. 누군가가 해변에 정교한 모래성을 지었다고 상상해보자. 성 자체는 인상적일지도 모르지만 모래성은 그 기초만큼만 튼튼할 뿐이다. 파도가 밀려오기 시작하면서 성의 기초는 위협받는다. 출렁이는 파도가 성의 바닥을 없애버리면 곧 정교한 성의 탑과 아치는 빠르게 침식하는 기초 위로 위태롭게 무너져 내릴 수 있다. 그러나 때로는 모래로 만든 기초의 일부가 떠내려갔음에도 불구하고, 그 성은 여전히 서 있을 수도 있다.

그렇다면 노화라는 물결이 지각과 기억이라는 기초를 쓸어버릴 때 언어는 어떻게 버틸 수 있을까? 이렇게 변화하는 마음은 우리의 언어 능력의 쇠퇴를 예고하는 것일까? 밝혀진 바와 같이 언어는 잘 지어진 모래성처럼 인지적 감퇴 앞에서 놀라운 복원력을 보여줄 수 있다. 성인기의 언어 변화를 그리는 한 편의 완전한 드라마는 쇠퇴로부터 적응, 회복을 지나 심지어 향상까지 나아간다.

이러한 외관상 모순된 결과는 언어를 단일한 인지 현상이 아닌 상호작용하는 구성 요소들의 집합으로 개념화하면 보다 쉽게 이해할 수 있다. 크게 보면 언어는 듣기, 말하기, 읽기, 쓰기의 네 가지 영역으로 구성된다. 각각의 영역은 하나의 통합된 다중 요소 체계의 일부임을 명심해야 한다. 한 영역이 조금 덜 발달했다는 것이 언어 능력 자체가 부족하다는 것을 의미하는 것은 아니다. 예를 들어 읽기나 쓰기를 전혀 배우지 않은 사람들이 전 세계적으로 아직 많이 있지만, 그렇다고 해서 그들에게 언어가 없다고 규정하지는 않을 것이다. 사실 이 우주의 긴 시간 속에서 인류는 비교적 최근까지만 해도 문맹이었다. 또한 시각장애인과 시력이 약한 사람은 촉각과 청각과 같은 다른 감각을 통해서 문자 언어를 경험한다. 마찬가지로 수어도 그 어떤 구어만큼이나 풍부한 표현력을 가지고 있다.

언어와 노화의 관계를 탐구하는 연구자들은 다양한 관점을 도구로 삼는다. 대부분이 인정하는 단순한 방법으로, 우리는 발달적, 생리학적, 사회적, 인지적 관점, 이렇게 네 가지의 주요한 관점으로 나눠볼 수 있다. 언어를 연구하는 이러한 방법들은 당연히 상호배타적인 것은 아니며, 우리가 이 책에서 논의할 많은 주제들은 이 네 가지 관점의 통합적 기여를 필요로 한다.

발달적 관점에서는 연구자들이 어떻게 언어의 네 영역이 습득되고 시간이 지나면서 변화하는가에 초점을 맞춘다. 예를 들어 우리는 태어나면서 모국어의 소리를 식별할 수 있게 되며 2년 안에 말하기의 기초를 마스터할 수 있게 된다. 읽기와 쓰기는 어린이집과 유치원에서부터 공식적으로 교육을 받기 시작해서 중학생이 되면 읽기를 정복하고 고등학생이 되면 쓰기까지도 잘 하게 된다. 물론 글쓰기를 완벽하게 정복했다고 주장하는 사람은 거의 없지만 말이다.

생리학적 관점에서 볼 때 언어와 뇌에 대한 연구는 네 개의 영역이 어느 정도 독립적으로 기능할 수 있다는 것을 시사한다. 이것은 아마도 뇌 손상의 영향을 고려할 때 가장 명백하다. 뇌졸중이나 머리 부상으로 인한 장애는 놀랄 만큼 선택적일 수 있다. 예를 들어 뇌졸중을 앓는 사람은 글을 읽는 능력은 상실할 수 있지만, 언어를 말하고 이해하며, 심지어 쓰는 능력에는 거의 또는 전혀 장애가 없을 수도 있다.

사회적 관점에서, 연구자들은 언어 사용을 연구하기 위한 사회와 문화의 역할을 고려한다. 예를 들어, 그들은 고정관념이 노화에 미치는 영향과 연령차별의 사회적 결과를 살펴본다. 이 연구자들은 또한 고령화되는 인구 구조가 전 세계의 사회를 어떻게 변화시키는가를 연구한다.

인지적 관점에서는 연구자들이 단어를 찾는 과정과 같은 언어의 특정한 구성 요소의 처리에 집중하여 연구하기도 한다. 인지적 관점의 다른쪽 끝에서는 외상에 대한 글쓰기 연구처럼 언어의 한 영역이 어떻게 더 광범위하게 작동하는지를 탐구한다. 우리는 인지과학자들이기 때문에 주로 인지적 관점의 연구들을 통해 이 책의 논의를 전개할 것이다.

이 책의 처음 몇 장을 통해 우리는 어떻게 노화가 언어의 네 영역에 영향을 미치는가를 집중해서 다룬다. 먼저 전 생애에 걸친 노화를 연구하는 연구자들이 직면하는 방법론적 문제들 중 몇 가지를 논의할 것이다. 그 뒤 언어 능력을 뒷받침하는 인지 과정에 대해 다룰 것이다. 여기서 60대 이상의 노인들이 가장 두려워하는 것이 바로 기억력의 상실이라는 것을 지적하고 싶다.[3] 이러한 연유로 듣기, 말하기, 읽기, 쓰기에 있어 기억의 역할을 탐구할 것이다. 예를 들어 많은 노인들이 불평하는 것들 중 하나인, 적절한 단어를 머릿속에서 찾아내는 능력의 감퇴는 기억의 문제인가, 언어의 문제인가, 혹은 이 둘의 조합 때문일까?

책의 후반부에서는 노화에 미치는 언어의 심오한 영향을 고찰한다. 사람은 보다 통찰력 있고 미묘한 방식의 의사소통을 통해 높아진 자의식을 경험할 수 있다. 이는 우리 자신뿐만 아니라 다른 사람들의 경험과 동기를 이해하는 기술을 높인다. 언어 능력의 유지 및 향상은 지각과 기억과 같은 인지 정보 처리의 감퇴를 상쇄시키는 균형추로 작동한다.

삶의 질을 향상시키기 위해 언어 능력을 이용하는 것에는 상한선이 없는 듯하다. 이 책에서는 여러 주제들 중에서 특히 독서와 과거의 추억담, 그리고 대화를 통해 얻을 수 있는 이점에 대해 살펴본다. 요컨대, 건강한 노화를 위해 언어를 사용하는 것은 우리 모두의 의무이다.

무대 장치하기

: 언어와 성인 발달

무대 장치하기
: 언어와 성인 발달

미국 역사상 가장 유명한 여행 중 하나는 메리웨더 루이스Meriwether Lewis와 윌리엄 클라크William Clark를 필두로 하는 탐험대에 의해 이루어졌다. 그러나 태평양 북서부로의 원정이 시작되기 전에 그들은 엄청난 준비를 해야 했다. 모든 상상할 수 있는 필요를 충족시키기 위해 음식, 텐트, 옷, 의약품과 같은 물자를 확보해야 했다. 게다가 루이스는 이 그룹의 리더로서 천문학, 식물학, 항해학, 측량 등 광범위한 학문을 익혀야 했다. 그는 이러한 학문들에 능통했기 때문에 미지의 상황에 직면했을 때 탐험대는 성공적으로 문제들을 헤쳐 나갈 수 있었다.

이와 마찬가지로 이 장에서는 언어와 성인 발달에 대해 생각할 때 명심해야 할 여러 중요 주제들을 개관한다. 이러한 주제들은 다양하면서도 근본적으로 중요하며 나중의 장에서 나올 언어와 노화 사이의 상호작용에 대한 논의를 위한 무대가 될 것이다.

발달 연구를 위한 방법론

심리학자들은 단계에 크게 집착하는 것 같다. 사실, 발달단계 이론은 우리 문화에 너무 스며들어 있어서 사람들이 정상적으로 나이가 들어감에 따라 각각 다른 단계를 통과한다고 믿는 것을 당연시하고 있는지도 모른다. 그러나 그러한 평가가 정확한지 아닌지는 우리가 전 생애에 걸친 변화를 어떻게 연구하는가와 많은 관련이 있다.

단계 이론에서는 특별하게 눈에 띄는 특성이 나타나는지의 여부가 한 단계에서 다음 단계로의 이동에 중요한 기준이 된다. 발달심리학자인 장 피아제Jean Piaget 의 연구를 생각해보자. 그는 아동의 사고과정이 나이가 들면서 어떻게 변하는지에 관심이 있었다. 피아제는 자신의 인지 발달 이론에서 첫 단계에 있는 어린아이들은 사물이 눈앞에 보이지 않아도 여전히 이 세상에 존재한다는 것옮긴이 주: 이를 '대상영속성'이라고 한다.을 이해하지 못한다고 했다.

대상영속성의 유무를 어떻게 측정할 수 있는지 예를 들어보자. 한 어린 아이가 기차놀이 장난감 세트 앞에 앉아 있다고 상상해보자. 기차는 기찻길을 뱅글뱅글 돌고 있고, 그 기차의 한 칸에는 큰 플라스틱 공룡이 타고 있다. 어떤 시점에 기차가 터널 안으로 들어간다. 기차가 터널을 빠져나오자 공룡이 아기 곰 인형으로 바뀌었다. 대상영속성을 이해하는 사

람이라면 이 사건은 엄청 놀라운 일이다. 기차가 공룡을 태우고 터널에 들어갔다면 우리는 그 기차가 터널을 빠져나올 때에도 여전히 공룡이 타고 있을 것이라 기대한다. 그러므로 이 이상한 사건을 보고 놀라는 아이들은 대상영속성이라는 개념을 이해한다고 말할 수 있다.

우리가 피아제의 첫 번째 발달단계 안에서 더 어린아이들과 조금 더 큰 아이들을 비교한다면 더 어린아이들은 공룡에서 아기 곰으로 바뀐 것을 보았을 때 더 어린아이들 집단은 별로 놀라지 않지만 더 큰 아이들 집단은 계속 놀라는 것을 기대할 수 있다. 이러한 비교가 바로 횡단 연구의 예시다. 횡단 연구는 서로 다른 연령대의 집단이 특정 과제를 수행할 때 이를 비교하는 것이다. 만약 다른 연령대의 두 집단이 한 과제에 대한 수행의 결과에서 차이가 있다면 이는 이 두 집단이 서로 다른 발달단계에 놓여 있다는 것을 반영한다고 가정하는 것이 합리적이다. 젊은이와 노인을 비교하는 많은 연구들이 이와 같은 횡단 연구 설계를 사용한다.

이러한 연구 설계를 이용한 연구는 자연스럽게 단계의 불연속성과 갑작스러운 전이를 강조하는 결과를 얻는다. 다시 말하면, 횡단 연구 설계로부터 도출된 결론은 발달상 분리된 단계가 있다는 생각을 뒷받침할 수 있다.

서로 다른 연령 집단을 대상으로 연구를 하는 대신 하나의 집단의 구성원들의 수행을 시간에 따라 추적할 수도 있다. 이러한 방법을 종단 설계라 하는데 이는 점진적 변화와 연속성을 더 잘 보여줄 수 있다. 그러나 이 설계는 실제 수행하기가 어렵다. 우선 동일한 연구 대상자가 꾸준하게 연구에 참여해야 하는데, 이들은 이사를 갈 수도 있고, 마음이 바뀌어 연구에 참여하지 않기로 결정할 수도 있다. 또한 이 설계는 돈이 많이 든다. 가장 어려운 것은 연구를 완수하는 데 수년에서 수십 년까지 걸릴 수 있다는 점이다. 이러한 이유들 때문에 연구자들은 종단 설계보다는 횡단 설계를 더 많이 이용하여 연구를 수행한다.

　이것이 왜 중요한지를 보여주는 예를 하나 살펴보자. 만약 우리가 초등학교에 가서 1학년부터 6학년까지 학생들의 키를 측정한다면 각 학년 아이들의 평균 키가 서로 다른 것을 발견할 수 있을 것이다. 이러한 차이를 보여주는 그래프는 몇 층의 계단 모양처럼 보일 수 있다. 하지만 만약 우리가 6년의 시간 동안 몇 개월에 한 번씩 꾸준히 같은 아이들의 신장을 측정한다면 아마도 점진적으로 변화하는 그래프를 보게 될 것이다. 나이가 들면서 완만하게 우상향하는 선이 그려진 그래프 말이다.

　연구자들은 이 두 가지 설계를 혼합한 연구 방법을 사용할 수도 있다. 이를 교차 순서 설계라 한다. 이 설계에서는 _{횡단 연구에서와 같이} 서로 다른 연령대의 사람들의 수행을 측정하고, 동일한 사람들을 _{종단 연구에서와 같이} 단기간 추적한다. 교차 순서 설계를 사용한 연구는 횡단 및 종단 설계만큼 많지 않다. 하지만 이러한 설계를 통해서 구분된 발달 단계가 보다 점진적인 과정으로부터 나타날 수 있다고 생각하는 것이 중요하다는 것을 알 수 있다.

사과와 오렌지의 비교: 서로 다른 대상을 비교할 때 주의할 점

　앞의 절에서 살펴본 바와 같이 연구자들은 횡단 연구를 이용하여 젊은 층과 노년층의 능력을 비교할 수 있다. 언뜻 보기에 이것은 그리 복잡한 문제가 아닌 것 같다. 젊은이들과 노인들이 연구에 참여할 수 있고 잘 통제된 실험실에서 일련의 검사를 수행한다. 이 두 집단의 인지적인 능력에서 통계적으로 유의미한 _{즉, 믿을 수 있는} 차이가 있는지를 알아보기 위해 두 집단의 수행을 비교한다. 이 절차가 보기에는 간단해 보이지만 생각보다 더 복잡하다. 젊은이들과 노인들은 연령의 차이만이 아니라 다양한 차원에서 차이가 있다. 그 결과, 어떤 요인이 두 집단의 수행 차이에 영향을 미치는지 결정하는 일은 종종 쉬운 일이 아니다.

2015년 미국에서 수행되었던 한 인지 노화에 대한 연구를 생각해보자. 연구자들은 약 25세 청년 집단 와 75세 노인 집단 의 참가자를 모집했다. 이 두 집단은 분명 연령에서 50년의 차이가 있다. 그렇다면 다른 측면에서의 체계적인 차이도 있을까?

우선 이들이 받은 공식적인 교육의 연수에서 차이가 있을 것 같다. 청년 집단의 참가자들은 아무래도 집단 전체가 고등 교육을 더 많이 받았을 가능성이 높은 반면에 노인들은 1960년대 초기에 대학생 나이였는데, 이 시기에는 대학에 가는 사람이 거의 없었다. 2015년에 25세에서 34세 성인의 65퍼센트가 어떤 형태든 대학에 입학하지만 65세 이상의 어른들은 단지 50퍼센트만이 대학에 다닌 적이 있다.[1] 그러므로, 이 연구에 참여한 청년과 노인 집단의 표본이 전형적이었다면 참가자들은 나이뿐만 아니라 교육 연한도 달랐을 것이다.

두 집단이 받은 교육의 종류도 꽤나 달랐을 것이다. 청년 집단은 1990년대 중반에 초등학교를 입학했을 텐데, 이때는 인터넷이 온 세상을 휩쓸었던 때이다. 그 결과 인터넷은 항상 그들의 삶의 일부였고, 그래서 이들을 '디지털 원주민'이라고 불렀다. 노인 집단에게 온라인 세상은 그들의 30대 중반 이후에야 비로소 찾아왔다. 이들도 인터넷과 이것이 제공하는 모든 것을 사용할 수 있는 '디지털 이주민'이지만, 온라인 세상이 그들 삶에 만연된 부분은 아니었다.[2]

그리고 젊은이들은 노인들에 비해 더 똑똑하다. 만약 지능 검사의 수행을 통해 지능을 측정한다면 말이다. 한 사람의 지능에 대한 절대적 측정치라는 것은 존재할 수 없기에, 지능은 상대적인 속성이라는 것을 깨닫는 것이 중요하다. 어떤 사람이 '평균 지능을 가지고 있다'고 말한다면 그

것은 지능 검사의 점수가 100 근처라는 것을 의미한다. 지능 검사는 신중하게 구성되고 표준화되어서 검사를 받은 사람들 중 중간 수준의 수행을 보이는 경우 그 사람의 지능 지수는 100이라는 점수를 가지게 된다. 문제는 사람들의 검사 수행이 시간이 지나면서 점점 나아지고 있다는 것이다. 예를 들어, 웩슬러 아동용 지능 검사는 1949년 개발된 이래로 무려 네 차례나 재표준화가 이루어졌다. 왜냐하면 미국에서는 10년에 3점 정도씩 검사 수행이 계속 향상되었기 때문이다.[3] 따라서 검사를 조금 더 어렵게 만들어 평균 점수를 100점으로 유지하기 위해 수정이 계속된다.

이러한 현상을 '플린 효과'라고 부르는데, 이는 지난 45년 동안 미국에서의 지능 검사 점수가 크게 올라간 것을 보고[4]했던 제임스 플린James Flynn의 이름에서 따온 것이다. 이러한 검사 점수의 증가는 12개 이상의 다른 국가에서도 관찰되었다.[5] 이 효과는 꽤나 실제적인 것 같은데, 이러한 점수 향상의 원인에 대해서는 연구자들이 다양한 설명을 제안한다. 이미 살펴본 대로, 젊은이들이 노인들에 비해 더 많은 교육을 받았기 때문에 그럴 수도 있다. 그러나 여러 연구들은 부모의 문해 능력, 가족 구조의 변화, 영양과 건강의 개선 등도 원인이 될 수 있다고 제안한다.[6] 연구자들은 또한 이 플린 효과가 지속되고 있는지[7] 아니면 오히려 반대 방향으로 가는지[8]에 대해 논쟁하기도 한다. 맥락상 이 문제를 더 이야기할 필요는 없다. 중요한 것은 젊은이들과 노인들이 연령 이외에도 차이가 나는 것이 또 있다는 것이다.

노인과 청년의 또 다른 점 하나는 바로 노인이 더 늙었다는 것이다! 비록 노화가 암이나 심혈관 질환을 유발하지는 않지만, 사람의 건강 저하도 인지 능력의 저하로 이어질 수 있다. 물론 인지 능력 감퇴의 원인이 노화 그 자체라는 뜻은 아닐 것이다. 그 원인은 현재 가진, 혹은 내재된 기저질환일 것이다. 비록 연구자들은 알려진 인지장애가 없는 노인들만을 연구에 모집하고 싶어 할지 모르지만, 드러난 장애가 없다고 해서 정말 장애가 없다는 것을 항상 확신할 수 있는 것은 아니다. 예를 들어, 대부분의 사람들이 신경인지장애_{치매}에 걸린 적은 없지만 오래 살수록 이 질환에 걸릴 확률이 높다. 신경인지장애가 진행되는 사람들에게 그 인지적 감퇴는 진단이 내려지기 몇 년 전에 나타날 수 있다. 그리고 연구자들이 신경인지장애를 진단하기 위해 사용하는 절차는 이러한 초기 인지 능력 감퇴를 찾아낼 만큼 민감하지 않을 수도 있다. 그 결과로 인지적인 문제가 없는 노년층을 대상으로 실시하는 연구에도 실제로 초기의 경미한 인지 감퇴가 이미 시작된 노인 참가자들이 포함될 수 있다.[9]

또 다른 쟁점 하나를 생각해보자. 만약 당신이 실험실에서 일련의 인지 검사를 수행하고 있는 노인이라면, 자신의 검사 점수가 청년들에 미치지 못할까봐 걱정하는 것이 당연한 일이다. 당신은 노인들의 기억 능력에 관한 부정적 고정관념에 대해 잘 알고 있다. 그리고 얼마 전 당신이 찾고 있던 단어를 떠올리지 못했던 경험을 회상할는지도 모른다. 이정도 되면 당신의 인지 감퇴를 객관적으로 보여줄 이 검사를 당신이 하고 있다는 것이 걱정이 되지 않을 리 없다. 이러한 걱정은 당신을 불안하게 만들고 이는 당신의 수행에 부정적 영향을 미친다. 그러나 청년들에게는 이러한 기억 검사나 지각 능력 검사는 마치 컴퓨터 게임 같은 것으로 느껴지기에 어떤 불안도 나타나지 않을 것이다.

위 사례는 사회심리학자 클로드 스틸_{Claude Steele}과 조슈아 아론슨_{Joshua Aronson}이 최초로 보고한 고정관념 위협이라는 일반적인 현상을 보여주고 있다. 이 연구자들은 자신의 연구에서 언어 능력을 측정하는 아주 어려운 검사를 흑인과 백인들에게 실시하였다. 한 조건_{고정관념 위협}에서는 검사 결과가 우리의 지적 능력을 반영한다는 것을 강조하였고, 다른 조건_{통제}에서는 이 검사가 능력을 진단하는 것이 아니고 단지 어려운 문제를 푸는 연습이라고 설명하였다. 스틸과 아론슨은 이 검사를 지적 능력을 측정하는 것이라고 믿도록 만드는 것이 백인이 아닌 흑인들에게만 부정적인 고정관념을 활성화시키도록 할 것으로 예측하였다. 실험의 결과는 이들의 예측과 들어맞았다. 고정관념 위협 조건에서는 흑인 참가자들이 백인 참가자들에 비해 더 낮은 점수를 얻었지만, 통제 조건에서는 두 인종 집단의 점수에 차이가 나타나지 않았다.[10]

연구자들은 노인들에게도 이 고정관념 위협이 나타나는 것을 관찰했다. 수행하는 과제가 기억 능력을 요구하는 과제라고 설명할 때 노인들은 청년들에 비해 높은 수준의 고정관념 위협을 경험했다.[11] 노인들의 고정관념 위협은 다양한 요인에 의해 조절될 수 있다. 토마스 헤스Thomas Hess와 그의 동료들은 60대의 참가자들이 70대의 참가자들보다 고정관념 위협의 영향을 더 많이 받는다는 것을 발견했다. 또한 교육 수준이 높은 참가자들이 더 높은 수준의 고정관념 위협을 경험하였다.[12] 아마도 60대의 참가자들은 이제 막 기억력 감퇴에 직면하기 시작했을 것이고, 교육적 성취는 기억력에 의존하기 때문에 교육받은 기간이 긴 사람들은 기억력의 감퇴를 지각했을 때 더 걱정이 클 것이다.

교육, 지능, 고정관념 위협은 연령 이외에 젊은이와 노년층이 차이를 나타내는 세 가지 특징이다. 언어와 노화에 대한 횡단 연구 결과를 해석할 때는 이러한 혼입 요인들 있다는 것을 염두에 두어야 한다.

노화에 의해 영향받는 인지 과정

인생의 어떤 지점에 도달한 후, 우리는 모두 노화의 영향을 몸에서 경험하기 시작한다. 관절과 근육의 뻣뻣함, 신진대사의 저하, 지구력 감퇴 등은 나이가 들수록 너무나 흔하게 나타나는 증상이다. 그러나 우리의 뇌도 나이가 들수록 변화한다. 그리고 이러한 변화는 많은 인지 체계에 영향을 준다. 먼저 노화에 의해 영향을 받는 인지 과정을 정리해보도록 하자.

일반적인 수준에서 인지 체계가 얼마나 빨리 작동하는가에 있어서 문제가 발생한다는 증거들이 있는데, 이를 '처리속도 감퇴'라고 한다.[13] 처리속도 감퇴의 예를 두 가지만 든다면 시각 매칭 유사한 사물을 식별하기과 시각 탐색 두 그림의 차이를 찾아내기과 같은 과제에서 속도 감퇴로 인해 다양한 인지 과제를 처리하는 기능에 해로운 영향을 미친다.[14]

기억도 역시 시간이 지남에 따라 변하는 것 같다. 그러나 변화의 양상은 기억의 종류에 따라 다르다. 예를 들어 비슷한 측면이 있긴 하지만 사실 조금 다른 단기기억과 작업기억을 비교해 보자. 단기기억은 전화번호, 단어 목록, 일련의 지시문 등과 같이 의식적으로 항목을 유지할 수 있는 능력이라고 생각할 수 있다. 단기기억의 크기는 나이에 따라 크게 변하지 않는다. 그러나 저장된 단어 목록의 순서를 거꾸로 인출하는 것과 같이 정보를 어떤 방식으로든 변환하는 능력과 관련된 작업기억의 경우는 조금 다르다. 이러한 변환을 수행하는 작업기억은 연령에 따라 감퇴가 일어난다.[15]

인지정보 처리의 또 다른 요소로 집행기능이 있는데, 이는 기억, 지각, 주의, 의사결정, 언어 처리와 같은 다양한 인지적 활동을 조정하는 기능을 한다. 각각의 활동이 오케스트라의 단원이라면 집행기능은 지휘자의 역할을 한다. 집행기능에 대한 다양한 연구 결과는 일반적으로 이 능력이 나이가 듦에 따라 감소하는 것을 보여준다.

예를 들어, 집행기능의 중요한 한 기능은 억제 기제이다. 이것은 다른 일을 무시한 채 한 가지에만 주의를 기울일 수 있는 능력을 말한다. 차를 운전하는 사람은 무엇이 주의를 필요로 하고 무엇이 무시될 수 있는지를 결정하는 데 익숙하다. 도로 옆에서 놀고 있는 아이들이 있다는 것을 인지하는 데에는 빠른 주의 전환이 필요한 반면, 도로 주변에 헛간이 있다는 것은 그럴 필요도 없고 무시해도 안전하다. 억제 기제를 평가하는 실험실 과제의 한 예는 스트룹 Stroop 과제이다. 이 과제에서 실험 참여자들은 쓰인 단어의 색상을 말해야 한다. 그러나 그 단어 자체는 파란색 잉크로 인쇄된 "빨강"이라는 단어와 같은 색 이름이다.

"빨강"이라는 단어가 자동적으로 인식되기 때문에 실험 참여자가 정확하고 빠르게 반응하는 것 이 예에서는"파랑" 을 방해한다. 이러한 억제 기제가 나이가 들면서 감퇴한다면, 노인들이 스트룹 과제를 더 못하리라 예상할 수 있고, 실제 결과 역시 그렇다.[16]

집행기능의 또 다른 역할은 메모를 하는 것과 화면에 막 뜬 이메일을 훑어보는 것과 같은 두 개의 서로 다른 과제를 빠르게 전환하는 능력과 관련된다. 대부분의 사람들은 자신이 다중 작업을 꽤나 잘 한다고 믿고 있지만, 사실 과제 사이에 주의를 전환하는 데에는 더 많은 처리 비용이 든다. 그리고 지금쯤 짐작했겠지만, 노인들은 젊은이들에 비해 과제를 전환할 때 더 큰 혼란을 겪는다.[17]

이와 같은 나이 듦에 따른 인지적 감퇴를 보면 노화에 대해 당연히 걱정을 해야 하는 것처럼 보인다. 하지만 노인들의 정신 능력에 대해 지나치게 비관적인 결론을 내리기까지는 몇 가지 주의사항을 반드시 검토해야 한다. 첫째는 인지 노화의 영향에 대한 민감성이 사람마다 너무 다르게 나타난다는 것이다. 예를 들어 한 노인 집단을 6년마다 한 번씩 추적 관찰한 연구는 인지 노화의 영향에 상당한 개인차가 있다는 것을 발견했다. 어떤 참가자들은 심각한 인지적 감퇴를 보였지만, 다른 이들은 인지 능력이 거의 변하지 않았다.[18] 그리고 60대와 70대 초반의 많은 사람들이 자신이 현저한 인지적 감퇴를 경험하고 있다고 믿고 있지만, 연구에 따르면 의미 있는 변화는 75세 이후에나 나타나는 것이 일반적이다.[19]

기억해야 할 또 다른 중요한 문제는 중년기 동안에 인간의 언어 능력에 무슨 일이 일어나는지에 대해 우리가 잘 모른다는 것이다. 이것은 어느 정도는 현재 관련 연구가 이루어지는 전형적인 방식 때문이기도 하다. 연구자는 실험 참여자를 필요로 하고, 언어 연구는 주로 학교에 다니는 어린 학생들부터 대학생들과 같은 실험에 참여하기 비교적 용이한, 소위 편의 표본을 사용하여 이루어진다. 반면에 어떤 연구자들은 대학에서 은퇴한 분들이나 요양원 거주자들과 같은 연령 스펙트럼의 반대쪽 끝에 있는 노인들을 모집하여 연구를 수행한다. 하지만 인간의 수명을 80년이라 가정할 때, 정규 교육이 끝나고 은퇴할 때까지가 우리 삶의 절반가량이다. 결과적으로 우리는 이 중년기 25세에서 65세까지 동안의 언어에 대해서는 잘 모른다. 이러한 '중년기 공동空洞화' 문제로 인해 언어가 전 생애에 걸쳐 어떻게 변화하는가에 대한 온전한 이해에 도달하기가 어렵다.

마지막 주의사항으로는 연령과 관련된 인지 감퇴는 다양한 방법으로 상쇄될 수 있다는 것이다. 이러한 방법에는 인지적 및 신체적 활동, 사회 활동 참여, 적절한 영양 섭취 등이 포함된다.[20] 작업기억을 향상시키는 훈련과 같은 노년층을 위한 훈련 요법도 약간의 이로움이 있는 것처럼 보인다.[21]

지금까지 우리는 건강한 인지 노화와 관련된 결과만을 살펴보았다. 다른 결과는 훨씬 더 부정적인 영향을 미칠 수 있다. 치매로 통칭되는 다양한 뇌 질환과 신경인지장애는 생각하고 추론하고 기억하는 능력을 황폐화시킨다. 알츠하이머병이 가장 일반적인 것이긴 하지만 혈관성 치매나 루이소체 치매 등과 같은 많은 다른 질환들도 있다. 이러한 장애의 잔인함은 한 사람의 인지적 능력뿐만 아니라 성격과 자아까지도 앗아간다는 것이다.

신경인지장애의 병세는 일반적으로 갑작스러운 것이 아니다. 많은 사람들이 경도인지장애 Mild cognitive impairment, MCI 라고 불리는 과도기적 상태를 거친다. 의사들은 누군가가 일상생활에 지장을 받지 않는 정신적 어려움을 경험할 때 이러한 진단을 내린다. 경도인지장애를 진단하는 다양한 검사들이 나와 있다. 가장 일반적으로 사용되는 검사는 간이정신상태검사 Mini-Mental State Exam, MMSE 로, 의료진은 일반적인 건망증, 가끔 판단 착오를 하는 것, 그리고 종종 더 심각한 어떤 문제가 있는지의 여부를 평가하기 위해 이 검사를 사용한다.[22] 경도인지장애는 신경인지장애로 진행될 수도, 그렇지 않을 수도 있다. 또한 우울증, 뇌졸중, 요로감염, 뇌종양, 두부손상, 알코올 남용 등 다른 많은 질환들도 신경인지장애와 유사한 증상이 나타날 수 있다는 점에 유의해야 한다.

지금의 기술로는 의사들이 알츠하이머병을 환자가 살아있을 때 확실히 진단하지 못한다. 이 질환의 특징은 명확히 보이는 아밀로이드 판과 신경 섬유의 엉킴 현상인데, 이를 찾아내기 위해서는 뇌를 부검할 필요가 있다. 그러나 그러한 판과 엉킴이 있다는 것이 곧 살아있을 때 그 질환의 증상이 나타나는 것을 의미하지는 않는다. 어떤 경우에는 뇌의 생리적인 변화로 인한 인지 기능의 손상을 막는 보호 요인들이 작동하는 것 같다. 연구자들은 이러한 인지 능력의 보존을 가리킬 때 '인지적 예비능 cognitive reserve'이라는 용어를 사용한다.

예를 들어 당신이 달에 우주선을 날리고 싶다고 상상해보자. 먼저 연료가 충분히 있는지를 점검해야 한다. 그래야만 만약 경로를 이탈하더라도 무사히 목적지에 도착할 수 있다. 인지적 예비능 역시 이러한 방식으로 작동한다. 만약 중추 신경계의 변성이 온다고 하더라도 저장고에 있는 여분의 인지 용량을 가진 사람들은 기능을 보존할 수 있다.

인지적 예비능의 크기는 많은 요인들과 관련되어 있는 것 같다. 광범위한 여가 활동에 참여하는 것, 교육 및 직업에서의 성취 등이 그런 요인

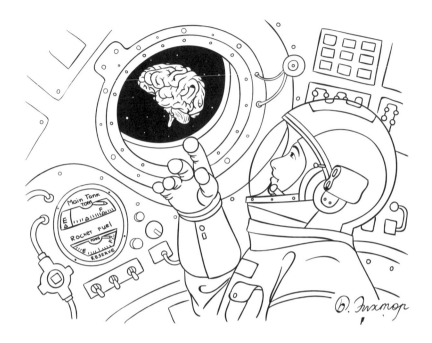

의 예이다.[23] 또한 이러한 보호 요인들은 파킨슨병과 같이 다른 원인에 의한 신경인지장애의 경우에도 도움이 되는 것 같다.[24]

마지막으로 한 가지 강조하고 싶은 것은 신경인지장애가 노화의 불가피한 결과가 아니라는 점이다. 대부분의 사람들이 신경인지장애와 같은 파괴적인 인지적 결함 없이 정상적인 노화와 일상 수준의 인지 감퇴만을 경험할 뿐이다. 또한 교육 수준이 높아지고 뇌졸중 발병률이 감소함에 따라 신경인지장애의 발병 역시 사실상 감소할 것이다.[25]

보상 기제로서의 언어

잘 익은 과실이 떨어질 때
그 달콤함은 대지의 곳곳으로 퍼지고 흘러가네.

큰 성취를 이룬 자들이 생을 마칠 때

그 경험의 진액이 삶의 정맥으로 들어가

원자에, 불멸의 혼돈 속에 영롱함을 더하네.

부드러운 깃털을 반짝거리며 백조가 춤추듯

경험은 생동하는 우주를 진동시키네.

– D. H. 로렌스Lawrence, "잘 익은 과실이 떨어질 때"

잘 늙는다는 것은 무엇을 의미할까? 이 질문은 답을 구하기 어렵다. 왜냐하면 이 질문이 해결해야 할 또 다른 질문을 낳기 때문이다. 노화의 목표는 무엇인가가 바로 그 질문이다. 가능한 대답은 가능한 한 오래 사는 것? 하지만 내 친구나 가족보다 오래 사는 것이 정말 가치 있는 목표일까?

노인학 및 완화의료 전문의인 마리아 카니Maria Carney 는 미국인의 20%가 노인 고아라고 추정한다.[26] 베이비붐 세대가 고령화를 거듭하면서 이 숫자는 더욱 늘어날 것으로 보인다. 카니와 그녀의 동료들은 나이 든 고아들을 "알려진 가족 구성원이나 지정된 대리자, 혹은 간병인 없이 사회적으로나 육체적으로 고립되어 지역 공동체에서 살아가는 노인"이라고 정의한다.[27] 슬프게도, 이러한 독거노인[28]들이 치료되지 않은 신체적 질병, 심리적 문제, 그리고 어떤 경우에는 노인 학대라는 위험에 고스란히 노출되는 경우가 증가하고 있다.[29] 비록 이러한 집단을 돌볼 필요에 대한 관심이 시작되긴 했지만, 분명한 사실은 생일 케이크에 꽂는 초의 숫자만으로 인생의 성공을 정의해서는 안 된다는 것이다.

폴 발테스Paul Baltes 와 마가렛 발테스Margret Baltes 는 성공적으로 나이를 먹는 것이 무엇을 의미하는지 생각해 볼 수 있는 대안을 제안한다. 이들의 접근법은 '노년기의 생물학적 제약의 한계를 극복하기 위해 인간의 정신과 사회의 연대를 형성함'으로써 성공적인 노화를 측정하는데, 이는 노화에 따른 불가피한 변화에 적응할 수 있는 능력을 의미한다.[30]

　발테스의 접근방식은 보상을 통한 선택적 최적화selective optimization with compensation, SOC 과정을 통해 노화의 이득을 극대화하고 손실을 최소화한 결과가 바로 성공적인 노화라고 상정한다. 즉, 성공적 노인은 자신에게 적합한 목표를 선택하고, 자신의 개인적 능력을 최적화하는 방법을 찾고, 목표 달성을 돕기 위해 외부 보상 기제를 사용하는 사람들이다. 성공적인 노화를 성공적인 적응으로 규정하는 것은 사람들이 자신의 성공 기준을 스스로 결정할 수 있게 한다. 이러한 방식으로 보상을 통한 선택적 최적화 이론은 "노화에 따른 손실과 취약성 증가에도 불구하고, 아니 심지어 바로 그 취약성 때문에 목표를 달성할 수 있다."고 한다.[31]

　이 책의 삽화를 그린 예술가인 엥크투르 바야르사이칸Enkhtur Bayarsaikhan의 삶에서 보상을 통한 선택적 최적화 이론이 어떻게 작동하는지에 대한 예시를 볼 수 있다. 그는 몽골 시골에서 자라서 울란바토르에 살고 있다. 학교에서는 영어공부를 하지 않았는데, 후에 자신이 다른 나라의 잠재적 고객들과 의사소통할 수 없기 때문에 예술가로서의 성공에 제한을 받을 수밖에 없다는 것을 깨달았다. 하지만 어른이 되어 일을 하면서 동시에 영어까지 배우는 일은 힘든 일이었다. 여기서 그는 보상을 통한 선택적 최적화 이론에 대해 몰랐지만 자신의 목표를 달성하기 위해 이 이론의 개념을 적용한다.

　첫째, 그는 자신에게 맞는 적절한 수준의 교육을 신중하게 선택했다. 성인들을 위한 영어의 기초를 가르치며 자신의 직장 주변에서 수업을 들을 수 있는 학교를 찾았다. 다음으로 그는 수업에 가는 것 이외에 영어를 연습할 수 있는 과외의 기회를 통해 영어 실력을 최적화했다. 한 가지 방법으로 미국 대사관의 '아메리칸 코너 American Corner'를 이용하는 것이었다. 거기에서 그는 영어 책을 읽고 영어 모국어 사용자들의 발표를 들을 수 있었다. 마지막으로 그는 늘 패드와 연필을 가지고 다니면서 자신의 부족한 영어 실력을 메웠다. 영어권 화자들과 이야기할 때 대화가 잘 진행이 되지 않으면 그림을 그려가며 의사소통을 했다. 이 그림들은 후에 그가 새로운 어휘들을 기억하도록 하는 자극제가 되었다.

보상을 통한 선택적 최적화는 성인들이 자신의 특정 능력이 감퇴되고 있는 것을 감지할 때 향후 인생의 로드맵 역할을 할 수도 있다. 예를 들어, 처리 속도가 느려짐에 따라 사람들은 십자말풀이를 할 때 더 오래 걸리기 시작할 것이다. 그러나 나이가 들면서 일반적으로 어휘력의 크기도 함께 증가하기 때문에, 그 사람은 더 어려운 십자말풀이 문제를 선택할 것이다. 사실, 속도와 난이도의 균형점을 찾는 일은 더 가치가 있을 수 있다. 어려운 문제를 천천히 푸는 것은 쉬운 문제를 금방 해결하는 것보다 더 큰 만족감을 줄 수 있기 때문이다. 더 많은 연습이 십자말풀이 능력을 최적화하는 한 방법이 될 것이고, 뉴욕 타임스 또한 이 분야의 기술 향상에 도움이 될 수 있는 자습서를 제공한다.[32] 마지막으로, 십자말풀이 애호가들이 답을 찾기 어려운 문제에 맞닥뜨렸을 때의 하나의 보상 전략은 바로 십자말풀이 사전을 가까이에 두는 것이다. 따라서 과제에 관계없이 보상을 통한 선택적 최적화는 성취감을 유지하는 한 가지 방법이다.

노화와 관련하여 "성공"이라는 단어의 적절성에 대해서는 의문이 제기되어 왔다.[33] 성공과 같은 단어의 사용은 노화에 영향을 미치는 변수들이 모두 자신의 통제 아래 있는 것처럼 보이게 만들지만, 이는 분명 사실이 아니다. 게다가, 성공적인 노화로 이끄는 방법이 있다고 주장하면 그 방법대로 하지 못한 다른 사람들을 비난하게 될 수도 있다. 또한 노화를 연구하는 학자들이 모두 동일한 방식으로 성공을 정의하지도 않는다.[34] 성공을 정의하는 데 있어서 불일치는 성공이 무엇을 의미하는지 모호하게 만들 수 있다. 그럼에도 불구하고 노화가 언어에 미치는 영향그리고 그 반대의 경우도 마찬가지을 살펴볼 때, 우리는 언어가 어떻게 인지 및 지각 체계를 선택 및 최적화하며 그 능력의 감퇴를 보상하는 데 도움을 주는지 알아볼 것이다. 구체적으로, 이제 언어의 이해와 산출을 저해하는 시각과 청각 능력의 변화라는 주제로 관심을 돌려보자.

보는 언어,
듣는 언어

보는 언어,
듣는 언어

노화가 우리의 몸과 마음에 가장 눈에 띄게 영향을 미치는 방법 중 하나는 바로 우리의 보고 듣는 능력을 변화시키는 것이다. 이 장에서는 말을 알아듣고 글을 이해하는 능력에 직접적으로 영향을 미치는 감각 및 지각적 변화에 대해 설명할 것이다.

내가 보고 있는 걸 너는 듣는다고?

감각과 지각이라는 용어는 종종 서로 구별 없이 사용된다. 그러나 사실 이 두 단어는 같은 단어가 아니다. 감각이란 빛이나 소리와 같은 환경의 자극을 우리의 몸 안으로 받아들여서 이를 전기적 신호 신경 신호 로 전환하는 것을 말한다. 반면 지각이란 이러한 전기적 신호에 대한 뇌의 해석을 가리킨다.

환경의 자극을 신경 신호로 전환하는 과정을 전도라 한다. 수용기 receptor 라고 불리는 몸 안의 고도로 전문화된 세포들만이 이것을 할 수 있다. 예를 들어 눈 안의 수용기는 망막 위의 간상세포와 원추세포이고, 청각 수용기는 달팽이관의 융모세포이다.

이 장에서 우리는 나이가 들어감에 따라 시각과 청각 능력이 어떻게 변하는가를 다루겠지만, 전도 과정은 모든 감각에서 일어난다. 만약에 한 연구자가 초감각적 지각 현상옮긴이 주: 자신의 감각 기관을 통하지 않고 외부 세계를 지각하는 현상에 대해 조사하고 싶다면 다음의 두 질문에 답할 필요가 있다. 첫째, 환경 자극은 무엇인가? 둘째, 이 자극이 어떻게 신경 신호로 전환되는가?

분명히, 우리 귀에 누군가가 빛을 비추면, 빛을 들을 수는 없다. 그러나 환경 자극이 신경 신호로 바뀌는 전도가 일어난 후라면 이야기는 달라진다. 예를 들어, 공감각은 한 감각의 자극이 적어도 하나 이상의 다른 감각에서 부가적인 지각을 가져오는 현상이다. 소위 감각의 혼합, 결합, 혹은 연합의 예로는 음악을 본다거나 치킨이 삼각형 맛이 나는 것과 같은 경험을 일컫는다. 후각-시각 사이의 공감각에 대한 최근 연구의 제목은 "분홍색과 줄무늬 냄새가 나는 초콜릿"이었는데, 이는 공감각이라는 개념을 잘 보여준다.[1]

연구자들은 적어도 61가지 종류의 공감각을 발견했고,[2] 전체 인구의 약 4% 이상이 이 중 하나 이상의 공감각을 경험했을 것이다.[3] 가장 일반적으로 연구되는 공감각은 글자-색상 공감각으로, 사람이 특정 색상을 특정 숫자나 글자와 연합할 때 일어난다. 작가인 블라디미르 나보코프 Vladimir Navokov는 서로 다른 알파벳 글자에 따라 다른 색상을 보는 경험에 대해 썼다. 그에게 글자 t는 "피스타치오" 색상이었고, 글자 u는 "올리브 광택이 나는 놋쇠"였다.[4]

비록 공감각이 정의상 감각과 지각의 문제이긴 하지만, 심리학자 줄리아 심너 Julia Simner는 공감각이 주로 언어적인 현상일 수 있다고 지적한다.[5] 공감각적 경험의 대략 88%는 말이나 단어, 글자, 혹은 숫자로부터 촉발된다.[6] 마찬가지로, 수어를 사용하는 공감각자들도 손가락으로 만든 글자나 숫자가 색상과 연결되는 경험을 보고한다. 흥미로운 점은 손으로 나타낸 기호와 연결된 색상이 글자와 연결된 색상과 일치하는 것 같다는 점이다.[7]

발달적인 측면에서도 공감각은 시사하는 바가 있다. 물론 공감각이 유전적인 측면이 있긴 하지만, 나보코프의 어머니와 아들도 역시 공감각자였음 학습의 한 전략으로서 공감각 경험을 발달시킬 수 있다는 점에 대해 공감대가 형성되고 있다. 유년기에 외국어를 배우는 사람들이 높은 비율로 공감각을 경험하는 것이 이를 지지하는 증거이다. 또한 학습하는 언어 역시 공감각 경험에 영향을 미칠 수 있다. 영어는 글자와 소리가 각각 일대일로 대응되지 않는 언어이다. 단어 yacht를 각각의 알파벳이 가진 소리로 발음하면 어떻게 발음되는지를 생각해보기 바란다. 영어의 이러한 특징에 따른 부가적인 인지적 요구가 바로 높은 공감각자의 비율에 반영되는 것으로 보인다.[8] 공감각자는 광범위한 범위의 과제에 대한 기억을 강화시킬 수 있다.[9] 글자와 색상의 공감각 경험은 나이가 들수록 감소하는 것으로 보이며, 노화에 따른 시각 체계의 변화와는 관계없이 이루어지는 과정이다.[10] 이러한 감소는 공감각 현상이 유년기의 학습 도구로서 주로 나타남을 반영한다.

만약 어린아이들이 학습 전략으로써 공감각을 발달시킨다면, 어른들도 공감각을 배울 수 있을까? 대답은 아마도 "예"에 가까울 것이다. 어른들에게 공감각을 가르치려는 연구들을 개관한 자신들의 논문에서 마커스 왓슨Marcus Watson 과 동료들은 다음과 같이 결론을 내렸다. "여러 공감각 훈련 연구에서 비공감각자들이 진짜 공감각자들의 경험과 아주 유사해 보이는 경험을 했다고 보고하기도 한다. 물론 단기간의 훈련의 효과와 장기적인 공감각 연합 사이에는 중요한 차이점들이 있긴 하지만, 이 둘이 질적으로 구별된다고 말하기는 충분하지 않다."[11]

서로 다른 감각 체계가 하나의 지각 시스템으로서 얽힐 수 있다는 생각은 성인기에 나타나는 감각 관련 감퇴에 대한 흥미로운 함의를 준다. 일단 분명히 할 것은, 지각적인 문제보다 감각의 문제는 고치기가 더 쉽다는 점이다. 예를 들어, 안경은 빛이 망막에 정확히 초점을 맞추도록 조정하는 역할을 한다. 그러나 뇌의 시각 피질에서 뇌졸중이 일어나면 눈에 이상이 전혀 없더라도 볼 수 없게 된다. 최근 몇 년 동안 손상된 감각 체계를 우회하여 뇌가 해석할 수 있는 지각적 신호를 만들어 뇌로 보내는 많은 장치들이 엄청나게 개발되고 있다.

예를 들어 음파가 뇌의 청각 피질에 도달하는 과정은 루브 골드버그 장치 옮긴이 주: 미국의 만화가 루브 골드버그(Rube Goldberg)가 고안한 연쇄적 반응을 일으키는 기계와 같은 일련의 연쇄적 사건들을 포함한다. 음파는 외이도 外耳道를 따라 이동하며 고막에서 진동으로 변환된다. 이 진동은 중이 中耳에 있는 세 개의 작은 뼈를 일제히 움직이게 만듦으로써 달팽이관의 체액으로 압력파를 보낸다. 이 체액의 교란 때문에 달팽이관의 융모세포가 움직이고, 여기서 변환된 신경 신호를 청신경 세포를 통해 뇌로 보내는 것이다.

이러한 청각 체계에 손상을 입으면 듣는 것에 즉각적인 영향을 미칠 것이다. 예를 들어, 노화에 따라 중이의 뼈들이 부식되면 청력이 떨어지게 된다. 이 문제를 해결하기 위해, 우리는 보청기를 사용하여 음파가 외이에서 달팽이관까지 여행하는 시작점에서 신호를 증폭시킨다. 그러나 달팽이관 이식 장치는 위와 같은 경로를 완전히 우회해서 청각 신경을 직접 자극한다. 이 장치를 이식하는 수술을 받는 데는 나이의 제한이 없다. 실제로 이미 청각을 통해 언어를 배운 뒤 이 장치를 이식받은 노인들은 자신의 이전 경험에 의존해서 이식 장치에 적응할 수 있다. 이식 장치는 귀가 음파를 신경 신호로 변환하는 활동을 모사하려 한다. 그러나 한 감각 양식을 활용하여 다른 감각의 지각을 개선하는 것 역시 가능하다.

예를 들어 브레인포트 Brain-Port 라 불리는 인공 시각 장치는 안경에 장착된 소형 카메라를 통해 시각 자극을 입력받는다. 입력된 시각 정보는 이 장치에 의해 신경 신호로 변환되고 이를 시신경이 아닌, 혀로 전송한다. 현재 기술로는 시신경을 직접 자극할 수 있는 인공 시각 장치는 아직 없다. 혀는 많은 촉각 수용기가 빽빽하게 위치해 있기 때문에 전기 자극의 장소로 선택된다. 혀가 얼마나 민감한지는 여러분이 직접 혀를 깨물어 본 경험이 있다면 알 것이다. 비록 이 기술이 새로운 것이지만, 특히 시각 장애인과 시력이 좋지 않은 성인들을 위한 사물이나 단어 재인 과정에 있어서 결과가 고무적이다.[12]

감각 입력의 감퇴를 보상하기 위해 설계된 장치들은 자극으로부터 수용기까지의 전도 과정의 효율성을 증가시킨다. 그러나 뇌졸중, 신경인지 장애로 인한 뇌세포의 손상이 일어날 경우 이런 방식의 보상 기제는 효과적이지 않다. 다음 절에서는 청각과 시각에 대해서 감각 체계와 뇌세포의 손상을 구분하는 것이 시사하는 바를 살펴볼 것이다.

노인성 난청은 음성 언어의 이해에 어떤 영향을 줄까?

한 남자가 자신의 부인이 청각에 어떤 문제가 있는 것이 아닐까 의심을 했다. 어느 날 밤, 부인이 앉아 책을 읽고 있을 때 그는 그녀 뒤에 섰다.

"여보, 내 목소리 들려?" 아무런 반응이 없자, 그는 조금 더 가까이 다가섰다.

"여보, 내 목소리 들려?" 여전히 반응은 없었다. 그래서 그는 그녀 바로 뒤로 바짝 다가섰다.

"여보, 내 목소리 들리냐고?"

"어 들려! 들린다고 세 번째 대답하는거야."

상대방의 말을 듣거나 이해하지 못하는 것은 노인의 삶에 영향을 주는 가장 중요한 감각적 문제 중 하나이다. 조금 더 전문적 용어로, 이를 '노인성 난청'이라고 부른다. 이 질환은 모든 유형의 소리를 듣는 것에 문제를 일으키지만, 이 책에서는 특히 노인성 난청이 음성 언어의 이해에 어떤 영향을 주는가에 대해서만 다루기로 한다. 이 질환의 원인에 대해 이야기하기 전에, 음성 신호의 물리적 특성에 대해 잠깐 이야기해보자.

아이들은 1초에 20,000번의 진동을 가지는 소리 20kHz로 줄여 쓸 수 있음 까지 들을 수 있다. 나이가 들면서 이러한 고주파수의 소리를 잘 못 듣게 되며, 75세가 되면 많은 사람들이 약 13kHz 주파수까지밖에 못 듣게 된다. 청각의 손실은 더 높은 주파수의 소리부터 시작되며 음성 언어도 다양한 양상으로 영향을 받는다. 모음은 대부분 3kHz보다 낮은 저주파수의 음향적 에너지를 가지고 있기 때문에 이를 지각하는데 노인성 난청이 크게 영향을 주지는 않는다. 그러나 문제는 모음이 단어를 구별하는데 거의 중요하지 않다는 것이다. 모음은 그저 군식구에 불과하다. 구별된 단어를 만드는 데는 자음이 중요하며, 몇몇 자음은 4kHz 이상의 좀 더 높은 주파수의 영역에 많은 음향적 에너지를 가지고 있다. 특히 /k/나 /t/와 같은 소리나 /s/, /f/, /sh/, /th/처럼 소리가 새어 나오는 특징을 가진 자음들이 그렇다. 심각한 청력 손상이 있는 사람에게 "shake the sack", "face the facts", "take the cat"이라는 소리는 거의 똑같은 소리로 들릴 것이다.[13]

환경의 큰 소음과 무관한 여러 요인들이 청력 손실의 원인이 되거나 이를 심화시킬 수 있다. 여기에는 유전적 요인, 흡연, 고혈압 등 순환계통에 스트레스를 주는 조건, 당뇨병이나 심장병 같은 질병 등이 포함된다.[14] 체질량이 높으면 청각 시스템으로의 혈액 흐름이 저하될 수 있으며, 이 또한 청력 손실의 위험 요인으로 알려져 있다. 하지만, 적당한 수준의 신체 활동은 이러한 위험을 줄여준다.[15] 소음이 많은 환경에서 일하는 정도

가 남성이 여성에 비해 높다는 것을 감안하더라도 청력 손실은 여성보다 남성에게 더 심하다.[16]

노인성 난청은 다양한 요인에 의해 야기될 수 있는데, 소음 환경에 노출된 누적 시간도 중요한 원인이다. 이것은 달팽이관의 융모세포에 손상을 주고 결국은 이를 죽인다. 그러나 소음이 완벽하게 차단된 환경에서 자란 동물들도 노인성 난청이 생길 수 있다는 연구 결과를 보면, 다른 요인들 또한 중요함이 틀림없다. 가장 중요한 원인은 아마도 노화에 따른 신진대사의 변화일 것이다. 특히 인간은 세포 내 발전소라 불리는 미토콘드리아의 효율성이 연령의 증가와 함께 감소하는데, 이는 융모세포가 뇌로 보내는 신경 신호를 만들어내는 것을 더 어렵게 만든다.[17]

청력 손실은 또한 뇌 자체의 지각적 문제에서 비롯될 수 있다. 청력 검사 결과로부터 기대되는 것 이상으로 다른 사람의 말을 못 알아들을 수 있는데, 이런 경우 전통적인 방식의 보청기를 통한 신호 증폭은 제한적으로만 사용된다.[18] 독화술 혹은 독순술 학습과 같은 훈련프로그램은 노인들이 가진 청력을 최적화하는 데 도움을 줄 수 있다.[19]

또한 어떤 언어적 환경은 다른 상황보다 더 큰 어려움을 준다. 시끄러운 환경에서 대화 상대의 말을 이해해야 하는 상황이 좋은 예시이다. 북적대는 레스토랑 여기저기서 들려오는 목소리들, 특히 바닥과 벽이 비어 있어서 소리가 많이 울리고 반향을 일으키는 상황을 생각해보자. 이를 보상하기 위해서 노인들은 상황적인 단서를 더 많이 활용하려고 노력한다. 예를 들어, 특정 문맥에서 나올 만한 단어를 미리 예측하는 것과 같은 전략이다. 그러나 청년들에 비해 노인들은 이해하고자 하는 단어에 대한 기억력이 떨어진다. 지금 듣고 있는 말소리를 처리하는 데 자신의 주의를 많이 할당하려 하기 때문에 기억에 사용할 인지적 자원이 별로 남아 있지 않다.[20]

역설적으로, 누군가 대화를 따라가는 데 어려움을 겪는 상황이 대화상대의 목소리가 너무 부드럽거나 작아서 생기는 것이 아닐 수도 있다. 사실 노인성 난청을 겪는 많은 사람들은 위의 레스토랑의 예와 같은 소음이 많은 환경 자체가 너무 시끄럽다고 말한다. 이러한 경우 노인들은 들리는 소리의 크기를 과장해서 지각할 수 있다. 이런 현상은 손상된 융모세포가 청 지각에 인접한 세포들을 동원하는 '모집recruitment'이라고 알려진 과정이 일어나기 때문에 나타난다. 그 결과는 청각과민증이다. 이는 들을 수 있는 가장 부드럽고 작은 소리의 음역대가 낮아질 뿐만 아니라 너무 커서 참아내기 힘든 소리의 음역대도 역시 낮아지는 질환인데, 양 방향 모두 최악의 변화이다.[21]

이 절의 첫 부분에서 한 농담은 노인성 난청에 대한 중요한 진실을 보여주고 있다. 이러한 문제가 있다는 것을 인정하는 마지막 사람이 바로 그 질환을 가진 사람이라는 점이다. 청력의 손실로 고통받기 시작하는 많은 사람들은 처음에는 이를 부정하는 기간이 있다. 자신에게 중요한 지각적 문제가 있다는 사실에 직면하기보다는 다른 사람들이 웅얼거린다고 생각하는 것이 훨씬 더 쉬운 일이다.[22] 이 상태로 치료를 받지 않는 노인들은 노인성 난청에 의한 사회적 고립을 겪게 되고, 이는 다시 삶의 질에 부정적인 영향을 미친다.[23]

정기적으로 시끄러운 음악 소리에 노출된 첫 세대인 베이비 붐 세대가 실제로는 그들의 부모 세대보다 더 나은 청력을 가지고 있다는 것은 참으로 놀라운 일이다.[24] 이는 흡연율의 감소, 공장 노동직군의 고용률 감소, 청력 보호 장치의 사용 증가 등의 이유 때문일 수 있다. 그러나 이들의 자녀 세대는 이들처럼 운이 좋지는 않은 것 같다. 이어폰에서 들리는 큰 소리의 음악을 듣는 청소년들을 어디에서나 볼 수 있는 것을 보면 말이다.[25]

　나무 바깥으로 나와서 재무부 요원이었던 브라스 밴크로프트와 그의 파트너는 자신들의 38구경 권총으로 총격을 시작했다. 잠시 후 밴크로프트는 갑자기 고통에 사로잡혀 뒤로 넘어져 머리 옆 부분을 움켜잡았다. 그의 부상은 상대방이 쏜 총에 의해 생긴 것이 아니라 자신의 오른쪽 귀에서 6인치 떨어진 곳에서 발사된 파트너의 총소리 때문에 일어났다.[26]

　물론 이 사건은 영화 세트장에서 촬영했던 한 장면이었고, 빈 카트리지를 발사해서 생긴 일이긴 했지만, 부상을 당한 것은 현실 그 자체였다. 밴크로프트 요원 연기를 한 배우는 1939년 상영된 영화 〈Code of the Secret Service〉의 주인공이었던 로널드 레이건 Ronald Reagan, 옮긴이 주: 후에 미국의 대통령이 된다. 이었는데, 이 사건 덕분에 위조반지와 도난당한 재무부의 조각판에 대한 이 워너브라더스의 잊힐 법한 영화가 아직도 회자된다.[27] 레이건은 거의 30년의 연기 생활 동안 60편 이상의 영화에 출연했는데, 이 사건이 그의 청력에 영구적인 손상을 가져왔기 때문에 이 역할을 오랫동안 기억했을 것이다.

이러한 청각적 외상의 가장 흔한 결과 중 하나가 바로 이명인데, 귀가 울리는 증상으로 자주 나타난다. 이러한 울림은 사실 환청이며, 실제로 외부에는 존재하지 않는 소리이다. 청각적 손상에 의해 생긴 이명은 다양한 방식으로 나타날 수 있는데, 매우 시끄러운 소리, 딸깍 소리, 휘파람 소리, 흥얼거리는 소리, 지저귀는 소리, 윙윙거리는 소리, 끊임없이 울리는 전화벨소리 등으로 다양하게 묘사되곤 한다.[28]

한 가지 중요한 점은 이명은 앞 절에서 설명했던 노인성 난청과 같지 않다는 점이다. 청각적 손상에 의해 생긴 이명은 연령과는 관계가 없고, 어떤 연령의 사람에게도 이명 현상이 나타날 수 있다. 레이건이 〈Code of the Secret Service〉에 출연했던 나이가 28세였다. 물론 우리가 나이가 들면서 이러한 이명 현상을 경험할 가능성은 더 커진다. 단순히 말해서 당신이 오래 살면 살수록 자동차 사고, 신분 도용, 청각적 손상과 같은 부정적인 삶의 사건들을 경험할 가능성은 더 커진다. 대부분의 노인들이 노인성 난청을 겪고 있기 때문에 많은 사람들은 이명 역시 고령에 따른 또 다른 측면의 청력 손상의 하나라고 잘못 생각한다. 청각적 손상뿐만 아니라 다양한 장애, 질병, 바이러스 감염, 아스피린과 같은 고용량의 소염제 복용 등 다양한 원인에 의해 이명이 발생할 수 있다는 점도 기억해야 한다.[29]

청각적 손상에 의한 이명과 노인성 난청은 모두 달팽이관 안의 융모세포의 손상으로부터 기인한다는 점에서 근본적인 원인을 공유하고 있다. 이러한 존재하지 않는 유령 같은 소리를 듣는 현상을 설명하기 위해 의과학에서 제안한 다양한 이론들이 있지만, 많은 연구자들은 융모세포가 손상되어 입력되는 정보 자체의 손실을 보상하기 위해 뇌의 청각회로가 과도하게 활성화되기 때문에 이명이 일어난다고 믿는다. 그러나 이 질환의 원인을 아는 것이 쉿쉿거리고, 빽빽거리며, 으르렁거리는, 이 억제할 수 없고 달갑지 않은 이명 현상을 완화시키는 데 아무런 도움이 되지 않는다.

안타깝게도 레이건이 겪은 유형의 이명이 결코 드물게 나타나는 것은 아니다. 많은 경우 이명은 한쪽 혹은 양쪽 귀에서 몇 시간 혹은 며칠간 울리는 소리를 듣는 경험을 하는 정도로 나타난다. 그러나 미국 성인의 약 5에서 10퍼센트는 성가시게 만드는 소리부터 심각하고 사람을 쇠약하게 만드는 데까지 이르는 만성적인 이명을 경험한다.[30] 직업상 아주 큰 소리에 노출되는 것도 위험한데, 예를 들어 군인, 음악가, 기계 운영 담당자는 회계사나 도서관 사서에 비해 더 큰 위험이 존재한다.[31] 이라크나 아프가니스탄 전쟁에 참전한 미군들은 무기나 폭발 장치의 소음에 노출된 결과로 난청이나 이명과 관련된 문제를 보고하는 경우가 흔하다.[32] 피트 타운젠드 Pete Townshend, 닐 영 Neil Young, 에릭 크랩튼 Eric Clapton, 오지 오스본 Ozzy Osbourne과 같은 사람들은 만성적인 이명으로 고통을 겪었던 음악 연주자들 중 일부이다. 아마도 이들은 상업 음악을 하면서 높은 수준의 증폭된 소리에 지속적으로 노출된 것이 원인이 되어 이명이 생겼을 가능성이 크다.[33] 2013년 라이자 미넬리 Liza Minnelli는 자신이 1973년 영화 〈카바레 Cabaret〉를 통해 아카데미 여우주연상을 수상했을 때, 자신의 아버지가 너무 흥분해서 자기 귀에 너무 크게 소리를 질러서 이명이 생겼다고 주장했다.[34]

이명은 메니에르병 때문에 나타나기도 한다. 이 병은 비교적 드문 질환인데 현기증이나 어지럼증과 같은 특징적인 증상이 나타난다. 어느 연령대에서도 발병할 수 있지만 일반적으로 40대나 50대에 발생한다. 몇몇 연구자들은 빈센트 반 고흐 Vincent van Gogh가 이 질환을 앓았고, 자신이 겪던 환청을 막기 위해 필사적인 방법으로 자신의 귀를 잘랐다고 추측하기도 한다.[35] 우주 비행사 앨런 셰퍼드 Alan Shepard 역시 메니에르병을 앓았는데, 이 병으로 훈련을 갑자기 중지하기까지 해야 했다. 그러나 반 고흐보다는 훨씬 운이 좋았다. 셰퍼드는 이 병을 고치기 위해 외과적 수술을

받았고, 47세에 아폴로 14호를 지휘하며, 달 위를 걸었던 최고령자가 되었다.[36]

레이건 외에도 영화나 텔레비전 세트장에서 일어난 폭발이나 공포탄에 의해 이명이 생긴 배우들이 있다. 예를 들어, 스티브 마틴 Steve Martin 은 1986년 영화 〈쓰리 아미고 Three Amigos〉 촬영 중 권총 소리 때문에 생긴 청각 손상이 생겼는데, 이는 지속적인 이명이 나타나는 원인이 되었다. 윌리엄 샤트너 William Shatner 와 레너드 니모이 Leonard Nimoy 는 1960년대 〈스타 트렉 Star Trek〉 텔레비전 시리즈의 첫 번째 시즌 촬영 동안 폭약이 폭발하는 바람에 청력 손실과 이명이 나타났다.[37] 샤트너는 전미이명협회 American Tinnitus Association 의 대변인으로 오래 일하기도 하였다.

노인성 난청처럼 청각 손상으로 인한 이명을 가진 채로 살아가는 것은 힘겨운 일이다. 존재하지도 않는 울림 소리나 휘파람 소리 때문에 실제 말을 잘 알아듣지 못하게 되면 좌절감과 사회적 고립감이 생길 수 있다. 스티브 마틴에게 그의 이명에 대해 묻자 다음과 같이 대답했다. "적응해야지요. 아니면 미쳐버릴지도 몰라요."[38] 이명 환자들을 대상으로 한 대규모 연구에 따르면, 이명 환자들은 신체적 고통에 대한 인식이 증가하는 등의 삶의 질 저하가 있다고 한다.[39] 그리고 의사들은 이명에 대한 치료법이 없다고 말하지만, 연구자들은 이를 예방할 수 있는 요인들을 알아내기 시작했다. 예를 들어 카페인을 많이 섭취하는 여성은 적게 섭취하는 여성에 비해 이명 발생률이 낮은 것으로 나타났다.[40]

보청기를 사용하면 어떤 경우 이명 현상을 줄일 수 있다. 왜냐하면 환경음이 증폭되면서 울림 소리를 막아줄 수 있기 때문이다. 보청기를 착용하는 것의 사회적 오명은 부분적으로 레이건에 의해 상쇄되었다. 그는 자신의 첫 대통령 임기 중인, 1983년에 오른쪽 귀에 처음 보청기를 착용하기 시작했다. 사실 그는 공공장소에서 보청기를 착용한 첫 번째 지도자였다.[41] 보청기 때문에 레이건은 재무부 요원인 밴크로프트로 스타가 된 이후로 거의 45년 동안 자신을 괴롭히던 청력 손실로부터 약간의 안도감을 경험할 수 있었다.

노화에 따른 목소리의 질적 변화

우리가 전화기에서 들리는 목소리처럼 잘 모르는 사람이나 보이지 않는 누군가의 목소리를 들을 때 그 사람의 나이와 성별을 추측하려 한다. 성별은 보통 그 사람 목소리의 음높이에 기반하여 판단된다. 아이나 여성은 남성에 비해 목소리의 음높이가 일반적으로 높은데, 이는 이들의 성도 옮긴이 주: 소리가 나오는 공간이자 통로 가 더 짧기 때문이다. 또한 테스토스테론과 같은 남성호르몬이 남성의 목소리를 더 낮게 만들기도 한다.[42] 하지만 음높이에 의한 성별 구분이 항상 정확한 것은 아니다. 아마도 여러분 중 누군가는 브라이언 레디 Brian Reddy 가 연기한 시트콤 〈사인펠드 Seinfeld 〉의 '댄 Dan '을 기억하는지 모른다. 그는 아주 높은 톤의 목소리를 가진 남성이었다! 하지만 목소리를 통해 대략적인 연령대를 맞추는 것은 성별 추정보다는 훨씬 더 잘 한다. 왜 그럴까? 이 절에서는 노화에 따라 목소리의 음향적 특성이 어떻게 변하는지 살펴볼 것이다.

사람들이 말할 때, 폐에서 나오는 공기는 기관지 상단을 가로질러 뻗어 있는 기도를 통해 전달되어 성대 주름이 진동하게 된다. 이러한 진동은 조음기관 調音器官 이라 불리는 성도 聲道 의 다른 부분들에 의해 변형된다. 조음 기관의 일부는 우리에게 친숙하다. 혀, 치아, 잇몸, 입술이 모두 조음 기관으로서의 역할을 한다. 우리에게 덜 친숙한 조음 기관으로는 입천장인 구개, 비강 등이 있다. 실제로 /m/이나 /n/과 같은 특정 소리는 입 대신 코로 모든 음향 에너지를 방출하여 생성된다. 이 때문에 감기에 걸렸거 성대도 나이를 먹으면서 많은 생리적 변화가 생기는데 이것이 목소리의 질에 변화를 가져온다. 한 가지 결과는 남성과 여성의 목소리가 더 비슷하게 들리기 시작한다는 것이다. 남성의 목소리는 일반적으로 더 높아지고, 여성의 목소리는 더 깊어진다. 노화의 과정은 또한 성대 근육을 위축시키고, 이는 조절 능력의 감퇴로 이어진다. 이에 따라 성대 떨림이나 목이 쉰 소리가 나게 되는데, 많은 사람들은 바로 이러한 현상들이 나이든 목소리의 특징이라 생각한다.[43] 성대 근육에 문제가 생기면 성대 주름 사이의 틈새인 성문이 제대로 닫히지 않게 될 수 있다. 소위 '성대부전'이라 불리는 이 현상은 난기류를 만들어서 나이 든 목소리에 특유의 숨소리가 섞이게 만든다.[44] 류마티스 관절염 때문에 성대 주름에 결절이 생기기도 하고 이로 인해 목소리가 쉬기도 한다. 전체적으로 볼 때, 이와 같은 목소리의 변화를 '노인성 음성장애' 혹은 '노인성 발성장애'라 부른다.

노인성 음성장애의 유병률은 판단하기 쉽지 않은데, 이는 이러한 문제가 심각해져야 치료받을 생각을 하기 때문이다. 게다가, 목소리의 질은 본질적으로 주관적이며 정량화하여 평가하기 어렵다. 그러나 평균 연령 72세의 한국인 노인을 대상으로 이루어진 대규모 연구에서 이러한 노인성 음성장애의 유병률을 추정했다. 연구자들은 후두경으로 연구 대상자의 성대를 검사하고 결과 영상을 분석해서 이상이나 결절이 있는지를 알아보았다. 이들의 인구통계학적 정보, 의료 정보, 행동 정보 역시 수집하였다. 그 결과 연구 참여자의 약 9퍼센트가 노인성 음성장애로 분류될 수 있었다. 목소리의 질에 문제가 생기는 것은 체질량 지수, 천식, 만성 폐색성 폐질환, 갑상선 질환 등의 여러 다른 요인들과 관련되어 있다. 그리고 도시에 거주하는 연구 참여자가 농어촌에 거주하는 사람들보다 더 큰 위험에 처해 있다.[45]

중요한 것은, 연령이 증가하면서 목소리의 질의 문제가 더 커지지는 않았다는 점이다. 그리고 많은 사람들이 이러한 문제의 원인이라고 생각했던 흡연, 음주, 커피 등은 실제 주요한 원인은 아니었다.[46] 적어도 남성들에게는 흡연이 목소리를 더 깊게 만들거나 "삐걱거리는 소리"의 원인이 되는 것처럼 보이는데, 일부 효과들은 되돌릴 수 있다. 예를 들어, 담배를 끊은 노인들은 시간이 지나면서 목소리가 정상으로 돌아왔다.[47] 그러나 노인들에게 심각한 목소리의 질 문제는 흔치 않고 보통은 폐기종과 같은 별도의 기저 질환에서 비롯된다는 점도 주목할 필요가 있다.[48] 그런데 이러한 음질의 변화는 특정 사람들에게 더 중요하다. 가수들은 나이가 들수록 음역대가 줄어든다고 불평하곤 한다.[49]

그러면 무슨 이유에서 어떤 사람의 목소리가 더 나이 들었다고 느끼도록 만들까? 잠시 나이 든 사람의 전형적인 목소리를 어떻게 묘사할지 생각해보자. "목이 쉰", "약한", "끽 소리 나는", "떨리는"과 같은 형용사가 떠오르기 쉽다. 나이 든 목소리를 표현하라고 하면, 젊은이들이나 노인들 모두 위와 같은 단어를 쉽게 떠올리게 되는데, 이는 고정관념이 실제로 존재함을 시사한다. 한 가지 주목할 점은 이런 단어들의 3분의 2가 부정적인 의미로 생각되는 반면에 단지 6분의 1만이 "온화한", "신중한" 등의 긍정적인 의미를 담고 있었다. 이는 모든 연령대의 사람들, 심지어 노인 자신들이 가진 연령차별적 태도를 반영한다.[50]

우리는 목소리 질의 변화에 따른 심리적 영향을 과소평가해서는 안 된다. 한 연구에서 목소리의 변화를 평가하기 위해 5년 동안 한 노인 남성 집단을 추적했다. 이 사람들이 노인성 음성장애가 있지는 않았지만, 목소리가 거칠어지고 약해지는 변화를 겪었다. 아마도 그 결과 이 남성들은 큰 파티와 같은 사교모임에 가는 것을 더 피하려 했다.[51] 이러한 사회 참여를 거부하는 경향이 음성장애에 대한 치료를 원하는 사람들에게 더 강하다는 것은 놀랄 만한 일이 아니다.[52] 장시간의 대화로 인한 피로나 손상된 목소리 때문에 자신이 부정적으로 인식될 것 같은 걱정 역시 일반적으로 언급되는 문제들이다.

노인들에게는 사회적 고립이 많은 부정적인 건강상의 결과와 연관되어 있기 때문에 이러한 문제들은 중요하다.[53] 이전에 설명한 보상을 통한 선택적 최적화 모형을 이용하면, 사교 모임을 완전히 거부할 필요 없이, 목소리를 너무 높이거나 혹사시킬 필요가 없는 모임에만 참석할 수도 있다. 큰 소리의 음악이 나오지 않는 카페나 식당에서 친구를 만나는 일도 이러한 예들 중 하나가 될 수 있다. 또한 모임 시간이 짧은 행사에 참석하거나 극장이나 콘서트처럼 말을 별로 할 필요가 없는 장소에 갈 수도 있다. 자기 목소리의 질 변화가 걱정된다면 전화를 이용하는 것보다 문자메시지를 이용하는 것도 방법이다.

성대부전을 일으키는 성대의 휘어짐과 같은 문제를 해결하기 위한 수술 절차로는 테플론과 같은 물질을 성대 안에 주입하는 것이 있다. 더 영구적인 해결책은 성대 주름을 지지하도록 임플란트를 하는 것이다.[54] 성대 기능 운동과 같은 노인성 음성장애를 위한 비침습적 치료법도 목소리의 질을 최적화하는 데 매우 효과적일 수 있다. 한 연구는 5개월 동안 진행된 4회기의 음성 치료를 받은 집단의 사람들이 이 치료를 받지 않은 사람들에 비해 삶의 질이 향상된 것으로 나타났다.[55]

중장년 이후 시각 능력의 변화

인간의 눈은 경이롭고 복잡하지만, 우아하지는 않다. 기본적으로 눈은 빛 에너지를 시각 경험으로 변환하기 위한 인터페이스이다. 이 전체 과정에 대해 이야기하지는 않겠지만, 특히 중장년 및 노년기의 성인들에게 시력 상실로 이어질 수 있는 몇몇 문제들에 대해서는 인식하는 것이 중요하다.

빛이 동공을 통해 눈에 들어온 후 가운데가 두껍고 양 끝으로 갈수록 얇아지는 투명 구조의 수정체에 다다른다. 수정체 가장자리 주변에는 근육에 붙어 있는 인대가 있는데, 이것이 수축 및 이완되어 수정체의 모양을 변화시킨다. 수정체의 형태 변화로 인해 우리는 가까운 곳과 멀리 있는 사물에 대해 명확한 시각을 가질 수 있다. 근육이 이완되면 수정체의 가운데 부분이 더 두꺼워지고, 이는 우리가 가까운 물체를 선명하게 볼 수 있도록 한다. 이와는 대조적으로, 근육이 수축하면 수정체는 평평해지고, 멀리 있는 사물에 초점이 맞춰진다. 두 경우 모두에서 수정체는 빛을 중심와中心窩라고 불리는 망막의 중심 부분으로 향하게 하는 역할을 한다. 작은 구덩이처럼 보이는 중심와는 빛에 민감한 수용기 세포들로 가득 차 있어서 가장 예리한 시각을 제공한다.

수정체가 제대로 작동하려면 투명해야 하는데, 대부분은 그렇다. 그러나 여러 요인들 때문에 수정체가 흐려진다. 일반적으로 수정체의 단백질이 분해되고 뭉쳐서 눈에 백내장을 일으키면서 수십 년에 걸쳐 점진적으로 흐려진다. 심지어 어떤 사람은 백내장을 선천적으로 가지고 태어나기도 한다. 어느 경우든, 시야가 흐릿해지는 증상에서부터 완전 실명에 이르기까지 다양한 결과로 나타난다. 사실 백내장은 전 세계에서 가장 흔한 실명의 원인이다.[56]

그렇다면 백내장은 왜 만들어지는 것일까? 어떤 사람들은 유전적으로 이를 만들어내도록 준비되어 있는 경우도 있다. 그러나 백내장은 당뇨병, 고혈압, 비만, 흡연, 눈 수술, 스테로이드와 스타틴옮긴이 주: 이상지질혈증 및 고지혈증에 광범위하게 사용되는 약물의 장기 복용 등과 같은 많은 다른 요인에 의해 생길 수 있다. 게다가, 백내장은 자외선이라 불리는 보이지 않는 빛의 파장에 의해 유발될 수 있는데, 이는 피부를 까맣게 태우는 파장이기도 하다.[57] 이러한 모든 요인들을 종합해 보면, 백내장이 생길 가능성이 왜 연령이 증가하면서 높아지는지를 설명할 수 있다. 미국에서는 75세가 되면 전체 성인의 반 이상이 백내장이 생긴다.

다행히 백내장으로 인한 시력의 악화는 수정체를 제거하고 인공 대체물을 이식하는 절차로 상쇄될 수 있다. 과거에는 수정체를 수술을 통해 눈에서 적출했지만, 요즘 흔히 쓰는 방식은 수정체를 초음파를 이용해 분해하는 것이다. 이렇게 하면 절개 및 흡입을 통해 수정체를 제거할 수 있다.[58] 제거 후, 원래의 수정체를 대체하기 위해 투명한 실리콘 대체물을 삽입한다. 이는 시력을 완벽히 회복시키는 시술인데 다초점 렌즈가 이식되면 원시나 난시와 같은 다른 안질환 역시 치료할 수 있다.

수정체와 관련된 문제는 이러한 방식으로 해결할 수 있지만, 눈의 다른 부분에서도 여전히 많은 문제들이 발생할 수 있다. 예를 들어 마치 벽에서 벽지가 떨어지듯이, 빛에 민감한 망막층이 그 뒤의 층과 분리될 수 있다. 이러한 망막 분리는 수술로 치료될 수도 있지만, 심각한 정도에 따라 시력이 어느 정도 떨어질 수도 있다.

또 다른 연령과 관련된 안질환은 원인을 알 수 없지만 종종 드루젠이라 불리는 노란색 퇴적물이 중심와를 둘러싼 영역에 싸이면서 나타난다. 이를 '황반변성'이라 하는데 이는 완전한 실명으로 이어지지는 않지만, 독서와 같은 여러 활동을 수행하기가 훨씬 힘들어진다. 비록 60세 이하에서는 인구의 약 1퍼센트 미만이 걸리는 흔치 않은 질환이지만, 80세 이상에서는 발병률이 거의 12퍼센트로 증가한다.[59]

시력을 나빠지게 만드는 또 다른 안질환은 녹내장이다. 눈에 액체가 쌓이면 압력이 증가하고 이는 결국 시신경을 손상시키게 되는데 이것이 녹내장이라는 질환이다. 녹내장은 60세 이상 사람들의 주요한 실명의 원인이다. 당뇨병이 있는 사람들은 소위 말하는 당뇨망막병증에 걸릴 위험이 있다. 눈의 작은 혈관과 신경 세포의 손상과 그에 따른 혈류 감소에 의해 발생한다. 비록 망막이 크게 손상되기 전에 치료를 받으면 매우 효과적일 수 있지만, 이 질환은 중년의 주요 실명 원인이다. 치료법에는 레이저로 혈관을 소작하는 것, 약물치료, 수술 등이 포함된다.[60]

이러한 안질환은 읽기나 쓰기에 심각한 문제로 이어질 수 있기 때문에 우리가 중요하게 다뤄야 할 문제이다. 인생의 후반전에 안질환으로 인해 읽을 수 있는 능력을 상실한 노인들은 독서의 즐거움을 만끽할 수 없을 뿐만 아니라 세상에 대한 중요한 정보원을 빼앗긴 것처럼 느낄 수 있다. 이제는 이메일이나 문자메시지가 전화를 거의 대체했기 때문에 글을 쓰지 못하는 것 역시 사회적 고립감을 초래할 수 있다. 그러므로 몇몇 잘 알려진 작가들이 자신만의 기술을 연마하여 시력 저하를 어떻게 막아내었는지를 살펴보는 것은 교훈을 줄 수 있다.

실명 때문에 명성에 영향을 받은 작가로는 영국의 시인 존 밀턴John Milton, 1608~1674을 들 수 있다. 그는 망막 분리나 녹내장으로 고생한 것으로 추정된다. 그럼에도 불구하고 그는 『실낙원Paradise Lost』을 포함한 자신의 역작들을 다른 사람에게 받아쓰도록 함으로써 작품을 썼다. 아일랜드의 작가인 제임스 조이스James Joyce, 1882~1941는 몇 차례의 연속적인 눈 수술뿐만 아니라 홍채염으로 인한 시력 저하로 고생을 많이 했다. 그가 『피네간스 웨이크Finnegans Wake』를 쓰기 위해 크레용을 사용했는데, 이는 자신이 쓴 글자를 충분히 읽을 수 있는 만큼 두껍게 쓰기 위해서였다. 아르헨티나 작가인 조지 루이스 보르게스Jorge Luis Borges, 1899~1986는 유전적인 장애로 인해 55세에 완전히 시력을 잃었는데, 원래 단편 소설을 쓰다가 시를 창작하게 되었다. 그래서 이제 작품 전체를 한 번에 마음속에 간직할 수 있게 되었다. 백내장 수술과 같은 현대의 의학적 처치는 실명의 발생률을 크게 감소시켰다. 그리고 시각 장애인들이나 저시력자를 위해 고안된 촉각을 이용한 읽기 시스템도 개발되었는데, 이 중 가장 잘 알려진 것은 프랑스의 교육자인 루이스 브레일 Louis Braille, 1809~1852 이 개발한 점자 체계이다. 그는 생애 초기에 시력을 잃었고 1820년대와 30년대에 걸쳐 이 시스템을 완성했다. 2×3 형태의 격자에서 돌출된 점의 패턴은 시각적 쓰기 체계에 사용되는 글자, 숫자, 구두점을 나타낸다. 20세기 중반까지 시각 장애와 저시력을 가진 미국 학생들의 절반 이상이 점자를 읽을 수 있었다. 그때 이후로, 이 학생들이 공립학교를 다니게 되면서 점자의 인기는 떨어졌다. 2009년 조사에 따르면, 법적으로 시각 장애인인 미국인 중 10퍼센트도 채 안 되는 이들만 점자를 읽을 수 있었다.[61]

점자에 대한 의존도는 커즈와일 Kurzweil 이 1970년대 발명한 읽기 기계와 같은 신기술에 의해 줄어들기도 하였다. 이 장치는 광학 문자 인식 및 텍스트 음성 변환 소프트웨어를 사용하여 인쇄물을 소리 내어 읽어준다. 이후에 개발된 마이크로소프트 윈도우를 위한 JAWS 옮긴이 주: Job Access With Speech의 약자로 화면의 정보를 음성이나 점자로 제공해주는 장치 화면 판독 장치와 같은 발명품들 역시 시각 장애인이나 저시력자들에게 엄청나게 긍정적인 영향을 미쳤다. 왜냐하면 어떤 사무실 환경에서도 이런 사람들이 일할 수 있게 되었기 때문이다.[62] 그리고 카세트에 녹음된 오디오북, CD, MP3 파일과 같은 디지털 형식의 자료들을 통해 시력이 좋지 않은 사람들도 방대한 양의 문서 자료에 접근할 수 있게 되었다. 이러한 기술이 시력에 문제가 있는 노인들에게도 도움이 된다는 것은 분명하다.

누구도 피할 수 없는 시력 변화 과정, 노안

대부분의 사람들은 녹내장이나 황반변성과 같은 안질환을 겪지 않을 것이다. 또한 백내장은 노년기에 흔한 질병이긴 하지만, 수술을 통해 치료할 수 있다. 그러나 중년기에 접어들면서 거의 모든 사람들의 시력에 영향을 미치는 또 다른 과정이 있다. 아주 가까이 있는 사물을 명확하게 볼 수 있는 능력을 잃는 것인데, 이를 노안이라고 한다. 왜 노안이 생기는지를 이해하기 위해서 눈의 생리학을 한 번 더 생각해 볼 필요가 있다. 지난 절에서 우리는 수정체를 당기고 있는 근육이 어떻게 수정체의 모양을 변화시키는지를 살펴봤다. 이 과정을 '조절'이라고 부른다. 기계적 작동에 의해 이루어지는 다른 시스템과 마찬가지로 눈의 구성 요소들도 마모가 일어나고 시간이 지남에 따라 조절작용도 효과가 떨어진다. 물론 아직 노안의 정확한 원인은 여전히 논쟁거리이지만, 몇몇 과정이 작용한다. 예를 들어 나이가 들어감에 따라 수정체가 더 딱딱해지면서 모양을 변화시키기 더 어려워진다. 또한 수정체가 일생 동안 계속 두꺼워지는데, 이것도 노안이 오는 데 영향을 줄 수 있다.[63] 시간이 지남에 따라 수정체 안에서는 세포 및 화학적 변화 또한 일어난다.[64] 이러한 요인들이 종합적으로 눈에 들어오는 빛이 중심와에 정확하게 맺히는 것을 방해하고, 우리는 가까이 있는 물체가 흐릿해 보이는 것이다.

불행하게도, 시각 세계에서 중요한 정보는 우리 눈에서 약 60cm 이내의 영역에 존재한다. 우리는 이 영역 안에 놓인 정보를 조사하고 읽는다. 노안이 생기면 우리는 조절작용을 어느 정도 일어나게 만들기 위해 물건을 약간 멀리 놓게 된다. 책을 읽을 때도 글자들이 너무 작고 읽기 어려워진다. 우리는 물건이 너무 작아서 볼 수 없게 되면 자연스럽게 앞으로 더 다가가는데, 이는 더 흐릿하게 보이도록 만들 뿐이다. 결국 더 잘 안 보이게 만드는 행동이다. 노안은 점진적으로 심해지며, 시작되는 연령도 다양하다. 대개는 40대 중반부터 문제가 있다는 것을 알아차리기 시작해서 50세가 되면 거의 모든 사람들이 노안이 생긴다. 조금 달리 표현한다면, 대부분의 사람들은 자신 인생의 반을 노안에 대처하며 살아간다.[65]

허블 우주 망원경의 결함을 수정렌즈로 고치는 것처럼 중년이나 노년층도 안경을 통해서 떨어진 조절능력을 만회할 수 있다. 그러나 가까이 있는 물체를 잘 보기 위해 고안된 안경은 다른 종류의 시각적 문제에는 도움이 되지 않는다. 그 결과, 우리는 여러 종류의 교정렌즈가 필요할 수 있다. 이 문제에 대한 한 가지 해결책은 서로 다른 광학 능력을 가진 렌즈를 안경에 끼우는 것이다. 가까이 있는 물체를 볼 때는 아래를 내려다보는 경우가 많기 때문에 노안을 교정하기 위해서는 안경 렌즈의 아래 부분을 이용하면 된다. 이러한 이중초점 렌즈를 발명한 사람은 벤저민 프랭클린 Benjamin Franklin 으로 알려져 있다.[66] 19세기에는 존 아이작 호킨스 John Isaac Hawkins 가 삼중초점 렌즈를 개발하여 중간 거리에 있는 물체를 보는 데 있어서도 교정이 가능해졌다. 20세기에는 점진적이며 다중초점을 가진 렌즈가 개발되어 눈에 넣을 수 있는 콘택트렌즈와 유사한 기술을 이용할 뿐만 아니라 여러 거리에 있는 물체에 대한 시력 교정이 가능해졌다.[67] 또한 시력 교정을 위한 눈 수술 방법들도 역시 고안되었다.[68]

그러나 안경, 콘택트렌즈, 그리고 수술은 망막에 빛을 전달하는 데 문제가 있는 경우에만 효과가 있다. 시력의 변화는 빛이 신경 신호로 바뀐 후에 일어날 수도 있다. 예를 들어 우리는 보통 시력을 시력 검사의 숫자나 그림들을 얼마나 잘 읽을 수 있는가로 생각하지만 다른 차원들도 중요하다. 이 중 하나는 시각 장면의 밝고 어두운 요소를 구별하는 능력 대비 민감도 인데, 이 역시 나이가 들면서 감퇴한다.[69] 예를 들어 1.0의 시력을 가지고 있으면서도 어두운 환경에서 글자와 배경의 대비가 충분하지 않을 때 글 읽기에 어려움을 겪는 경우도 있다. 이러한 문제의 원인이 눈이 아닌 뇌에 있다는 점에서 다른 유형의 교정이 필요하다.

덴톤 드로스 Denton DeLoss 가 이끄는 일군의 심리학자들은 노인들의 시력 강화에 지각적 훈련이 효과가 있는지를 검증하였다. 이 연구자들은 대학생들과 노인들 평균 나이 71세 을 대상으로 낮은 대비 민감도의 조건에서 수행을 개선시키기 위한 훈련을 실시하였다. 이 훈련은 컴퓨터 화면에 제시된 시각적 패턴이 시계 방향으로 도는지, 시계 반대 방향으로 도는지를 판단하는 것이었다. 연구 결과, 하루에 90분씩 이러한 지각적 훈련을 5일 동안 실시하면 노인들의 수행이 훈련 전의 대학생들의 수행에 못지않다는 사실을 발견했다.[70]

위의 연구와 같은 훈련의 효과를 고려한다면, 더 작은 글자를 편안하게 읽도록 뇌를 재교육하는 것이 가능할까? 유리 폴라트 Uri Polat 와 그의 동료들은 중년의 성인들이 적어도 일주일에 두 번, 3개월 동안 하루에 30분씩 컴퓨터 화면에 제시된 자극에서 특정 패턴을 찾는 까다로운 시각적 과제를 연습하도록 시켰다. 훈련이 끝날 무렵, 모든 실험 참여자의 시력이 안경 없이 신문을 읽을 수 있는 정도로 좋아졌고 글을 더 빨리 읽을 수 있게 되었다. 즉, 지각 훈련은 흐릿한 이미지를 구별하는 뇌의 능력을 향상시킬 수 있다.[71] 한 가지 주목할 점은 위 연구의 참여자들이 대부분 50대 초반이었다는 점이다. 이러한 훈련이 60대 이상에게도 효과가 있는지는 아직 미지수이다. 게다가 위 연구에는 소수의 비교 대상 ^{대조군}만이 참여하였기 때문에 이 결과를 어떻게 일반화할 수 있을지는 불분명하다.[72]

노안 문제를 해결하기 위한 소위 두뇌 훈련의 효과는 아직 확실하지 않지만 누구나 시도 자체는 해볼 수 있다. 요즘은 시각 훈련을 위해 연구자들이 사용하는 지각 학습법과 유사한 다양한 스마트폰 애플리케이션이 출시되어 있다. 온라인 앱스토어에서 "안경 없음 no glasses"이라고 검색해 보자.[73] 두뇌가 노년기 성인들의 시각적 문제들 중 적어도 한 가지 문제에라도 적응할 수 있다고 생각하는 것은 고무적인 일이다.

타인 감정 이해의 어려움: 정서 인식의 감퇴

> 대화의 큰 적은 혼자만 말하면서 대화한다고 착각하는 것이다.
>
> – 윌리엄 화이트 William Whyte, 1950

우리는 다른 사람의 말을 이해하는 것을 귀로 하는 것으로 생각하지만, 눈 역시 중요한 역할을 한다. 면대면 상호작용에서 대화의 참여자들은 여러 가지 비언어적 단서를 이용한다. 상대방의 얼굴 표정, 몸짓에 집중해야만 상대방이 실제 의도한 의미를 이해할 수 있다. 다시 말하겠지만, 음의 높이, 크기, 타이밍 등의 운율적 단서 역시 단어 자체가 가지고 있는 의미를 넘어서는 중요한 의도를 가지고 있다. 또한 우리는 상대방의 감정 상태를 파악하기 위해 목소리의 톤에 주의를 기울이기도 한다. 어떤 사람이 화가 났는지 체념한 상태인지, 확실한지 불확실한지, 문자 그대로의 의미인지 비꼬는 것인지 등의 정보가 목소리의 어조에 담겨 있다. 한 사람이 말하고자 하는 바를 이해하기 위해서는 말하는 단어, 말하는 방법 및 화자의 심리 상태에 대한 시각적 단서가 통합되어야 한다. 이렇게 여러 감각 정보들이 통합되어야 하는 복잡성을 고려할 때, 상대방의 감정을 인식하는 능력이 나이가 들면서 줄어들 수 있음을 예상할 수 있고, 실제 그런 경우도 있는 것 같다.

노인들이 얼굴 표정에 드러난 감정을 인식하는 능력에서의 감퇴를 보이는 것은 여러 연구로부터 보고되어 왔다. 예를 들어, 행복, 두려움, 놀람 등의 기본 정서를 인식하는 능력을 평가한 한 연구가 있었다. 이 연구에서 연구자들은 정서의 강도 약간 놀람, 놀람, 아주 놀람 도 조작하였다. 가장 나이 많은 노인 집단 평균 연령 88세 의 수행은 약간 덜 늙은 노인 집단 평균 연령 73세 보다도 더 낮았다. 물론 이 두 노인 집단의 수행은 젊은 성인 집단 평균 연령 29세 의 수행보다 더 낮았다. 가장 나이 많은 노인 집단의 연구 참여자들은 정확하게 정서를 인식하기 위해서 강렬한 감정 표현이 필요했다.[74]

얼굴 단서는 누군가가 거짓말을 하고 있는지에 대한 정보도 제공한다. 예를 들어 어떤 이가 거짓말을 하고 있을 때 갑자기 눈을 못 마주치는 경우 등이다. 노인들은 이러한 정보를 젊은이들만큼 쉽게 알아차리지 못하기 때문에 다른 사람들의 속임수에 더 잘 속는다.[75]

사람들은 자신이 하는 말의 의미를 분명히 하거나 강화하기 위해 몸짓을 사용한다. 예를 들어, 사람들은 "현금 아니고 수표로 계산했어요."라는 말을 할 때 허공에 펜 놀림을 하는 몸짓을 함께 한다. 옮긴이 주: 미국 문화에서는 작은 돈도 수표로 계산하는 경우가 흔하고, 이 때 본인의 서명을 해야 하기 때문에 이러한 손동작을 할 수 있다. 이와 같은 상징적인 동작을 사용한 실험에서 젊은 참여자들 22세-30세 은 나이 든 참여자들 60세-76세 보다 이러한 다중 감각적 표현의 의미를 더 잘 이해하였다.[76]

여러 형태의 몸 움직임을 해석하는 것 역시 노인들에게는 힘든 일일 수 있다. 조안 몬테페어 Joann Montepare 와 동료들이 수행한 연구에서 젊은 실험 참여자들 평균 19세 과 나이 든 참여자들 평균 76세 은 연기자들이 긍정,

부정, 중립 정서를 표현하는 동영상을 보았다. 예를 들어, 한 여성은 방금 받은 편지에 담긴 좋은 소식을 읽은 후 손뼉을 치는 동영상이었는데, 배우들은 말을 하지 않고, 얼굴도 가려져 있었다. 따라서 배우의 몸 움직임만이 표현된 정서를 파악할 수 있는 유일한 단서였다. 두 연령 집단 모두 우연보다는 높은 수행을 보였지만, 노인들이 더 많은 오류를 보였다. 게다가, 노인들은 부정적인 정서를 더 잘 식별하지 못했으며, 긍정 혹은 부정 정서를 표현한 몸짓을 중립 정서로 잘못 판단하는 경향이 더 컸다.[77]

연구자들은 또한 언어적 단서에 나타난 정서 정보의 처리 역시 연령에 따른 감퇴가 나타나는 것을 발견했다. 세자르 리마^{Cesar Lima}와 그의 동료들의 연구에서 연구 참여자들은 한숨, 흐느낌, 웃음 등의 긍정 혹은 부정 정서와 관련된 목소리에 담긴 정서성을 평가했다. 노인들^{평균 61세}은 청력의 문제나 지적 능력의 효과를 통제한 후에도 젊은이들^{평균 22세}에 비해 평가 정확도가 더 낮았다.[78]

노인들은 또한 긍정적인 어조로 부정적인 의미를 말하는 것처럼 화자의 어조와 말하는 의미가 불일치할 때, 이를 잘 알아차리지 못한다. 그러나 상대방의 말을 그대로 다시 말하는 것과 같은 보상 전략을 사용함으로써 이러한 부족함을 만회한다는 증거가 있다.[79] 이러한 운율과 내용의 불일치가 일상에서 잘 일어날 것 같지 않지만, 나이 든 어른들이 종종 힘들어하는 반어적 표현을 이해하는 데는 실제로 중요한 단서가 된다.[80] 이 주제는 5장에서 다시 다룰 것이다.

요약하면 과학적 연구 결과는 일관되게 노인들이 정서적 단서를 인식하는 데 어려움을 겪는다고 보고한다. 이것은 다른 사람들의 얼굴 표정, 목소리, 그리고 그들의 신체 움직임과 몸짓에서 나타나는 정서적인 상태를 잘 인식하지 못하는 것으로 이어진다. 이는 또한 다양한 기본 정서를 인식하는 데 있어서의 어려움을 겪는 것으로도 나타난다.[81]

이러한 문제의 또 다른 측면은 노인들이 긍정성 편향을 보인다는 것이다. 간단히 말해서, 노인들은 부정적 정보보다 긍정적 정보를 더 잘 처리한다.[82] 이러한 긍정성 효과는 주로 슬프거나 화난 얼굴보다는 행복한 얼굴을 보는 것을 선호하는 것과 같이, 주의나 기억의 측면에서 논의되었다.[83] 이러한 편향은 또한 정서적 단서를 해석하는 데에도 영향을 미친다. 예를 들어, 노인들은 슬픔을 표현하는 얼굴을 인식하는 것을 잘 못한다.[84] 다른 사람의 정서를 정확하게 인식하는 능력은 공감이나 정서 지능과 같은 다른 능력에도 중요한 역할을 한다.[85] 따라서 이러한 긍정성 편향이 노인의 정서적 행복에는 도움이 될 수 있지만, 효과적 의사소통의 측면에서는 해로울 수 있다.

이러한 인지적 결함은 건강하지 않는 노인들에게 더 큰 영향을 준다. 한 연구에서 알츠하이머병에 걸린 것으로 의심되는 참가자들은 건강한 노인들에 비해 얼굴 표정이나 말의 운율 정보에 담긴 비언어적 정서 표현을 인식하고 구별하는 데 더 큰 어려움을 겪었다.[86]

이 장에서 지금까지 본 것처럼 연령에 따른 청각, 시각, 목소리의 질, 정서 인식의 감퇴는 언어 이해와 산출에 해로운 영향을 미칠 수 있다. 그러나 이러한 변화의 대부분은 점진적이며 개인차가 매우 크다. 게다가 선택, 최적화, 보상 전략 등을 사용해서 노인들은 이러한 부정적 효과를 상쇄시키는 것이 가능하다.[87] 다음 장에서는 이제 말하기로 관심을 돌려 나이가 들면서 우리의 말이 어떻게 변하는지 살펴보도록 하자.

언어 산출

: 마음의 발현

언어 산출
: 마음의 발현

적절한 단어 찾기의 어려움

말하려 하는 것이 무엇인지는 확실하다. 하지만 그는 재채기 직전과 같은 가벼운 고통을 느끼는 것 같아 보였다. 마침내 말해야 할 단어를 찾아낸 후에야 그는 큰 안도감을 얻었다.

− 로저 브라운Roger Brown과 데이비드 맥닐David McNeill

당신은 누군가의 이름이 생각나지 않아 곤혹을 치룬 적이 있었는가? 아마도 그 사람의 얼굴도 마음속에 떠올랐을 것이고, 당신의 친구가 그 사람의 이름을 말해주면 바로 그 사람이라고 금방 알아차릴 수 있었을 것이다. 이름과 관련해서 이런 일이 자주 일어나긴 하지만, 다른 단어들에 대해서도 마찬가지일 수 있다. 당신이 기억하지 못하는 것은 개념이 아니라 그 개념에 해당하는 단어이다.

단어 찾기 문제는 중년과 노년층을 괴롭히는 전형적인 인지적 문제이다. 이러한 문제는 가장 친숙한 단어나 잘 아는 사람의 이름에서조차 경고 없이 발생한다. 가장 큰 골칫거리는 고유명사와 사물의 이름이다.[1] 이러한 인출 실패는 아주 잠깐에서 수 분, 수 시간 동안까지 지속될 수 있다. 그리고 위의 인용문이 시사하듯이 그 상황은 짜증스러울 수 있다. 사실 노인들에게 늙어서 나쁜 점이 뭐냐고 물으면 꽤나 빈번하게 단어 찾기의 어려움을 토로한다.[2]

이런 경우, 사람들은 자신이 무슨 단어를 찾고 있는지 확신한다. 마치 혀끝에서 그 단어가 맴도는 것 같은데 어떤 이유에서인지 적어도 그 순간에는 그 단어를 말할 수 없다. 실제로 심리학자들은 그러한 경험을 '설단현상' 상태에 있다고 부른다. 하지만 이 현상이 정말로 정신적인 문제의 전조일까?

설단현상이 어떻게 그리고 왜 일어나는지를 이해하기 원하는 심리학자들은 이 연구를 하는 데 특정한 어려움이 있다. 초신성 같은 덧없는 현상을 연구하는 천문학자들처럼, 설단현상이 결국 일어난다는 것은 알지만, 정확하게 언제 일어나는지를 알지 못한다. 이러한 불확실성 때문에

설단현상을 연구할 때 서로 구별되는 두 가지 연구 방법이 발전하였다. 하나는 자연 관찰 방법이고, 다른 하나는 실험실 환경에서 설단현상을 실험적으로 유도하는 방법이다.

단어 인출과 설단현상을 연구하는 학자들은 특히 두 가지 측면에서 설단현상을 정량화하려고 시도하였다. 첫째, 얼마나 자주 이 현상이 일어나며, 둘째, 이 문제가 해결될 가능성, 즉 말하고자 하는 단어를 외부의 도움단어를 다른 곳에서 찾아보거나 친구가 도와주는 것 등 없이 자발적으로 발화하는 정도가 얼마나 되는지이다. 설단현상을 경험할 때마다 기록하는 일지 연구를 통해 연구자들은 설단현상의 빈도와 해결 비율을 둘 다 평가할 수 있다. 연구 결과, 대학생들은 일주일에 한두 번 설단현상을 경험하지만, 6, 70대의 노인들은 그 비율이 약간 더 높다. 그러나 80대의 연구 참여자들은 대학생의 거의 두 배 가까운 비율로 설단현상을 경험한다.[3] 그리고 연구 결과에 따르면 설단현상은 거의 해결되는데, 90퍼센트 이상의 해결 비율을 나타내었다.[4]

그러나 이러한 자연 관찰 방법에서 얻은 자료를 해석할 때는 신중할 필요가 있다. 자신의 기억력 감퇴에 대해 더 많이 걱정하는 노인들의 경우는 이러한 예를 더 열심히 기록할 가능성이 있다. 또한 노인들은 젊은 이들에 비해 덜 바쁜 탓인지는 몰라도, 이를 더 성실하게 기록할는지도 모른다. 그리고 연구 참여자들은 해결되지 못한 설단현상에 비해 해결된 경우를 더 잘 기록할 가능성도 있다.[5]

단어 찾기를 연구하는 또 다른 방법은 실험적으로 설단현상을 유도하는 것이다. 이 방법은 로저 브라운Roger Brown과 데이비드 맥닐David McNeill이 창안하였다. 이들은 실험 참여자에게 잘 사용하지 않는 영어 단어의 사전적 정의를 제공할 경우 설단현상을 일으킬 수 있다는 것을 발견하였다. 이들이 연구에서 사용한 문제의 한 예로는 "각거리, 특히 바다에서 태양, 달, 별의 고도를 측정하는 데 사용되는 항법 기구"가 있다.[6] 혹시 이 예로 인해 당신이 설단현상을 경험했다면 미안하다! 정답은 "sextant(육분의)"이다.

이 연구에서 실험 참여자들은 종종 어려움 없이 원하는 단어를 말할 수 있었다. 어떤 경우에는 그 정의가 무슨 단어를 설명하는지 전혀 알지 못했다. 그러나 참여자들이 설단현상을 경험하면 브라운과 맥닐은 이들에게 추가적인 질문을 했다. 연구 결과, 참여자들은 단어 자체는 말할 수 없었지만, 그 단어에 대한 부분적인 정보를 보고할 수 있었다. 예를 들어, 그 단어가 몇 개의 음절을 가지고 있는지, 첫 번째 글자가 무엇인지를 물어보았을 때 우연 수준 이상의 수행을 보였다. 그리고 놀랄 것도 없이, 참여자들은 말해야 하는 단어와 유사한 의미를 가진 단어를 산출하는 오류를 범했다. "sextant 육분의"에 대한 정의가 주어지면, 참여자들은 때때로 "아스트롤라베 옮긴이 주: 과거 천문 관측에 쓰이던 장치" 또는 "나침반"으로 응답했다. 하지만, 어떤 경우는 정답과 유사한 소리를 가진 단어들인 "sextet 육중창", 혹은 "sexton 교회 관리인"이라고 대답하기도 했다. 육분의를 다루는 항해자는 여섯 명이 모인 음악단의 단원도, 교회에서 무덤을 지키는 사람을 지칭하는 것이 아니라는 것을 실험 참여자들이 안다고 가정할 때, 이 오류들은 단어에 대한 지식이 우리의 기억에 어떻게 저장되어 있는지에 대해서 중요한 무언가가 있다는 것을 암시한다. 그러나 노인들을 대상으로 한 연구들에 따르면, 노인들은 단어의 첫 글자와 같은 부분적인 정보를 잘 이용하지 못하는 것 같다.[7]

인지 노화의 많은 문제들과 마찬가지로, 우리는 연령 증가에 따른 설단현상의 증가를 물이 컵에 반만 채워져 있다고 볼 수도, 반이나 채워져 있다고 볼 수도 있다. 한편으로는, 이러한 나이 듦에 따른 단어 찾기의 실패가 잦아지는 것을 장기기억에서 단어와 그 단어의 의미 사이의 연결이 약화된 증거로 볼 수도 있다.[8] 하지만 이러한 실패가 아주 다른 측면을 반영하는 것일 수도 있다. 도나 댈그런 Donna Dahlgren 은 핵심적인 문제는 나이가 아니라 지식에 있다고 주장했다. 만약 노인들이 일반적으로 장기기억에 더 많은 정보를 가지고 있다면, 그 결과 더 많은 설단현상을 경험할수도 있다.[9] 어떤 경우에 설단현상은 유용할 수도 있다. 설단현상을 경험하는 것은 그 단어를 지금 현재 말할 수는 없지만, 노인들이 그 단어 자체를 알고 있다는 신호가 될 수 있다. 이러한 메타인지 정보는 유용한데, 이를 통해 단어 찾기의 실패를 해결하기 위해 더 많은 시간을 쏟는 것이 결국 성공으로 이어질 수 있다는 것을 배우기 때문이다.[10] 이러한 방식으로 설단현상을 바라본다면 이것은 더 이상 인출의 실패라기보다는 소중한 정보의 원천인 것이다.[11] 만약 당신이 나이가 들었고 자주 이러한 설단현상을 경험하는 것 때문에 걱정하고 있다면 에어로빅이 설단현상의 경험을 줄여줄 수 있다는 연구결과를 주목하기 바란다.[12]

단어 이름 대기의 문제

요즘 저는 꼭 도서관에서 대출을 하듯이 머릿속에 무언가를 요청합니다. 그러면 한 작은 일꾼이 제 대출용지를 받아가서 책 더미로 사라집니다. 시간은 좀 걸릴지도 모르지만, 그는 항상 내가 원하는 것을 가져오지요.

— 코랄 업처치 Coral Upchurch, 95세, 게일 고드윈 Gail Godwin 의 책, 『비탄의 오두막 Grief Cottage』의 한 인물

기억 속의 단어를 뽑아내는 것과 관해서 연구자들은 '단어 명명 과제'라는 서로 별개이지만 유사한 과제를 사용했다. 이 과제는 '대면 명명', '그림 명명', '단서 회상' 등의 이름으로도 알려져 있는데, 일반적으로 실험 참여자들에게 친숙한 사물이 그려진 그림을 최대한 빨리 말하도록 하고 이를 평가한다. 단어 명명 능력은 아이들이나 뇌손상에 의한 언어 및

기억 장애 환자와 같은 다양한 집단의 사람들을 대상으로 연구되었다. 이를 연구하는 연구자들은 종종 '보스턴 이름 대기 검사 Boston Naming Test, BNT '라는 과제를 사용하는데, 난이도가 점점 증가하는 표준화된 그림들로 이루어져 있다. 이 검사에는 칫솔과 같이 친숙한 물건처럼 이름을 대기 쉬운 항목도 있지만, 각도기처럼 명명하기 어려운 물건의 그림도 있다.[13]

우리가 이미 살펴본 처리 속도에 대한 연구 결과에 비추어 볼 때, 나이든 어른들은 젊은이들보다 이 명명 과제를 더 느리게 수행할 것이라고 예상할 수 있을 것이다. 그러나 이러한 차이를 측정하고자 설계된 실험의 결과는 일관되지 않았다. 어떤 연구는 두 집단 사이의 명명 시간에 차이를 발견할 수 없었던 반면에, 다른 연구들에서는 노인들의 수행이 더 느리게 나타났다. 이러한 불일치는 아마도 처방약 복용 여부나 실험 참여자들의 건강 상태와 같은 단어 명명 능력에 영향을 미칠 가능성이 있는 외생 변수들을 제대로 통제하지 못했기 때문에 발생했을 수 있다.[14] 이전에 수행되었던 단어 명명 연구들의 결과를 종합하여 분석한 한 연구에서는 연령 증가에 따라 수행이 감퇴할 수는 있지만, 이러한 감퇴는 70세 이후부터 시작된다고 결론을 내렸다.[15] 마찬가지로, 연령대 30세~94세 가 넓고, 다수의 참가자가 참여한 한 연구에서도 연령에 따른 수행 감퇴를 보고하였지만, 그 효과는 상당히 작아서, 10년당 약 2% 정도씩 감퇴하는 것에 불과했다.[16]

명명시간뿐만 아니라, 보스턴 이름 대기 검사에서 나타난 오류의 유형을 분석해보아도 흥미로운 점들이 있다. 로다 아우 Rhoda Au 와 그녀의 동료들이 수행한 연구에서 30세에서 70세 사이의 실험 참가자들에게 이 검사를 실시했다. 이들은 7년 동안 3번 이 검사를 수행했는데, 이전 결과들과 마찬가지로, 젊은이들에 비해 노인들이 더 많은 오류를 보이는 경향이 있었다. 그러나 이 노인들은 젊은이들에 비해 특정 유형의 오류를 더 자주 범했다. 예를 들어, 노인들은 에둘러 말하는 경우가 더 많았는데, 하나의 정해진 단어로 말하지 않고 복수의 단어를 사용하여 반응하는 것이다. "주판"이라고 말하지 않고, "숫자를 더하는 것"이라고 말한다든지, "컴퍼스"라고 말하지 않고, "원을 그리는 것"이라고 말하는 것과 같이 말이다. 물론 이러한 에둘러 말하기는 오류 반응이지만 궁극적으로는 실험 참여자가 그 사물의 이름을 인출할 수 있도록 도와주는 역할을 할 수 있다. 그 사물의 모양이나 기능을 설명함으로써 원래 말해야 하는 표적 단어를 말할 수 있도록 유도하는 추가적인 단서를 본인 스스로에게 제공하는 것이다. 게다가, 노인들은 목표 단어와 비슷하지만 소리만 유사한 비단어 반응을 더 많이 했다. 예를 들어 "바람개비 pinwheel"라고 말해야 하는데, "spinwheel"이라고 말하고, "문어 octopus"라고 말해야 하는데, "ocupus"라고 응답하는 식이다.[17] 이러한 오류가 발생하는 기저의 문제는 장기기억으로부터 적절한 단어를 선택하는 데 있어서 연령의 증가에 따라 점점 더 큰 어려움이 나타나는 것으로 보인다.[18]

노화 이외의 다른 요인들 역시 단어 명명에 영향을 미칠 수 있다. 크리스토퍼 랜돌프 Christopher Randolph가 이끄는 연구 집단은 보스턴 이름 대기 검사를 실시한 많은 참가자들의 데이터에서 몇 가지 양상을 발견했다. 예상대로 노인들의 수행이 더 저조했다. 그러나 다른 연구들에서와 마찬가지로, 교육을 더 많이 받은 사람들은 수행이 더 좋았다.[19] 또한 남성의 수행이 여성보다 더 좋았다는 점이 흥미롭다. 그러나 이 결과는 검사에 포함된 항목 때문에 생긴 가짜 효과일 수 있다. 남성들은 "삼각대", "나침반", "자물쇠"와 같은 물건에 대해 여성들보다 더 정확하고 빠른 반응을 나타낸 반면, 여성들은 "버섯", "격자 구조물 trellis, 옮긴이 주: 식물의 줄기가 잘 뻗어 나갈 수 있게 만든 격자 모양의 틀", "팔레트"와 같은 물건에 대한 반응이 더 좋았다. 이 검사에는 도구와 관련 사물들의 그림들이 많았기 때문에 반응에서 나타난 성차는 검사 항목에 대한 친숙도가 성별에 따라 차이가 있었기 때문일 수 있다.[20] 이 검사에는 세대 간 차이를 가져올 수 있는 항목들도 있다. 한 연구에서 노인들은 젊은이들에 비해 "멍에", "격자 구조물", "주판"과 같은 항목에 대해 더 나은 수행을 보였다.[21]

요약하자면 단어 명명 능력은 나이가 들면서 감소하는 것 같다. 그리고 문항 자체가 나이 든 사람에게 유리한 것을 감안한다면 감퇴의 정도가 보고된 것보다 더 클 수도 있다. 그러나 고등교육을 받는 것이 이러한 연령에 따른 감퇴의 일부를 상쇄시킬 수 있다. 검사 항목과 관련된 성별 편향이 있다는 것은 결과에서 보이는 남성과 여성의 수행 차에 대해서도 확실한 해석을 할 수 없다는 것을 의미한다.

마지막으로 단어 명명에서 본 것처럼 인지 능력과는 무관한 것처럼 보이는 건강의 문제도 이 과제의 수행에 영향을 미친다. 마틴 알버트Martin Albert 와 그의 동료들은 보스턴 이름 대기 검사의 수행과 고혈압 사이의 관계를 규명하였다. 이들은 전두엽의 모세혈관에서의 변화가 집행기능에 부정적인 영향을 주고, 단어 인출의 어려움에 기여한다고 추측한다.[22] 이러한 연구들은 고혈압이 단지 여러분의 심장뿐만 아니라 두뇌에도 안 좋은 영향을 미친다는 것을 보여준다.

다양한 비유창성 발화

가끔은 문장을 시작하면 이게 어디로 가고 있는지 도저히 모를 때가 있어요. 그럴 때면 도중에라도 그 길을 꼭 찾길 바라죠.
— 마이클 스콧Michael Scott, 미국 드라마 〈The Office〉의 주인공이며, 스티브 커렐(Steve Carell)이 연기함

어떤 물건의 이름을 대거나 정확한 단어를 찾는 데 문제가 있을 때, 우리는 "어…"나 "음…"과 같은 무의미한 채움 단어를 사용해서 시간을 번다. 이런 일은 상당히 자연스럽게 벌어지지만 이것이 정상적인 발화의 흐름을 방해하는 것은 분명하다. 이러한 유형의 발화 방해의 또 다른 예는 문장을 말하기 시작한 뒤 다시 시작하거나 문장 중간에 이를 고치는 것도 있다. 어머니들이 때때로 혼내야 하는 자식의 이름을 바로 대지 못할 때 이런 현상이 나타난다. "릭, 아니 제이, 아니 그러니까 패트릭… 아니 아니 베카, 그만해!"와 같이 말이다. 게다가 동어 반복 "내가, 내가 두 번 말하지는 않을 거야." 이나 삽입사의 사용 "걔는 그러니까 너무 귀여워." 역시 유창하지 못한 발화로 간주된다. 이러한 발화의 자기 방해는 그것 자체로 언어 장애를 나타내지는 않는다. 사실 이 절에서 우리가 다룰 다양한 비유창성 발화들과 다음 절에서 다룰 말더듬과 같은 발화 장애는 양적으로나 질적인 측면에서 모두 차이가 있다.[23]

정상적인 발화에서 이러한 비유창성 발화는 꽤나 자주 일어난다. 몇몇 연구들은 사람들이 말할 때 100 단어에 6번 정도 이런 현상이 나타난다고 추정했다. 또한 뭔가 지시를 내리는 것처럼 과제가 어려울 때는 이러한 비유창한 말이 더 증가하는 경향이 있다. 논의하고 있는 주제 역시도 중요하다. 한 연구에 따르면 강의 주제가 더 구조화되어 있고 형식적인 자연 과학 과목의 대학 강사들이 인문학을 가르치는 강사들보다 문장 중간에 말을 잠깐 멈추는 현상이 덜 일어났다고 한다.[24]

심리학자 헤더 보트펠드 Heather Bortfeld 와 그녀의 동료들이 수행한 한 실험실 연구에 따르면 비유창한 발화를 반복, 재시작, 채움 단어의 사용으로 정의할 때, 노인들 평균 100 단어 당 6.7회 이 중년 5.7회 이나 청년 5.6회 에 비해 더 많은 유창하지 못한 발화를 나타내었다. 다른 두 연령 집단에 비해 노인 집단 평균 67세 은 특히 구와 구 사이 "그리고 갈색 벨트, 그리고 어 흰색 셔츠" 에

서보다 하나의 구 안에서 "그리고 갈색 어 벨트" 채움 단어를 더 많이 사용하였다.[25]

대중 연설을 할 때는 이러한 채움 단어를 사용하면 평판이 안 좋아진다. 채움 단어 때문에 사람들은 연설자가 준비가 덜 되어 있거나 확신이 없다고 생각할 수 있기 때문에 대중 연설에서는 채움 단어를 "신뢰성 살인자"라고 부른다.[26] 대학생 집단을 대상으로 한 연구에서는 이들의 3분의 2가 채움 단어를 사용하지 않으려고 노력하지만, 성공하는 정도는 천차만별이라고 보고했다.[27]

심리학자들과 언어학자들이 특히 주목했던 두 개의 채움 단어에 대해서 생각해보자. 언뜻 보기에는 "어 uh"와 "음 um"은 서로 바꿔가며 사용할 수 있다고 생각하지만, 연구 결과에 따르면 이 두 단어의 용도는 같지 않다고 한다. 허버트 클락 Herbert Clark 과 장 폭스 트리 Jean Fox Tree 는 영국식 영어를 사용하는 화자들이 이 채움 단어들을 어떻게 사용하는지를 분석하였다. 그 결과, "어"는 발화 시 비교적 짧은 지연을 나타내지만, "음"은 조금 더 긴 멈춤이 필요할 때 일반적으로 사용한다는 것을 찾아내었다.[28] 그래서 이 채움 단어들은 실제로 말하는 사람이 말을 하면서 얼마나 오래 멈출지를 듣는 사람에게 알려주는 유용한 기능을 제공한다.

다른 요인들도 사람들이 채움 단어들을 사용하는 방식에 영향을 미치는 것 같다. 예를 들어, "어"와 "음"의 사용은 성별에 따라 다르다. 에릭 액톤 Eric Acton 은 수천 건의 전화 통화와 스피드 데이트 시의 발화를 녹취하여 이를 분석함으로써 이 채움 단어의 사용을 분석하였다. 그는 여성들은 "음"을 더 많이, 남성들은 "어"를 더 많이 사용하는 것을 발견하였다.[29] 나이가 들면서 이러한 비유창성이 더 흔해질까? 불행히도, 이 질문에 간단히 대답할 수는 없다. 우리가 살펴본 것처럼 나이가 들면서 처리 속도가 느려지기 때문에 생각이 말의 속도를 따라갈 수 없으면 말을 하다 잠깐 멈추는 경우가 점점 많아지는 것 같다. 그런데 여기서 채움 단어들이 어떤 역할을 하는 것으로 밝혀졌다. 마크 리베르만Mark Liberman은 에릭 액톤처럼 "음"과 "어"의 사용에서의 성차를 발견했다. 그리고 연령차 역시 발견하였는데, 20대나 30대에 비해 60대의 "어" 사용 비율이 더 높았다. 그런데 "음"의 경우는 반대로 나이가 들면서 사용 빈도가 줄어들었다.[30] 이 분야에 대한 더 많은 연구가 필요한 것 같다.

그림을 설명하는 과제와 같은 특정 과제가 주어졌을 때 젊은이들과 노인들의 발화 비유창성을 비교한 많은 연구들이 있다. 몇몇 연구들은 두 집단 사이의 차이를 발견하지 못했다.[31] 그러나 한 연구에서 젊은 참여자들에 비해 노인들이 부정적인 내용의 그림을 묘사할 때 유창하지 못한 발화가 더 많이 나타나는 것을 발견했다.[32]

일반적으로 노인들은 애매한 대용어나 말을 늘이는 표현들예. 그와 같은 것that sort of thing, stuff like that을 더 자주 사용하며 문장을 짧고 덜 복잡하게 말한다.[33] 100세 이상의 노인들의 비유창성 발화의 비율이 70대에서 90대 노인들과 크게 다르지 않다는 점은 고무적인 일이다.[34] 더구나 알츠하이머병을 앓는 환자들이 말을 하다 잠시 멈추는 비율은 인지적 장애가 없는 같은 연령의 비교집단과 차이가 없다.[35]

기술적으로 비유창성 발화로 분류되지는 않지만, 정형화된 어구의 사용 역시 대화가 중단될 때 이를 채우기 위한 기능을 한다. 이러한 표현에는 어떤 것을 표현하기 위해 새로운 방식으로 힘들게 문장을 구성하기보다는 기억에서 쉽게 인출할 수 있는 사전에 만들어진 어구들을 예로 들 수 있다.[36] 예를 들어 숙어"극히 드물게once in a blue moon", "아침부터 기분이 별로네 wake up on the wrong side of the bed", 속담"말보다 행동이 중요하다actions speak louder than words", "돌다리도 두드려 보고 건너라look before you leap", 관습화된 표현 "설마you don't say", "좋은 하루 보내Have a nice day" 등이 있다.[37]

비록 모든 사람들이 어느 정도 이러한 정형화된 표현을 사용하지만, 인지장애나 치매가 있는 노인들은 말을 할 때 이러한 문구에 크게 의존한다.[38] 그러나 이들이 이러한 문구를 더 자주 사용한다 하더라도 부적절하게 사용하는 것은 아니다.[39]

전체적으로 볼 때, 발화 비유창성의 성차, 연령차, 인지 장애의 유무에 따른 차이는 비교적 미미하다. 그러나 부정적인 내용을 설명할 때 노인들이 더 많은 비유창성 발화를 한다는 결과는 흥미롭다. 이 결과는 노인들이 부정적인 정서를 식별하는 것을 더 어려워한다는 사실과 일맥상통하며, 정서 인식에 관한 절에서 논의했던 긍정성 편향에 다시금 귀를 기울이도록 만든다.

발화 장애의 대표적 예, 말더듬

만약 여러분이 말더듬으로 보냈던 어린 시절을 극복할 수 있다면, 어떤 어려움도 극복할 수 있을 것입니다. 그리고 만약 성인이 되어서도 여전히 말을 더듬는다면, 어떤 일도 통제할 수 있을 것입니다. 당신은 이미 충분히 단련되었습니다.
— 데이비드 세이들러David Seidler, 전미말더듬학회 연설2011

2010년 말, 영화 팬들은 영국의 미래 통치자의 발화 장애라는 다소 특이한 주제에 대한 영화를 주목했다. 구체적으로 말하자면 〈킹스 스피치The King's Speech〉라는 이 영화는 훗날 영국의 국왕이 될 조지 6세, 버티콜린 퍼스Colin Firth 분가 호주의 언어 치료사 리오넬 로그제프리 러쉬Geoffrey Rush 분의 도움을 통해 심각한 말더듬 문제를 극복하는 과정을 담고 있다. 데이비드 세이들러의 각본은 역사적 사실로부터 크게 벗어났다는 측면에서 비판을 받아왔다.[40] 그러나 이 영화는 말더듬이 단지 몇몇 아이들이 겪는 문제가 아니라, 성인들 역시 일생 동안 고통받을 수 있는 장애라는 것을 관객들에게 상기시켜주는 중요한 역할을 하였다.

사실상 모든 사람들은 말을 더듬는 경우를 들어보았을 것이다. 이러한 말더듬의 가장 일반적인 형태는 단어나 음절의 반복, 같은 소리나 음절의 연장, 발화의 흐름을 끊는 침묵 등이다. 영화 〈킹스 스피치 The King's Speech〉 이전에도 말더듬은 영화에서 꽤나 자주 묘사되었다. 그러나 이러한 묘사는 종종 불쾌했는데, 왜냐하면 이런 언어 장애가 포키 피그 Porky Pig 의 유명 문구인 "여러분, 이, 이, 이, 이게 다입니다."와 같이 희화화하기 위한 목적으로 사용되기도 하였고, 등장인물이 정신적으로 문제가 있다는 것을 암시하기 위한 도구로 사용되었기 때문이다.[41] 〈완다라는 이름의 물고기 A Fish Called Wanda〉라는 1988년 개봉된 영화에서 이러한 고정관념의 예를 볼 수 있다. 마이클 페일린 Michael Palin 이 연기한 인물은 심한 말더듬을 가지고 있었는데, 함께 연기한 케빈 클라인 Kevin Kline 에 의해 반복적으로 조롱을 받았다. 전미말더듬 프로젝트라는 단체의 한 지역 지부는 이 영화의 제작사인 MGM의 컬버 시티 Culver City 사무실 외에서 영화를 개봉한 것에 대해 항의했다.[42]

말더듬은 일반적으로 어린 시절에 시작되는데, 발병률은 약 5% 정도이다. 대부분의 아동들은 이를 스스로 혹은 언어 치료사의 도움을 통해 극복하지만, 전체 사례의 약 25%는 이 문제가 오래 지속되어 만성화되며, 약 1%의 성인들에게는 여전히 문제가 되고 있다.[43] 1%가 많은 숫자처럼 들리지 않을 수도 있지만, 이는 250만 명 이상의 미국 성인에 해당하는 숫자이며, 미국 텍사스 주에 있는 도시인 휴스턴의 인구보다 많은 수이다.

많은 사람들이 말더듬을 불안이 표현된 것으로 생각하며, 실제로도 그런 측면이 확실히 있다. 말을 더듬는 사람들은 특성 불안 검사에서 높은 점수를 나타내는 경향이 있으며 말을 더듬지 않는 사람들에 비해 더 높은 수준의 사회 불안을 보고한다.[44] 그러나 불안이 유일한 말더듬의 원인은 아니다. 연구들에 따르면 유전적 요인도 있다고 한다. 다른 유전 질환들과 마찬가지로 남성이 여성에 비해 말더듬이 더 많다. 게다가 유전자의 절반만 공유하는 이란성 쌍둥이에 비해 일란성 쌍둥이들의 말더듬이 비율이 더 높다.[45] 환경적 요인 역시 한 몫 할 수 있지만, 현재까지 연구자들은 단 하나의 원인이 있는 것은 아니라고 생각한다. 말더듬의 기저 신경학적 원인을 밝히는 것은 꼭 필요한 연구이지만, 아직까지 특정 치료법으로 적용할 수 있는 통찰을 제공하지는 못하고 있다.[46]

어떤 면에서 말더듬은 자발적 운동 통제를 부분적으로 못하도록 만드는 다른 근육 운동 장애와 비슷하다. 예를 들어, 골프선수들이 퍼팅할 때 사용하는 작은 움직임을 방해하는 무의식적 경련을 일컫는 "입스 Yips"와 말더듬을 비교하여 왔다.[47] 전문적인 다트 선수들에게도 유사한 문제가 관찰되었다. 이 질환을 "다티티스(dartitis)"라고 부르기도 함 이러한 관점에서 볼 때, 말더듬은 근육긴장이상이라 불리는 더 상위 범주의 운동 장애의 특정한 예로써 규정할 수도 있다.[48]

말더듬을 가진 사람은 말을 곧 더듬게 될 순간을 종종 인식한다고 한다.[49] 이를 기대라 하는데, 만성적인 말더듬을 다른 유형의 비유창성 발화와 구분 짓는 여러 방법 중 하나이다. 물론 모든 사람은 말을 할 때 실수를 한다. 그러나 말을 더듬지 않는 사람들은 일반적으로 그 실수 전에 그것을 인식하지는 않는다. 또한 말더듬이 일어날 것이라고 예측할 수 있는 것도 아니다. 특정 개인의 말더듬 비율을 측정해보면 날마다 다르고 말을 하는 상황 자발적 발화인지 글을 읽는 것인지 마다 다르다. 이러한 변동성은 그 사람의 말더듬 심각도와 상관이 있는 것도 아니다.[50]

많은 연구들이 말더듬이 삶의 질에 미치는 영향을 평가했다. 예를 들어, 말을 더듬는 남아공 성인에 대한 연구는 연령 범위: 20세–59세 일반적으로 말더듬이 자신의 직업 선택이나 개인적 관계에 영향을 미쳤다고 생각하지 않는다는 것을 발견했다. 하지만, 그들은 말더듬이 학교에서의 성적과 학급 친구들과의 관계에 부정적인 영향을 미쳤다고 보고했다. 현재의 삶과 관련해서는 몇몇 참가자들은 말더듬이 승진 기회뿐만 아니라 업무 수행에도 영향을 미쳤다고 주장했다.[51] 이스라엘에서 말을 더듬는 사람들을 대상으로 수행한 한 연구에 따르면 노인과 기혼 성인은 젊고 미혼인 성인에 비해 말더듬의 영향을 덜 받는 것으로 나타났다.[52]

말을 더듬는 많은 성인들은 인생에서 주목할 만한 성공을 거두었다. 이 목록에는 로마 황제 클라우디우스 Claudius , 아이작 뉴턴 Issac Newton , 루이스 캐롤 Lewis Carroll , 타이 콥 Ty Cobb , 그리고 앨런 튜링 Alan Turing 이 포함되어 있다. 더 인상적인 것은, 연기나 대중 연설을 요구하는 분야에서 두각을 나타낸 사람들 중에도 말더듬을 가진 사람들이 있었다. 토머스 제퍼슨 Thomas Jefferson , 시어도어 루스벨트 Theodore Roosevelt , 앤서니 퀸 Anthony Quinn , 마릴린 먼로 Marilyn Monroe , 제임스 얼 존스 James Earl Jones , 그리고 앞서 언급했던 조지 6세까지도 말이다.

심각한 말더듬을 가진 사람들이 쇠약해지는 경우도 있을 수 있다. 그 예로 1962년에 지구 궤도를 처음 돈 미국인 우주인 존 글렌 John Glenn 의 아내 애니 글렌 Annie Glenn 을 들 수 있다. 그녀는 택시 기사에게 주소를 가르쳐 주거나 상점에서 점원과 의사소통하는 것과 같은 일상적인 일들도 아주 힘겨워했다.[53] 애니의 이런 고통은 1983년 제작된 영화 〈필사의 도전 The Right Stuff 〉에서 여배우 메리 조 데이셔널 Mary Jo Deschanel 의 연기를 통해 간략히 묘사되었다. 그러나 이러한 애니의 삶도 행복한 결말로 마무리된다. 애니는 1978년, 53세의 나이에 자신의 말더듬을 고치기 위해 호흡과 발화 속도를 통제하는 기법에 초점을 맞춘 몇 주간의 집중 치료를 받았다.[54] 비록 자신이 치료되었다고 생각하지는 않았지만, 그녀는 그 치료로 오하이오주에서 미국 상원의원으로 25년 동안 일했던 자신의 남편^{옮긴이 주: 존 글렌은 우주비행사이자, 상원의원임}을 대신하여 연설을 할 수도 있었다. 애니의 경우, 자신의 말더듬을 극복하고 싶은 강한 욕구가 적절한 치료와 결합되어 정치인의 배우자로서의 역할을 더 온전하게 감당해낼 수 있었다.

하지만 치료가 모든 사람에게 도움이 되는 것은 아니다. 말을 더듬는 많은 성인들은 언어 치료의 효과에 대해 반신반의한다. 한 조사 연구에서 몇몇 응답자는 언어 치료에 부정적인 경험이 있다고 말했지만, 도움이 됐다고 답하기도 했다. 이러한 효과 측면에서의 양면성과는 별개로, 어떤 응답자들은 말하는 방식을 바꾸는 것이 자신의 존재를 거부하는 것처럼 느껴진다고 대답하기도 하였다.[55]

말을 더듬는 노인들을 대상으로 한 또 다른 조사연구에 따르면 비록 말더듬의 정도가 나이가 들면서 줄어들지는 않았지만, 젊었을 때보다 말더듬 자체를 장애로 생각하는 것이 덜하게 느껴진다고 하였다.[56] 그렇다고 말을 더듬는 것이 노화에 아무런 영향을 미치지 않는다는 뜻은 아니다. 말을 더듬는 노인들은 여전히 자신에 대한 부정적 평가에 대한 두려움을 경험하며 자신이 말해야 하는 상황을 피하기 위해 사회적 상호작용을 스스로 제한할 수 있다. 스스로 고립을 선택하기 때문에 건강과 재정적인 부분과 같은 중요한 영역에서 외부의 도움 역시도 제한된다.[57]

뇌 손상으로 인한 언어 장애, 실어증

의사 : 무슨 일로 병원에 오셨습니까?

환자 : 아이고, 땀이 나네요. 아시다시피, 제가 정말 긴장이 많이 돼요, 가끔 제

가 사로잡히면 타리포이를 언급할 수가 없어요. 한 달 전, 꽤 많이 제가 많은 일을 했어요. 제가 사실 많이 강요하는 것도 있고요. 한 편으로는, 제가 무슨 말을 하려는 건지 아시겠지만, 좀 뛰어 다녀야 해요. 트레빈이나 뭐 비슷한 모든 종류의 것들도 좀 살펴봐요.

— 하워드 가드너Howard Gardner, 『산산 조각난 마음The Shattered Mind, 1975』

인간의 뇌는 외관상으로는 손상으로부터 잘 보호되어 있다. 두개골은 외부의 위협으로부터 뇌를 보호하는 방어막으로 기능하는 뼈이고, 뇌막과 뇌척수액은 충격을 흡수하는 기능을 하여 추가적인 보호구 역할을 한다. 혈뇌장벽은 병원균이 중추신경계로 들어오는 것을 막는 내부의 방패 역할을 한다. 그러나 뇌는 많은 집 주인들이 겪는 또 다른 내부의 위협, 즉 배관 문제에 취약하다. 막히거나 터진 배관이 건물에 큰 혼란을 가져오는 것처럼, 뇌의 동맥이나 다른 혈관이 막히거나 파열되면 기본적 인지 기능을 위태롭게 할 수 있다. 말을 하거나 다른 사람의 말을 이해하는 능력도 포함해서 말이다.

뇌졸중은 인생의 어느 시점에나 발생할 수 있지만, 나이가 들수록 흔해진다. 대부분의 뇌졸중은 65세 이후에 발생한다. 위험 요인으로는 흡연, 불규칙한 심장박동, 고혈압 등이 있다. 의술의 발달과 예방으로 뇌졸중 발병률이 크게 줄었지만, 여전히 미국에서 세 번째로 높은 사망 원인으로 남아 있고 장기적인 장애를 일으키는 주요 원인이다. 뇌졸중 생존자들은 몸의 마비, 약화, 저림, 통증, 그리고 시력 문제가 생길 수 있다. 그들은 쉽게 지치거나 갑작스러운 감정 폭발을 경험할 수 있다. 이들 중 많은 사람들이 우울증에 걸린다.

뇌졸중으로 인한 인지적 문제에는 사고, 기억, 학습 및 주의력 장애가 포함된다. 또한 뇌졸중 희생자의 약 3분의 1은 다양한 형태의 언어 장애를 경험한다. 뇌졸중이 사람의 언어 능력에 미치는 영향은 상당히 다양할 수 있고, 이러한 영향은 언어가 어떻게 뇌에서 표상되는지에 대한 중요한 단서를 제공한다. 이러한 언어적 장애를 실어증이라고 하며, 여러 가지 유형이 있다.

전통적으로 연구자와 임상 의사들은 표현성 실어증과 수용성 실어증을 구별해왔다. 표현성 실어증에 시달리는 사람들은 말하는 데 상당한 어려움을 겪는다. 그들의 발화는 전형적으로 느리고, 자꾸 끊어지고, 힘겹다. 단어를 찾는 데 어려움을 보이는 명칭성 실어증 역시 흔하게 나타난다. 그러나 이 모든 것에도 불구하고 이들의 발화는 이해할 수 있다. 그저 듣는 사람이 조금만 인내심을 발휘하면 의미 있게 대화를 이어 나가는 것이 가능하다.

반면 수용성 실어증이 있는 사람은 말을 이해하는 데 어려움을 겪는다. 그리고 이 절의 첫머리에 있는 에피소드에서 암시하듯이, 수용성 실어증을 가진 사람은 유창하지만 이해하기 어려운 말을 할 수 있는데, 단순히 이상한 말에서부터 마치 단어들로 샐러드를 만들어 놓은 것처럼 혼

란스럽게 혼합된 발화들이다. 이들의 오류는 '문'을 말해야 할 때 '창문'과 같이 연관된 말로 대체하여 말하는 착어증이나 아무런 의미가 없는 신조어들을 만들어내는 것을 포함하는데, 세발자전거 그림을 보고 무엇인지 물으면 "개푸", "페카키스"와 같은 비非단어를 말한다.[58] 이상하게도 수용성 실어증을 가진 사람들은 자신들이 말하는 것이 잘못되었거나 말이 안 된다는 것을 인식하지 못하는 것 같다. 반면 표현성 실어증을 가진 사람들은 그렇지 않다. 이들은 자신의 언어적 한계를 아주 정확하게 인식하고 있고, 그 결과, 종종 다른 사람들과 의사소통하는 것을 포기한다.

표현성 실어증은 전통적으로 '브로카 영역'이라고 불리는 뇌 부위의 손상과 관련되어 있다. 이 영역은 표현성 언어 장애와 관련된 뇌의 해부학적 구조 사이의 연결을 찾아낸 19세기 프랑스의 의사 폴 브로카Paul Broca의 이름을 따서 지어졌다. 반면에 수용성 실어증은 전통적으로 '베르니케 영역'이라 불리는 다른 뇌 영역의 손상과 관련되어 있다. 이 영역 역시 독일의 의사인 칼 베르니케Carl Wernicke의 이름을 따서 지어졌다. 브로카 영역은 뇌의 앞부분인 전두엽에 위치하고, 베르니케 영역은 뇌의 뒤쪽에 위치하고 있다. 이 두 가지 뇌 영역은 언어 처리를 담당하는 신경 섬유에 의해 서로 연결되어 있다. 뇌졸중으로 인한 뇌손상이 있는 사람은 전도성 실어증이라 불리는 세 번째 형태의 장애를 보인다. 이 장애는 말을 하는 것이나 이해하는 것은 상대적으로 덜 영향을 받지만 들은 문장이나 단어를 따라하는 능력은 크게 저하될 수 있다.

실어증은 다른 방식으로 나타날 수도 있기 때문에 진단하기가 어려울 수 있다. 이것은 특히 효과적으로 의사소통을 할 수 없는 상태로 병원에 도착하게 될 때 더욱 그렇다. 뇌졸중을 앓고 실어증을 겪고 있는 환자는 다른 정신병, 조현병, 뇌전증간질, 치매 등의 다른 질환이 있는 것으로 오진될 수 있다.[59] 오진은 뇌졸중이 발생한 후 처음 몇 시간 동안 특히 위험하다. 만약 뇌졸중이 혈액 응고 때문에 나타났다면 조직 플라스미노젠 활성물질이라고 하는 약을 곧바로 투여해야 한다. 약이 골든타임 안에 투여될 경우 뇌졸중이 없어지고 정상 기능을 상당 부분 회복할 수 있게 된다.[60]

우리는 표현성 실어증이 인지적인 문제이지 운동의 문제가 아니라는 것을 안다. 왜냐하면 수어를 통해 의사소통하는 사람들도 비슷한 결함을 보이기 때문이다. 그들은 수어에 필요한 물리적인 동작을 만들어내는 데 큰 어려움을 겪는다. 그러나 이들은 상대방의 수어를 이해하는 데 있어 거의 어려움이 없다. 구어와 수어의 또 다른 공통점은 수용성 실어증을 가진 수어 사용자들은 다른 사람의 수어를 이해하는 데 어려움을 겪으며 자신도 무의미한 동작을 만들어낼 뿐이다. 구어의 수용성 실어증 환자들이 단어 샐러드를 만든다면 수어의 환자들은 동작의 샐러드를 만든다.[61]

자, 그러면 이 두 유형의 실어증 환자들의 글을 쓰거나 읽는 능력에는 변화가 있을까? 글을 쓰는 것은 표현적이고, 읽는 것은 수용적이므로 이 두 능력도 서로 독립적으로 보존되거나 장애가 나타날 수 있다고 생각해 볼 수 있는데, 실제 결과도 그런 것 같다. 표현성 실어증을 가진 환자는 의미를 가진 문장을 쓸 수는 있지만, 쓰는 것 자체를 힘들어한다. 수용성 실어증을 가진 사람들은 유창하게 글을 쓸 수는 있지만, 전반적으로 의미 없는 단어들을 써내려갈 뿐이다. 표현성 실어증 환자는 읽기를 꽤나 잘하지만 이들이 말을 이해하는 능력은 손상되지 않은 것과 유사함, 수용성 실어증 환자는 글을 이해하는 능력이 떨어진다.[62]

이상하게 생각될 수도 있지만, 뇌손상으로 인해 글을 읽는 능력을 상실한 순수 실독증失讀症의 경우 쓰기 능력의 상실까지 수반하지는 않는다. 실독증을 가진 사람은 어떤 것을 쓸 수 있지만 자신이 쓴 내용을 읽을 수는 없다! 실독증의 또 다른 사례로는 글자보다 숫자 처리를 더 잘하는 경우도 있는데, 사실 이런 장애가 없는 사람들도 마찬가지일 수 있다.[63] 실독증을 겪는 사람들은 다시 읽기를 배울 수 있긴 하지만 글자를 하나씩 하나씩 먼저 읽는 방식으로만 할 수 있다. 만약 단어가 길면 지루하고 좌절감을 느낄 수 있다.[64]

이러한 언어적 결함으로 인한 장애는 심각하고 오래 지속될 수 있지만, 실어증을 가진 사람들은 발병 첫 몇 주 혹은 몇 달 동안 자연스럽게 증상이 나아지는 것을 경험하기도 하는데 이를 자발적 회복이라 한다. 회복을 일으키는 원인이 다양하다는 것은 놀랄 일도 아니다. 예를 들어 뇌 손상의 위치와 정도, 실어증의 유형, 가족의 지지와 같은 환경적 요인 등이 영향을 줄 수 있다.[65] 실어증이 있는 사람들은 언어 및 발화 치료를 통해 도움을 받을 수도 있다. 이 주제에 대한 포괄적인 개관연구는 언어 및 발화 치료를 통해 실어증 환자들의 의사소통 기능이 개선되며, 치료가 집중적이고 장기간 지속될 때 가장 효과적이라는 것을 발견했다.[66]

다른 치료법들도 연구 중에 있다. 예를 들어 뇌 기능의 변화를 목표로 하여 비침습적 옮긴이 주: 뇌 표면을 직접 자극하지 않고 뇌를 자극하는 방식 으로 전기를 이용하여 뇌를 자극하는 경두개 직류 자극술이 있다.[67] 컴퓨터를 기반으로 하는 가상 치료 프로그램 역시 효과적이다. 이 방식은 환자들이 선호하며, 혼자서도 할 수 있으며, 각 개인에 맞게 치료 프로그램을 맞출 수 있다. 또한, 가상현실과 가상 치료사를 이용한 치료 방법들도 개발 중이다.[68]

읽기 어려움과 관련된 장애, 난독증

앞부분에서 논의했던 실독증처럼 난독증도 읽기 어려움과 관련이 있는 장애이다. "읽기 장애"와 "난독증"이라는 용어는 종종 동의어로 사용되지만, 읽기 장애는 읽기와 관련하여 보다 포괄적인 장애를 나타내고, 난독증은 특히 단어와 철자를 인식하는 데 어려움을 나타내는 경우를 가리킨다. 연구자들은 이 질환을 "발달성 난독증"이라고 명명하기도 하는데, 이는 뇌손상이나 뇌졸중의 결과로 발생하는 실독증과 같은 언어 장애와 구별하기 위함이다. 질환에 대한 정의를 어떻게 내려야 하는지는 상당히 복잡한데, 난독증이 다른 언어발달장애와 함께 나타나는 경우가 많기 때문이다. 예를 들어, 언어 장애가 있는 아이들은 단어나 문법 습득에도 어려움을 겪는 경우가 많다. 발화 및 음성장애가 있는 아이들은 말소리를 산출하는 데 어려움을 겪는다. 난독증은 또한 수 처리, 수학 및 산수 계산에 어려움을 겪는 계산 불능증과 함께 나타나기도 한다.[69]

난독증의 유병률은 진단 기준 점수를 어디로 정하느냐에 영향을 받긴 하지만, 일반적으로 보고되는 수치는 7%이다.[70] 난독증은 지능 지수가 낮은 것과는 다른 개념이다. 왜냐하면 이들은 정상 혹은 평균 이상의 지적인 능력을 가지고 있으면서도 글자를 소리로 바꾸는 데 어려움을 겪기 때문이다.

난독증이 유전되는가에 대해서는 오랜 논쟁이 있어 왔다. 이런 연구들이 전형적으로 나타내는 결과와 같이, 유전과 양육의 상대적 기여도를 분리하는 것은 어렵다. 그러나 유전적 유인이 중요한 역할을 한다는 것에 점점 더 많은 사람들이 공감하고 있다.[71] 남자 아이들의 유병률이 더 높은 것은 주의력 결핍 및 과잉행동 장애ADHD와 같은 다른 요인 때문일 수도 있다.

철자와 소리의 대응이 일관적이지 않은 영어와 같은 언어를 사용하면 이 대응이 일관적인 언어에 비해 난독증이 더 많을까? 예를 들어 영어에서 "/f/"소리는 flower의 f에서도, suffer의 ff에서도, philosophy의 ph에서도 enough의 gh에서도 나타날 수 있다. 영어와 독일어 영어보다 철자와 발음의 대응이 규칙적임를 둘 다 배우는 난독증 아이들의 결과를 비교해보면, 두 언어 간 차이보다는 유사성이 더 많은 것을 발견했다. 이 발견은 난독증이 있는 사람들의 문제는 철자와 소리의 대응 문제가 언어별로 다르게 나타나는 것이 아니라, 보다 일반적인 음운 처리 능력의 결함이라는 것을 시사한다.[72]

난독증을 진단하기 위한 평가도구가 개발되기 전에는 이 장애를 가진 아이들은 종종 "지진아"나 "부진아" 등의 꼬리표가 붙기도 했는데, 이 아이들이 또래들에게 뒤떨어지지 않으려고 애쓰면서 겪는 좌절감만 가중시켰다. 또한 난독증을 겪고 있는 많은 사람들이 수치심이나 두려움 때문에 자신의 장애를 숨기려고 하는 경우도 있다.[73] 난독증이라는 오명은 『베니티 페어 Vanity Fair』라는 잡지에 게일 쉬이 Gail Sheehy 가 당시 대통령 후보였던 조지 부시 George W. Bush 에게 난독증이 있다고 폭로했을 때 더욱 유명세를 탔다.[74] 이에 대한 증거로 게일은 부시의 남동생인 닐 Neil 도 난독증으로 진단받았으며, 부시의 논리적이지 않은 말이나 말실수 등을 지적하였다. 그러나 우리가 앞에서 보았듯이, 난독증은 구어(口語)가 아니라 문어(文語)와 관련된 질환임. 그 기사가 나온 뒤, 부시는 ABC 방송사의 굿모닝 아메리카 Good Morning America 라는 프로그램에 출연하여 그 기사의 주장을 부인하면서 자신은 난독증으로 진단받은 적이 없었다고 덧붙였다.[75]

난독증으로 고생하고 있는 성인들은 어린아이들처럼 난독증으로 진단되지 않고, 단순히 글을 잘 못 읽고 철자법을 잘 모르는 사람으로 여겨진 채 삶을 살아간다. 노르웨이에서 수행된 한 난독증 연구에 따르면, 이들은 읽기 문제보다 더 심각한 철자법의 문제를 가지고 있다고 한다. 이러한 문제들 때문에 이들이 난독증이 있다는 결론에 이르게 될 수 있다.[76] 게다가 난독증을 가진 성인들은 그렇지 않은 사람들에 비해 더 큰 기억의 문제가 있다는 연구 결과도 있다.[77]

난독증은 흔히 유년기의 장애로 생각되기 때문에 난독증이 있는 성인을 신경인지장애로 진단하지 않는 것도 중요하다. 난독증과 신경인지장애는 모두 언어, 주의, 기억에 어려움을 보인다. 난독증을 가진 성인을 제대로 구별해내지 못하면 신경인지장애로 오진하게 되고 부적절한 치료로 이어질 수 있다.[78]

난독증을 가진 사람들이 언어 능력을 중시하는 이 세계에서 경쟁할 수 없다고 단정하는 것은 실수일 것이다. 각각의 분야에서 명성이나 부를 이룬 난독증을 가진 성인들의 목록은 수백 명에 이른다. 문제는 역사적 인물들이 난독증이 있었는지를 역사를 거슬러 식별해 내는 것은 쉽지 않은 일이다. 물론 많은 사람들이 이러한 노력을 계속 하고 있다. 레오나르도 다 빈치 Leonardo da Vinci, 나폴레옹 Napoleon, 베토벤 Beethoven, 아인슈타인 Einstein 은 난독증을 가진 유명한 사람들의 목록에서 쉽게 찾을 수 있다. 이들은 단어 인식이나 표기법에는 어려움을 겪었을지 모르지만, 그 시대에는 난독증에 대한 진단 기준이 없었기 때문에 확실하게 난독증으로 진단할 수는 없다. 만약 20세기 중반 이후의 사람들만 따져본다면 더 확고한 입장을 가질 수 있다. 난독증을 가진 유명인들은 리차드 브랜슨 Richard Branson, 찰스 슈왑 Charles Schwab 과 같은 기업가, 대니 글로버 Danny Glover, 앤서니 홉킨스 Anthony Hopkins, 제이 레노 Jay Leno 와 같은 배우와 희극인, 스티븐 스필버그 Steven Spielberg, 쿠엔틴 타란티노 Quentin Tarantino 와 같은 영화감독, 케이틀린 제너 Caitlyn Jenner, 매직 존슨 Magic Johnson, 놀란 라이언 Nolan Ryan 같은 운동선수, 그리고 존 어빙 John Irving, 존 그리샴 John Grisham 과 같은 작가들에 이른다. 패션 디자이너 타미 힐피거 Tommy Hilfiger 나 언론인 앤더슨 쿠퍼 Anderson Cooper 역시 이 목록에 이름을 올릴 수 있다. 31세가 돼서야 비로소 난독증 진단을 받았던 배우 헨리 윙클러 Henry Winkler 는 난독증을 가진 소년인 행크 집저 Hank Zipzer 에 대한 아동용 도서 시리즈를 공동집필하기도 하였다.

난독증이 있는 많은 성인들은 읽기의 어려움에 대처하기 위한 나름의 보상 전략을 개발한다. 예를 들어 윙클러는 어렸을 때는 거의 글을 읽을 수 없었기 때문에 암기와 즉흥적인 기술들을 사용하여 대학과정과 각종 오디션을 통과하였다. 난독증이 있는 프랑스의 대학생들이 참여했던 한 연구에 따르면, 이들은 동료들에 비해 단어의 의미와 관련 지식이 더 깊다고 한다.[79]

난독증이 있는 성인들에게 특수하게 고안된 서체가 도움을 줄 수 있다고 한다. 예를 들어, 아마존의 킨들과 같은 전자책의 사용자들은 다양한 크기와 형태의 서체를 사용하여 책을 읽을 수 있다. 이 중 오픈디스렉식 OpenDyslexic 이라는 서체는 구글의 크롬 브라우저의 확장판에서도 이용 가능한데, 글자와 숫자의 하단에 더 두꺼운 선이 있어서 개별 글자를 서로 더 쉽게 구분할 수 있다. 이론적으로는 이러한 변형이 도움이 될 수 있지만, 오픈디스렉식 서체의 효과를 평가하기 위해 수행된 연구에서는 에어리얼 Arial 이나 타임스 뉴 로만 Times New Roman 과 같은 전통적인 서체와 비교했을 때 읽기 속도나 정확성에서 차이를 발견하지 못했다.[80] 특별히 고안된 또 다른 서체인 디스렉시 Dyslexie 는 읽기 속도를 증가시키는 것으로 밝혀졌지만, 이는 이 서체에 적용된 자간이 넓기 때문인 것 같다. 자간을 비교 서체인 에어리얼과 맞추게 되면, 읽기 속도에서 두 서체 사이의 차이를 관찰할 수 없었다.[81]

난독증이 있는 사람들이 겪는 어려움들이 모두 너무 실재적임에도 불구하고 이와 상충되는 주장도 있다. 이들의 뇌가 약간 다른 방식으로 작동하기 때문에 특정 영역에서는 뛰어난 추론 능력을 가질 수 있다는 것이다. 예를 들어, 『난독증의 이로움 Dyslexic Advantage』이라는 책의 저자들은 난독증을 가진 많은 사람들이 뛰어난 공간 능력을 가지고 있고 컴퓨터 그래

픽과 건축과 같은 분야에서 뛰어난 성과를 내는 난독증 환자들이 많다고 주장한다.[82] 그러나 이러한 주장은 다음과 같은 점들을 감안해서 받아들여야 한다. 첫째, 다양한 범위의 학습 장애를 가진 사람들을 단순히 "난독증"이라는 용어를 사용해서 분류했을 수도 있고, 둘째, 특정 분야에서 소위 난독증을 가진 전문가들이 많다는 것은 동기화된 추론옮긴이 주: 이미 결론을 정해 놓고 그 결론에 이르게 하는 추론과 확증 편향옮긴이 주: 정해진 가치관, 신념, 판단 따위와 부합하는 정보에만 주목하는 사고방식을 반영하는 것일 수도 있다.

지금까지 보아온 것처럼, 우리의 언어 능력과 정체성은 밀접하게 얽혀 있다. 이 장의 마지막 절에서는 어떻게 우리의 말하는 방식의 미묘한 변화가 자신과 타인을 보는 방식에 극적인 영향을 줄 수 있는지를 강조하는 특이한 현상에 대해 다뤄볼 것이다.

말하는 방식이 변했다고? 외국인 억양 증후군

내 생각엔 영어를 쓰는 사람들의 억양을 잘 음미하는 건 현명한 일이야. 이것이 우리의 언어에 대해서 가르쳐주는 것이 있거든.
– 데이비드Davis, 앤 라이스Anne Rice의 소설 『메릭Memick, 2000』의 뱀파이어

1941년 9월 6일, 당시 독일군이 점령하던 도시 오슬로는 영국 공군의 공격을 받았다. 놀란 시민들은 필사적으로 떨어지는 폭탄을 피할 대피소를 찾았다. 이 공습의 사상자 중 한 사람은 아스트리드Astrid 라는 28세의 여인이었는데, 대피소로 피하려 달려가는 도중에 파편에 맞았다. 그녀는 자신의 왼쪽 머리에 중상을 입었고, 의료진들은 그녀가 죽게 될 것 같아 두려웠다. 그러나 며칠이 지나자 그녀는 의식을 회복했다. 그렇지만 몸의 오른편은 마비가 오게 되었고 말도 할 수 없었다. 시간이 지나면서 마비

증상은 호전되었고 말을 할 수 있는 능력도 점진적으로 회복되었다. 그런데 그녀의 말투가 달라졌고, 그것을 들은 사람들은 그것이 독일어 억양이라는 것을 알아차렸다. 이것은 노르웨이에서는 심각한 문제였는데, 사람들은 독일군 때문에 독일과 관련된 어떤 것에도 강한 반감을 가지고 있었기 때문이다. 그녀의 독일어 억양 때문에 상점 주인들은 그녀를 돕지 않았다. 당연히 독일어 억양으로 말하는 것은 그녀가 원한 것은 아니었다. 더 불가사의한 것은 그녀는 노르웨이 바깥에서는 한 번도 살아본 적도 없고, 외국인과 교류를 한 적도 없다는 것이다.[83]

아스트리드가 중상을 입은 2년 후, 게오르그 헤르만 몬라드-크론Georg Herman Monrad-Krohn은 이 불가사의한 사건에 주목하였다. 그는 오슬로 대학의 신경과 교수였고 언어 장애에 특별한 관심을 가지고 있었다. 아스트리드의 이 특이한 사건에 충격을 받았고, 처음에는 그녀가 독일인이나 프랑스인일 것이라고 생각했다.

아스트리드의 사례가 유일한 것은 아니다. 지금은 외국인 억양 증후군이라는 이름으로 불리는 이 증상은 1907년에 처음 보고되었는데, 프랑스인인 피에르 마리Pierre Marie가 파리에서 자랐음에도 불구하고 알자스 지방의 억양으로 말했다.[84] 이후 백년 간 의사들과 언어 연구자들은 수십 건의 유사한 사례를 보고하였다. 의학 잡지에 이러한 사례들이 축적되면서 학자들은 도대체 무슨 일이 일어나고 있는지를 이해하기 위해 애를 썼다. 최근에 이 증후군을 겪은 잘 알려진 사람도 있다. 이 일은 2011년에 일어났는데, 영국의 가수인 조지 마이클George Michael은 런던에서 자라났는데, 3주간의 혼수상태에서 깨어나자마자 영국 남서부 지방의 억양으로 말하기 시작했다.[85]

많은 외국인 억양 증후군 사례들에서 공통의 요소는 좌뇌의 특정 영역이 손상되었다는 점이다. 대부분의 사람들은 좌뇌가 언어 기능을 관장하고 있는데, 좌뇌는 몸의 오른쪽 편을 통제한다. 이것이 대부분의 사람들이 오른 손으로 글씨를 쓰는 이유이다. 뇌 손상은 선택적인 경우가 거의 없으며, 이 증후군의 보고된 사례의 3분의 2 정도는 실어증이나 운동 계획에 문제가 있는 실행증失行症 등의 다른 언어 장애도 가지고 있었다.[86] 아스트리드의 사례도 마찬가지였다. 그러나 소수의 사례는 뇌의 물리적 손상이 아니라 심리적 장애에 의해서도 이러한 증후군이 나타나기도 한다. 어떤 경우에는 전환 장애나 조현병과 같은 기저 정신 장애가 잘 치료되면서 이 증후군이 사라지기도 한다. 그러나 또 다른 경우는 외국인 억양이 지속되기도 한다.[87]

무엇 때문에 외국인 억양 증후군을 겪는 사람들이 마치 외국인이 본인 나라의 말을 하는 것처럼 들리는 것일까? 한 가지 공통된 요소는 산출된 발화의 운율이 어떤 식으로든 변했다는 것이다. 운율이란 발화되는 언어의 리듬, 음 높이, 억양 등을 말한다. 영어와 같은 언어에서 평평한 억양은 "나는 너에게 20달러 빚을 졌다"와 같이 사실을 진술할 때 사용하는 반면, "내가 너한테 20달러 빚을 졌다고?"와 같은 질문을 할 때에는 상승 억양이 수반된다. 언어마다 운율의 고저 양상이 다르고 정상적인 리듬과 흐름이 방해되면 이는 모국어가 아닌, 즉 외국어 억양으로 들릴 수 있다.

아스트리드는 파편에 의한 뇌 손상 후, 모국어로 말하는 방식에 운율적인 변화가 생겼다. 예를 들어, 그녀는 짧은 문장의 마지막 단어에서 음을 올리는 경향이 있었다. 영어에서는 이런 현상이 다양한 이름으로 불리는데, 그중 하나가 "업스피크 upspeak"이다. 이는 영국과 미국의 젊은 여성들의 발화와 연관되어 있다.[88] 또한 노르웨이어는 강세를 받는 음절이 고정된 음 높이를 가지고 있는 반면, 독일어와 같은 언어는 음 높이와 강세의 관계가 덜 일관적이다. 독일어의 이 변화무쌍한 음 높이 때문에 강세를 받는 단어가 무엇인지는 문장 전체의 억양 패턴에 달려 있다. 뇌 손상 이후 아스트리드의 발화의 또 다른 특징도 역시 중요한데, 항상 문법적으로 완전하지는 않았다는 점이다.

이 모든 특징들을 결합하면, 다른 노르웨이 사람들이 아스트리드의 말을 어떻게 외국어의 억양이라고 인식했는지를 이해하기가 쉬워진다. 그녀의 발화에서 나타난 비교적 미묘한 운율적, 문법적 오류들은 노르웨이어를 제2언어로 배우는 사람들에게서 나타나는 오류들과 유사했던 것이다.[89] 위에서 몬라드-크론이 처음에 그녀의 억양을 듣고 독일어나 프랑스어 화자였을 것이라고 추측했던 것을 기억해보자. 이것은 아마도 그가 _{혹은 다른 노르웨이 사람들이} 만났던 노르웨이어를 모국어로 쓰지 않는 외국인들이 독일이나 프랑스와 같은 인구가 많은 다른 유럽 국가로부터 유입되었다는 사실 때문일 것이다.

우리가 다른 사람의 억양을 어떻게 인식하는지에 대한 기준이 주관적이라는 사실은 2006년 뇌졸중을 겪은 뉴캐슬 출신의 60세 영국 여성 린다 워커 Linda Walker 의 사례에서도 나타난다. 그녀의 시누이의 증언에 따르면 린다가 병원에서 의식을 회복한 후, 그녀의 말이 이탈리아어처럼 들렸다고 했다. 반면 린다의 오빠는 슬로바키아어처럼 들렸다고 주장했다. 또 다른 사람들은 프랑스계 캐나다인의 억양을, 심지어 자메이카인의 억양이 느껴졌다고도 했다. 이처럼 모음을 발음하는 방식의 작은 변화조차도 말이 어떻게 들리느냐에 주요한 차이를 갖도록 만드는 것 같다.[90]

이러한 변이는 실험실 연구에서도 보고되었다. 실험에 참여한 사람들은 외국인 억양 증후군을 갖고 있는 화자들이 녹음한 발화도 듣고, 원래 모국어 화자들이 녹음한 발화도 들었는데, 외국인 억양 증후군 환자의 발화에 대한 억양을 판단할 때 상당한 불일치가 나타났다. 예를 들어, 스코틀랜드 출신의 외국인 억양 증후군 화자의 발화를 듣고, 몇몇 사람들은 정확하게 스코틀랜드 출신이라고 대답한 반면, 다른 사람들은 아일랜드, 웨일즈, 잉글랜드, 심지어 스페인, 독일, 포르투갈, 폴란드 출신이라고 대답하기도 하였다. 반면 원래 스코틀랜드 모국어 화자의 발화는 항상 영어 <small>스코틀랜드 지방, 아일랜드 지방, 잉글랜드 지방, 혹은 미국식 영어</small>를 모국어로 쓰는 화자가 말한 것이라고 식별하였다.[91] 분명히 이 연구에 참여한 많은 실험 참여자들은 이 외국인 억양 증후군을 겪는 사람의 발화가 무엇인가 이상하게 들린다고 생각했지만, 그 "무엇"이 실제로 무엇인지에 대해서는 일치된 견해를 갖지 않았던 것이다. 이와 유사한 한 연구에서 실험 참여자들은 모국인 화자와 외국인 화자의 발화를 일관되게 구분할 수 있었지만, 외국인 억양 증후군을 갖고 있는 화자의 발화에 대해서는 분명 모국어 화자의 발화는 아니지만, 완전히 외국인 화자의 발화도 아닌, 현실에는 존재하지 않는 언어적 지하세계의 발화로 인식하였다.[92]

따라서 외국인 억양 증후군으로 고통받는 사람들이 종종 자신의 자의식이 약화되는 것을 느끼는 것은 놀랄 만한 일이 아니다. 예를 들어, 린다 워커는 "저는 제 정체성을 잃어버렸어요. 왜냐하면 이전에는 이런 식으로 말하지 않았기 때문이에요. 저는 이제 아주 다른 사람이 된 것 같아 이상하고, 이게 마음에 들지 않아요."라고 말했다.[93] 미국 중서부에 사는 이웃들로부터 자신의 억양이 영국식 영어처럼 들린다는 말을 들었던 한 미국인 여성은 자신처럼 들리는 사람들을 찾아서 영국까지 여행을 떠나기도 했다.[94] 그런데 이 여성이 영국에 가자 영국 사람들은 이 여성의 발화가 남아프리카의 억양처럼 들린다고 말했다! 이러한 예들이 분명히 보여주듯이, 우리의 자아 개념은 우리가 말하는 방식과 그것이 다른 사람들에게 어떻게 들리는지와 밀접하게 연관되어 있다.

단어 사용 능력의
의미성

단어 사용 능력의
의미성

강세 stress 사용의 형태

"Asses the window"가 아니라 "Assess the window"입니다. 지금 잘못된 음
절에 강세를 줘서 말했습니다.[*]

– 영화 〈뷰 프롬 더 탑〉 View from the Top, (2003)〉에서 존 휘트니 John Whitney를 연기한 마이크 마
이어스 Mike Myers

구어 口語 에는 단지 발화되는 단어들보다 훨씬 더 많은 정보들이 포함
되어 있다. 일단 단어가 어떻게 발화되는가가 중요하다. 단어는 음절로
구성되어 있고 사람들은 여러 가지 이유 때문에 특정 음절을 선택적으로
강조해서 말한다. 어떤 경우는 관습적으로 단순히 주어진 단어 안에서 특
정한 음절을 강조하여 말하기도 한다. 다른 경우에는 사람들이 자신의 메
시지나 말하는 의도를 명확히 드러내기 위해 언어학자들이 말하는 강세
stress 를 적절히 사용한다. 이러한 강세 사용의 형태를 차례로 살펴보자.

---

[*] 옮긴이 주: 이 장면은 존 휘트니가 스튜어디스 교육을 하면서 나오는 장면이다. 크리스틴(Christine)이라
는 교육생이 'assess'라는 단어를 잘못된 강세로 발음하자, 존 휘트니가 이를 고쳐주며 하는 대사이다.
영화에서는 휘트니가 두 번째 문장을 말할 때 일부러 stress와 emphasis라는 단어에 잘못된 강세를 넣어
서 말한다.

세계의 많은 언어의 화자들은 한 단어에서 특히 한 음절을 더 크게 또는 그 단어의 다른 음절에 비해 다른 음높이로 말할 것이다. 체코어와 헝가리어와 같은 몇몇 언어들은 보통 단어의 첫 음절을 강조한다. 아르메니아어에서 강세는 일반적으로 마지막 음절에 있다. 폴란드어는 마지막에서 두 번째 음절에 강세를 둔다. 그리고 불어와 일본어와 같은 몇몇 언어들은 일반적으로 모든 음절을 동일하게 취급하여 특정 음절에만 강세를 두지는 않는다. 옮긴이 주: 현대 한국어도 이 범주에 속함

영어의 경우는 어떨까? 음, 복잡하다. 영어는 소위 강세가 가변적이다. 보통 단어 안에서 한 음절이 강세를 받긴 하는데, 이를 예측할 수가 없다. 그리고 서로 다른 지역의 방언을 사용하는 화자들은 같은 단어에서도 다른 음절에 강세를 둔다. 예를 들어, 영국인들은 adult, garage, salon과 같은 프랑스어에서 온 단어들에 대해 전형적으로 첫 음절에 강세를 두지만, 미국인들은 이 단어들의 마지막 음절에 강세를 둔다. 강세음절이 가변적인 언어의 화자들은 각 단어마다 강세가 어느 음절에 오는지를 배워야만 한다.

영어와 독일어와 같은 언어를 사용하는 사람들은 같은 철자를 가지면서 뜻이 다른 단어, 이를테면 "content" 명사로는 '내용'이라는 뜻이고, 형용사로는 '만족하는'이라는 뜻 와 같은 단어를 구별하기 위해 소위 어휘 강세 lexical stress 라는 것을 이용한다. 또한 화자들은 의미를 명확히 하기 위해 두 개 이상의 단어로 이루어진 구에서도 강세를 사용하기도 한다. 예를 들어, 등대 관리인 a lighthouse keeper 은 배의 운항을 돕기 위해 신호를 관장하는 사람이지만, 가정부 a light housekeeper 는 당신의 집을 깔끔하게 정돈하는 사람이다. 아마도 유리창까지 닦지는 않을 것이다. 이와 유사하게, "I saw a black bird."라는 말은 내가 본 새가 검은 색이라는 것을 의미하고, "I saw a blackbird."라는 말은 대륙검은지빠귀 종에 속하는 개똥지빠귀 blackbird 를 보았다는 의

미이다.

또 다른 형태의 강세는 소위 운율 강세prosodic stress 이다. 이것은 사람들이 평서형 억양으로 말하는 진술 문장제가 창문을 닦을 거예요 과 상승형 억양으로 말하는 질문 문장제가 창문을 닦을 거예요? 을 구별할 수 있게 해준다. 운율 강세는 또한 "종업원은 사장이 화가 났다고 말했다.The employee said the boss is angry."와 "사장이 말하길, 종업원이 화가 났다.The employee, said the boss, is angry."에서처럼 절의 경계를 구분할 수 있게도 한다. 글을 쓸 때는 절은 콤마를 사용해서 그 경계를 표시할 수 있지만, 말을 할 때 중요한 단서는 바로 시간, 즉 말을 잠시 멈추거나 단어의 발화 길이를 조정하는 것이다. 앞에서 예로 든 문장에서는 말을 할 때 시간을 약간만 차이를 두면 청자는 누가 화난 것인지를 이해할 수 있다.첫 번째 문장에서는 사장이, 두 번째 문장에서는 종업원이 화난 것이다. 이러한 방식으로 사람들이 의미가 모호할 수 있는 단어나 문장의 의미를 명확하게 할 때, 강세가 중요한 역할을 한다.

일반적으로, 노인들도 강세나 소리의 길이와 같은 운율 단서를 사용하는 능력은 여전히 뛰어나다. 심리학자인 마가렛 크젤가르드Margaret Kjelgaard 와 그녀의 동료들은 대학생들과 6,70대 노인들 모두 모호하게 해석될 수 있는 문장에서 절의 경계를 나타내기 위해 운율 정보를 비슷한 방식으로 사용한다는 것을 발견했다.1 그러나 소리의 강도, 높이, 길이 등 여러 가지 운율 단서들이 존재한다. 이러한 단서가 모두 똑같이 중요할까? 노인들은 청년들과 같은 방식으로 이러한 단서들을 사용할까?

켄 호이트Ken Hoyte 와 그의 동료들은 애매한 문장에 사용된 운율 단서들을 컴퓨터를 통해 조작함으로써, 이 단서들의 상대적 중요성에 대해 연구하였다. 위에서 예로 든 "The employee said the boss is angry."와 같은 문장을 사용하여, 청자들이 실제로 누가 화가 났는지 알아내기 위해 일반적으로 의존하는 소리의 강도, 높이, 길이 등의 단서를 줄이거나 제거하였다. 대학생과 노인 참가자평균 연령 70대 중반 들은 이렇게 운율 단서가 조작된 문장을 듣고 최대한 빨리 문장의 주어가 누구인지를 파악해야 했다. 위 문장의 예에서는 종업원인지 사장인지 판단해야 함 연구 결과 노인들의 판단 시간이 조금 더 길긴 하였지만, 두 집단 모두 아주 정확하게 식별했다. 게다가, 두 집단 모두 길이의 미묘한 차이를 주로 사용하여 판단한 것으로 나타났다.[2]

위의 결과가 노인들이 다른 사람의 말을 이해할 때 어려움이 없다는 것을 뜻하는 것은 아니다. 일련의 연구 결과는 영어를 모국어로 하는 노인들이 젊은 사람들에 비해 영어 모국어 화자가 아닌 사람들이 발화한, 일반적인 영어와 억양이 많이 다른 말을 이해하는 데 더 큰 어려움이 있다는 것을 보여주었다.[3] 비록 연령에 따른 청각 능력의 손상이 하나의 가능한 원인이지만, 영어와 다른 어휘 강세의 양상을 갖는 언어가 많다는 것도 주목할 만한 이유이다. 그 결과 영어를 제2언어로 배우는 사람들은 영어의 "content"와 같은 단어를 1음절에 강세를 둘지 2음절에 강세를 둘지 충분하게 구분하여 말하지 못한다. 이 문제를 알아보기 위해 고안된 연구에서, 모두 영어를 모국어로 사용하는 청년 집단18세-35세과 노인 집단65세-90세 의 사람들이"content"처럼 강세를 어디 두느냐에 따라 의미가 달라지는 단어들을 들었다. 이때 이 단어들은 영어 모국어 화자가 발화하기도 하였고, 억양이 천차만별인 스페인어 모국어 화자가 발화하기도 했다. 실험 참여자들의 과제는 원래 의도한 단어가 무엇인지 판별하는 것이었다. 두 집단의 참여자들 모두 강한 스페인어 억양을 가진 화자가 발음한 단어에 대한 정확도가 더 낮았다. 그리고 노인들은 청년들에 비해 더 큰 어려움을 보였다. 그리고 이러한 결과는 정상적인 청력을 가진 노인에게도 역시 나타났다.[4]

이러한 발견이 가지는 중요한 한계는 우리가 특정 화자의 목소리에 장기간 노출된다는 점을 고려할 수 없다는 것이다. 모든 사람은 특정인의 말을 더 많이 들을수록 그 사람의 말을 이해하기 쉬워진다. 그리고 이러한 적응과정은 청년과 노인들 모두에게서 일어난다.[5] 하지만 청력이 손상된 노인들은 화자의 목소리뿐 아니라 얼굴에 대한 의존도도 높을 것이다.[6]

노화와 관련 없는 맞춤법 능력

> 한 단어를 한 가지 맞춤법으로만 써야 된다는 생각은 정말로 형편없는 생각이다.
>
> — 앤드류 잭슨Andrew Jackson, 1833, 미국의 7대 대통령

> 동의어란 같은 뜻을 가진 다른 단어의 맞춤법이 헷갈릴 때 사용하라고 있는 것이다.
>
> — 발타사 그라시안Baltasar Gracián, 1601-1658

영어는 맞춤법이 어렵기로 악명이 높다. 결과적으로, 글 쓰는 것을 배울 때, 아이들은 수많은 철자규칙을 암기해야 함과 더불어 많은 예외들에 대해서도 학습하는 데 많은 시간을 쏟아부어야 한다. 아이들의 맞춤법은 보통 받아쓰기 대회를 통해 검사하곤 하는데, 이는 꽤 인기가 있다. 왜냐하면 지루한 맞춤법 학습에 경쟁 요소를 도입해 이를 좀 더 흥미롭게 만들었기 때문이다. 이러한 대회나 다른 형태의 맞춤법 검사를 통해 우리들 대부분은 거의 참아낼 만한 수준의 맞춤법 실력을 갖고 성인이 된다. 다행인 것은 철자 검사나 맞춤법 자동 수정 기능이 있는 소프트웨어 덕에 맞춤법 문제가 훨씬 더 쉬워졌다. 그리고 구글 등의 검색 소프트웨어가

제공하는 자동완성기능이 꽤 쓸 만하여서 사용자들은 쓰고자 했던 단어와 비슷하게만 써도 된다. 자료를 입력하는 일이 귀찮은 사람들에게는 검색 엔진이 사전의 대용품 역할을 한다.

우리는 매일 책, 잡지, 웹에서 맞춤법에 맞게 쓰인 수많은 단어들을 본다. 일생 동안 계속해서 올바른 맞춤법으로 쓴 단어들만 보기 때문에 시간이 지날수록 우리의 맞춤법 실력이 향상될 것이라 생각하는 것은 합리적이다. 기억을 연구하는 학자들의 표현을 빌리자면, 반복적인 노출을 통해 장기 기억 안에서 올바른 형태의 표상이 강화되는 것이다. 그리고 이것은 일반적인 정보처리 과정에서는 사실인 것 같다. 우리가 한두 번만 본 사람보다는 반복적으로 계속 본 사람을 알아보기 더 쉽다. 단어도 이런 원리가 적용될까? 친숙함이 정말로 정확성을 키워줄까?

여기서 잠깐 1페니짜리 동전이 어떻게 생겼는지 생각해보자. 옮긴이 주: 국내 독자 분들은 10원짜리나 100원짜리 동전이 어떻게 생겼는지 떠올려 보셔도 좋겠다. 미국 사람이라면 돈 거래를 하면서 하루에도 몇 번씩 이 동전을 만지작거리며, 이 동전이 모든 사람에게 극히 친숙하다는 데 동의하지 않는 사람은 없을 것이다. 그러므로 이 동전의 구성 요소, 특히 동전 앞면에 대해 묘사하는 것은 정말로 간단한 과제일 것이다. 왜냐하면 1페니 동전의 앞면은 지난 세기 동안 디자인이 바뀌지 않았기 때문이다. 당신은 아마도 링컨 대통령의 얼굴이 있다는 것이 떠오를 것이다. 자, 그러면 링컨 대통령은 왼쪽을 보고 있을까 아니면 오른쪽을 보고 있을까? 그의 머리 위쪽에는 만약 있다면 무슨 단어들이 쓰여 있을까? 그의 얼굴 왼쪽과 오른쪽에 뭐 다른 것이 있었나? 앞면에 날짜가 있었나? 이러한 세부사항들을 잘 기억하지 못하는 것에 대해 기분 나쁘게 생각하지 말기 바란다. 당신은 혼자가 아니다. 1970년대 후반 수행된 고전적 연구에서 심리학자 레이 니컬슨Ray Nickerson과 마릴린 아담스Marilyn Adams는 브라운 대학의 대학생들에게 1페

니 동전의 앞면과 뒷면을 기억해서 그려보라고 요청했다. 그 결과는 놀랍도록 형편없었다.[7]

이후의 연구들은 사람들이 다른 일반적인 사물들의 외관에 대해서도 잘못 기억한다는 것을 보여주었다. 심지어 이러한 결과는 전화기의 숫자판 배열이라든가 키보드의 자판의 위치와 같이 그 배열이 중요한 물건에 대해서도 마찬가지였다.[8] 이러한 연구들은 놀랍게도 한 가지 결과에 수렴하는데, 우리가 어떤 것을 자주 보았다고 해서 이후에 그것을 아주 정확하게 기억할 수 있다는 것을 의미하지는 않는다는 것이다.

이러한 기억의 취약성은 단어를 맞춤법에 맞게 쓸 수 있는지에 대한 현실적인 함의를 가진다. 우리는 우리가 인식하는 것보다 더 자주 맞춤법에 맞지 않게 쓰인 단어들을 마주한다. "Froot Loops," "Krispy Kreme," 그리고 "Chick-fil-A,"와 같은 회사들은 자사의 브랜드와 제품에 대한 관심을 환기시키기 위해 맞춤법에 맞지 않는, 소위 다양하고 감각적인 맞춤법을 자주 사용한다. _{옮긴이 주: 우리나라에서도 "누네띠네", "뿌셔뿌셔", "꼬깔콘" 등의 맞춤법에 맞지 않는 제품들이 많이 있다.} 영화팬들은 윌 스미스 _{Will Smith} 가 출연한 영화 〈행복을 찾아서 _{The Pursuit of Happyness}〉를 보았을 것이다. 수십 년 동안 비틀즈 _{Beatles}, 몽키즈 _{Monkees}, 데프 레퍼드 _{Def Leppard} 와 같은 밴드들은 다양한 인기를 누려왔다. 만약 동전의 앞면 그림이나 키보드 자판의 배열을 기억하는 능력이 손상될 수 있다면, 이러한 잘못된 맞춤법으로 쓰인 단어들에 대한 노출로 인해 우리의 맞춤법 실력도 나빠질 수 있을까? 아마도 지금쯤 짐작했겠지만, 대답은 '그렇다'이다. 인지심리학자인 래리 자코비 _{Larry Jacoby} 는 사람들에게 틀린 맞춤법으로 쓰인 단어를 실험실에서 보여주면 맞춤법에 맞게 쓴 그 단어에 대한 인식 시간이 느려지며 맞춤법 능력을 손상시키는 것을 발견하였다.[9]

우리는 그러한 효과가 일시적인 것이라고 추측할 수 있지만, 자코비는 그의 공동 저자인 앤 홀링스헤드 _{Ann Hollingshead} 가 실험에 사용된 오철자 단어들에 반복적으로 노출되면서 맞춤법 능력에 꽤나 장기적인 손상을 입었을 수도 있다고 보고하였다. 자코비의 실험실에서 연구하기 전 홀링스헤드는 자신의 맞춤법 실력에 아주 자신이 있었고, 한 회사의 비서실장으로 일했었다. 그러나 실험실에서 일련의 맞춤법 연구를 수행하면서 그녀는 자신이 더 많은 맞춤법 오류를 범하며, 맞춤법 실력에 대한 자신감도 떨어졌다는 것을 발견했다.[10] 그리고 특정 직업이 다른 직업들에 비해 신체적으로 더 위험할 수 있듯이, 인지적으로 더 위험할 수 있는 직업들도 있다. 학생들의 받아쓰기를 채점하는 교사들, 대학생들의 휘갈겨 쓴 에세이를 마치 암호 해독하듯 판독해야 하는 교수들이 바로 맞춤법에 대한 확신과 정확도를 잃어버릴 위험이 높을 수 있다. 자코비와 홀링스헤드의 논문 제목처럼, "학생들의 보고서를 읽는 것은 당신의 맞춤법 능력에 악영향을 미칠 수도 있다."[11]

이러한 고위험 직종에 종사하지 않는다면, 한 사람의 맞춤법 능력은 일생 동안 어떤 궤적을 갖고 변할까? 아마도 성인기 내내 이 능력은 잘 보존되는 것으로 나타났다. 예를 들어 맞춤법에 틀리게 쓰인 단어를 찾아내는 능력은 일반적으로 60대나 70대 초반의 노인들도 대학생들과 동등하다.[12] 또 다른 연구에서는 60대에 비해 80대 참가자들의 맞춤법이 부정확하다는 것을 발견했다.[13] 그러나 이러한 연령 간 맞춤법 능력 차이는 두 집단 사이의 다른 차이를 반영할 수도 있다. 60대 참가자들은 간이 정신 진단 검사에서 나타난 일반적 인지 능력의 측정에서 80대 참가자들보다 더 좋은 수행을 보였고 교육을 받은 기간도 더 길었다. 따라서 우리는 초 고령자들에게서 나타나는 맞춤법 능력의 감퇴가 나이 때문이라고 단정할 수 없다. 마냑 당시니 이 문장을 일그면서 짜증이 난다면 당신의 맞춤법 실력은 아마도 괜찬은 상태라고 볼 수 있다. 옮긴이 주: 이 문장은 일부러 한글 맞춤법에 맞지 않게 쓴 어절들이 포함되어 있음

노인들이 청년들보다 어휘력이 뛰어나다고?

도디폴 Dodypol 여사가 "당신이 쓴 책을 읽으려면 사전이 꼭 있어야 하나요?"라고 묻기에,

"음 그건 당신이 이 책을 읽기 전에 얼마나 사전을 많이 찾아봤느냐에 달려 있겠지요."라고 나는 대답하였다.

— 알렉산더 서룩스 Alexander Theroux, 「다콘빌의 고양이 Darconville's Cat, 1981」

당신은 얼마나 많은 단어를 알고 있는가? 쉬운 질문이지만, 대답하기는 어렵다. 단어를 '안다'는 것은 무엇을 의미하는 것일까? 어떤 단어들은 아주 자주 사용되고 "책상", "행복한"과 같이 모든 사람의 능동 어

휘active vocabulary들이다. 그러나 우리의 수용 어휘receptive vocabulary 목록에 있는 많은 다른 단어들이 있다. 수용 어휘란 예를 들어 "판결을 내리다adjudicate"나 "잠잠한quiescent"과 같은 단어들이다. 이 단어들은 일상 대화에서 잘 사용하지 않지만, 책이나 글에서 보면 무슨 의미인지는 아는 단어를 일컫는다. 그리고 거의 접하지 못하는 단어들이 있는데, 그 의미도 완벽하게 이해하지 못하는 단어들이다. 소위 이러한 경계 단어들에는 "절대 반대anathema", "아부하는obsequious" 등이 포함된다.[14] 대부분의 미국인들은 이 두 단어가 아마도 부정적인 것을 의미한다는 것은 알고 있겠지만, 정확한 정의를 말하는 것에는 애를 먹을 것이다. 그리고 당신이 "obsequious"라는 단어의 의미를 알고 있다면, 이 단어에서 파생된 형태인, "obsequiously"나 "obsequiousness"와 같은 단어들도 아는 단어라고 자동적으로 인정할 수 있을까? 그리고 어떻게 영어와 같은 언어를 구성하는 수십만 개의 단어 하나하나를 아는지 묻지 않은 채 한 사람의 어휘력의 크기를 측정할 수 있을까? 이를 위해서는 분명 일종의 표본 추출 기법을 사용할 필요가 있을 것이다.

어휘력의 크기를 추정하는 일반적인 방법은 사전에서 무작위로 여러 개의 단어를 선정하는 것이다. 연구자들은 이 선정 어휘목록을 사람들에게 제시하고 몇 개의 단어나 아는지 물어본다. 안다고 대답한 비율에 그 사전에 수록된 전체 단어 수를 곱하면 자, 여기 바로 당신이 갖고 있는 어휘력의 추정치가 나오게 된다. 그러나 앞서 지적한 바와 같이 파생어의 문제가 이러한 추정을 복잡하게 만들고 사전의 크기 역시 중요한 변수이다. 그러므로 평균 교육 수준의 영어 모국어 화자가 가진 어휘력 크기는 기본형을 기준으로 약 17,000개라고 자주 인용되고 있긴 하지만 이러한 추정치는 상당히 변동성이 크다.[15]

그러면 노인들은 청년들에 비해 더 많은 단어를 알까? 노인들은 청년들에 비해 인쇄물을 더 오랜 시간 동안 접해왔기 때문에 아마도 그럴 것이다. 그러나 늘 그렇듯이, 풋사과와 잘 익은 오렌지를 비교할 때는 신중해야 한다. 예를 들어, 당신은 21세기 초반을 사는 청년들은 노인들보다 책을 덜 읽는다고 생각할 수도 있다. 그러나 이는 틀릴 수도 있다. 실제로 청년들은 온라인 자료와 같은 다른 방식을 통해서 노인들보다 더 많이 읽지는 않더라도 비슷한 만큼은 읽는다고 보고한다.[16] 또한 어휘력을 측정하는 척도가 달라지면 노인과 청년들의 결과가 달라질 수도 있다.[17]

이러한 주의사항들을 고려하더라도 연구자들은 청년들에 비해 노인들의 어휘력 크기가 더 크다는 결과들을 일관되게 보고한다. 유진 제크마이스터 Eugene Zechmeister 와 동료들은 위에서 설명한 사전을 이용한 어휘력 측정 방식을 통해 대학생들의 어휘력의 크기가 약 16,000개 정도라고 추정하였다. 시카고 인근의 은퇴자 공동체에 거주하는 노인 집단 평균 76세 의 경우는 약 21,000개 이상의 어휘력을 가지고 있다고 추정하였다.[18] 또 다른 연구에서는 히브리어를 모국어로 사용하는 노인 집단 평균 75세 이 중년이나 청년 집단에 비해 어휘력 과제에서 더 나은 수행을 보였다. 이 연구에서 참가자들은 자신이 안다고 대답한 각 단어에 대한 확신도 역시 보고하였다. 노인들은 이 평가에서도 더 확신이 있었다. 이렇게 메타인지적 인식이 노인들에게 더 큰 것은 "평생 동안 단어를 사용하면서 얻은 어휘 지식에 대해 통달한 느낌"에서 비롯되는 것 같다.[19] 요컨대, 노인들은 더 많은 단어를 알고, 그 의미를 알고, 자신들이 그 단어를 안다는 것을 안다.

조슈아 하트숀 Joshua Hartshorne 과 로라 저민 Laura Germine 은 10세에서 69세 범위의 실험 참가자를 대상으로 대규모 온라인 연구를 수행하였다. 연구 참여자들은 웩슬러 성인 지능검사 3판을 실시했는데, 어휘 지식은 60대 중반에서 최고조에 달한다는 것을 발견했다. 이는 단기기억이나 작업

기억과 같은 인지 처리에 대한 정점보다 수십 년이 지난 후이다.[20]

앞의 장에서 논의했던 단어 찾기 문제가 아마도 너무 많은 단어를 알고 있는 것의 불운한 결과일 수 있다고 결론 내릴 법도 하다. 결국 수십 권의 책이 있는 작은 도서관이 수천 권의 두꺼운 책들로 가득한 큰 도서관보다 특정 도서를 찾는 것은 더 쉬울 수 있다. 특히 책들이 잘 정리되어 있지 않다면 말이다. 우리가 앞서 언급했듯이, 노인들은 현재 과제와 관련이 없는 정보를 억제하는 것을 잘 못한다. 그래서 머릿속에 맴도는 단어들이 많은 경우가 적은 경우에 비해 더 많은 간섭을 일으킬 것이다.

심리학자 메리디스 샤프토Meredith Shafto와 그녀의 동료들은 이 생각을 확인해보기 위해 18세부터 88세의 성인들에게 단어와 비단어 쌍을 제시하고 단어를 골라야 하는 과제를 시켰다. 이 과제는 어휘력을 평가하기 위해 사용하는 한 가지 방법이다. 참가자들은 또한 설단현상의 유도를 통해 단어 찾기 능력을 측정하기 위해 고안된 과제도 수행하였다. 기대한 바대로 노인들은 청년들보다 어휘력의 크기가 더 컸다. 또한 나이가 들수록 더 많은 설단현상도 경험하였다. 그러나 결과를 좀 더 자세히 분석해보면 조금 복잡한 그림이 그려진다. 청년들의 경우는 어휘력이 증가함에 따라 설단현상 역시 증가한 반면, 노인들은 어휘력의 크기가 증가하면 설단현상은 오히려 감소하였다. 즉, 노인들에게는 어휘력의 크기가 크다는 것이 단어 찾기의 어려움을 보상할 수 있는 기제로 작용할 수 있는 것으로 보인다.[21]

연구자들은 또한 사람들이 향후 인지 장애를 갖게 될지를 알아보기 위해 어휘력의 크기를 이용하였다. 일본의 노인들은 경도인지장애의 징후가 있는지에 대해 평가를 받은 후 행복한 사건에 대해 글을 쓰고 대화를 나누었다. 이들의 평가 점수에 기반해서 참가자들은 인지적으로 정상인 집단과 경도인지장애를 가진 집단으로 분류되었다. 행복한 사건에 대해 쓴 글은 두 집단에서 차이가 없었지만, 그에 대한 대화에서는 집단 간 차이가 나타났다. 구체적으로 경도인지장애를 겪고 있는 참가자들이 더 많은 어휘를 사용했다. 연구자들은 이 집단의 사람들은 자신의 인지적 감퇴를 보상하기 위해 많은 단어를 이용하는 것이라고 제안했다. 다른 사람에게 한 사건을 설명하는 것은 실시간으로 이루어져야 하는데, 경도인지장애를 겪는 사람들은 자신의 장애를 장황한 수다로 감추려 했다. 쓰기 과제에서는 글을 쓰는 데 원하는 시간만큼 사용할 수 있었기에 과제가 덜 어려웠고, 따라서 그러한 보상전략이 필요치 않았다.[22]

지금까지 본 것처럼 어휘력의 크기는 노인들이 청년들보다 일관되게 더 뛰어난 영역이다. 이는 고무적인데, 큰 어휘력을 통해 단어 산출이나 탐색의 어려움으로 이어질 수 있는 인지 기능의 감퇴를 상쇄시킬 수 있기 때문이다.

연령이 언어 유창성에 영향을 미칠까?

자, 테스트를 하나 해보자. 지금부터 1분 동안 영어 알파벳 f로 시작하는 단어들을 큰 소리로 말한다면 몇 개나 말할 수 있을까? 만약 이것을 해본다면, 당신은 "father ^{아버지}", "February ^{2월}", "fantastic ^{환상적인}", "fox ^{여우}", "four ^{넷, 4}"와 같은 단어들을 의식의 흐름에 따라 속사포처럼 말하기 시작할 것이다. 그 후, "florist ^{꽃가게 주인}", "firefighter ^{소방관}", "foreman ^{감독}"과 같은 직업 범주나 "fear ^{공포}", "frustration ^{좌절}", "fury ^{격분}"와 같은 심리적 상태 범주를 머릿속에서 하나씩 뒤져보고 있는 자신을 발견할 것이다. 석유를 찾는 채굴업자처럼 당신은 생산성이 떨어지는 우물은 재빨리 버리고 더 유망해 보이는 분야로 이동할 것이다. 만약 당신이 청년이거나 중년이라면 아마도 60초 안에 40개 정도의 단어를

말할 수 있을 것이다.[23]

너무 사소한 연습처럼 보이는 이 과제는 사람들이 언어 정보를 인출하는 능력을 연구하기 위한 중요한 도구인 것으로 밝혀졌다. 비록 표면적으로는 기억 과제인 것처럼 보이지만, 글자에 대한 유창성은 억제 능력_단어 phone은 f로 시작하지 않기 때문에 앞선 과제에서 이 단어를 말해서는 안 됨과 자기 점검February는 f로 시작하지만 앞에서 말했기 때문에 또 말하면 안 됨같은 고차 인지 과정과 관련된 것으로 여겨진다.[24]

위의 과제는 자주 알파벳 f, a, s를 사용하는데, 이는 대부분의 영어 모국어화자들이 이 글자들로 시작하는 단어들을 쉽게 생각해낼 수 있기 때문이다. 이러한 이유로 이 글자 유창성 과제를 FAS과제로 부르기도 한다. 3장에서 설명한 외국인 억양 증후군의 약자도 FAS인데, 혼동해선 안 된다. 이 과제를 약간 변형한 것이 범주 유창성 과제인데, 이 과제에서는 동물, 과일, 야채등 특정 범주에 해당하는 모든 단어를 1분 동안 말해야 한다. 동물 범주를보통 많이 사용하기 때문에 보통 동물이름 대기 검사로 부르기도 한다.

문자 유창성 과제와 범주 유창성 과제는 둘 다 언어 유창성을 측정하는 검사이다. 연구자들은 종종 뇌졸중과 같은 뇌손상 환자를 식별하기 위해 이와 같은 과제들을 진단 도구로써 사용한다. 언어 유창성 과제는 또한 파킨슨병이나 알츠하이머병과 같은 다른 형태의 인지 장애를 진단하기 위해서도 사용된다. 이 과제들은 계획이나 검색 전략 등의 고차 인지과정과 관련된 집행기능을 측정하는 도구로 개념화되어 왔다.[25] 이와는대조적으로 다른 연구자들은 언어 유창성 과제의 수행은 처리 속도와 더긴밀하게 연결되어 있다고 결론지었다.[26] 그러나 이 주제와 관련된 가장최근의 연구는 언어 유창성이 언어 정보처리를 측정하는 것으로 개념화하는 것이 가장 좋다는 결론을 얻었다.[27]

인지적인 장애가 없는 성인들의 언어 유창성과 관련된 요인은 무엇일까? 다시 말하지만, 교육 수준이 수행 정도를 예측하는 가장 강력한 요인들 중 하나이다.[28] 더 많은 교육을 받은 사람들은 어휘력의 크기가 더 큰 경향이 있고, 결과적으로 이는 특정 글자로 시작하는 단어를 떠올리려고 할 때 더 많은 수의 후보자들을 가지고 있는 것과 같다.

연령도 언어 유창성에 영향을 미칠까? 연령과 교육 수준과 같은 요인들은 보통 서로 상관이 크기 때문에 이 질문에 대한 답을 하는 것은 어렵다. 젊은 사람들이 공식적인 교육을 받은 연수가 더 길기 때문에 연령과 교육 수준이라는 두 요인의 상대적 기여도를 완전히 분리하는 것은 힘들다. 그래서 그런지 몰라도 관련 연구 결과는 혼재되어 있다. 언어 유창성에 관한 몇몇 연구는 교육 수준의 효과는 나타났지만, 연령의 효과는 없었다.[29] 반면 다른 연구들은 연령의 효과는 있지만, 교육 수준의 효과는 없었다.[30] 그리고 적어도 한 연구에서는 노인들의 언어 유창성 결과가 청년들보다도 더 좋았다.[31] 심리학자 다니엘레 베리 Danielle Barry 와 그녀의 동료들은 유창성, 연령, 교육 수준 사이의 관계를 좀 더 정확하게 평가하기 위해 기존에 발표되었던 134개의 연구결과를 종합하여 분석하였는데, 이들은 더 많이 교육받았을수록 유창성 과제의 수행이 더 좋고, 청년들의 과제 수행이 더 좋다는 것을 발견하였다.[32]

언어 유창성 과제의 수행은 과제의 유형에 따라서도 달라진다. 언어 유창성 수행에 미치는 연령의 효과가 일관된 결과를 보고하지는 않지만, FAS과제와 같은 글자 유창성 과제를 사용할 경우 동물이름 대기 과제를 사용할 때보다 더 일관적인 결과가 나타나는 경향이 있다. 글자 유창성 과제를 사용한 연구에서 노인들은 일반적으로 청년들에 비해 수행이 저조하다. 글자나 범주 유창성 과제가 꽤나 비슷해 보이지만, 몇몇 연구자들은 이 두 과제의 수행을 위해서 서로 다른 뇌 영역이 활성화될 수 있음을 제안하였다.[33]

그렇다면 언어 유창성의 감퇴라는 것이 정말로 무엇을 의미할까? 유창성 과제의 종류에 따라 다른 수행을 보이는 것뿐만 아니라 연구들 사이에 일관되지 않은 양상의 결과가 나타난다는 것은 유창성과 관련하여 훨씬 복잡한 이야기가 전개될 수 있음을 시사한다. 예를 들어, 언어 유창성 수행에 전문성이 영향을 줄 수 있다. 특정 알파벳으로 시작되는 단어를 찾는 일을 빈번하게 하는 스크래블 게임 Scrabble, 옮긴이 주: 미국에서 가장 인기 있는 단어 만들기 게임 선수들은 글자 유창성 과제를 아주 잘 한다. 이들은 스크래블 게임을 하지 않는 동일 연령대의 참가자들에 비해 이 과제를 훨씬 더 잘 한다. 그러나 스크래블 게임과는 관련이 없는 동물이름 대기 검사의 경우에는 스크래블 선수나 일반인들 사이에 차이가 나타나지 않았다.[34]

한 걸음 더 나아가서, 마이클 램스카 Michael Ramscar 와 그의 동료들은 노인들에게서 나타나는 언어 유창성의 감퇴는 이들이 더 높은 수준의 지식을 가진 결과라고 해석하는 것이 더 좋다고 주장했다.[35] 간단히 말하면, 당신이 아는 것이 더 많을수록 지금 찾고 있는 것을 찾아내는 것이 더 어렵다. 이것은 왜 노인들이 범주 유창성 과제에서의 수행이 일관되게 더 저조한지를 잘 설명할 수 있다. 바로 분류해야 할 불필요한 단어들의 수가 너무 많은 것이다. 하지만 FAS과제와 같은 글자 유창성 과제에서는 지식이 더 많은 것이 큰 문제가 아닐 수 있는데, 노인들은 일단 어휘력의 크기가 커서 더 많은 단어 후보군을 가지고 있으며, 스크래블과 같은 단어 게임을 많이 해서 특별한 전문성을 가지고 있기 때문이다. 램스카와 그의 동료들이 말한 것처럼, 연령에 따른 인지적 감퇴가 신화일 뿐이라고 주장하는 것은 논란의 여지가 있다. 그러나 이들의 연구가 강조하는 것은 인지적 감퇴로 보일 수 있는 것들도 상황이나 문맥에 따라 이로울 수 있는 다른 요인들로부터 비롯될 수 있다는 점이다. 언어 유창성의 경우도 지식이 많다는 것이 위험할 수 있는 것인데, 전반적으로 본다면 그것은 좋은 문제가 아닐까?

문법적 복잡성의 미묘한 감소

> 작가들에게 문법이란 조각가들에게는 해부학이요, 음악가들에게는 음계와 같다. 당신은 문법을 싫어할 수도 있고, 지루한 것이라 생각할 수도 있지만, 어떤 것도 이를 대신할 수 없으며, 일단 숙달되고 나면 마치 바위처럼 당신의 글을 지탱해줄 것이다.
>
> ─ 베아트리체 조이 슈트 Beatrice Joy Chute, 1913~1987

태어난 지 약 1년이 지나면서 아이들은 자신의 마음을 한 단어 "주스!", 혹은 두 단어 "주스 더"로 표현하다가 더 자라면 좀 더 복잡한 문장으로 표현할 수 있게 된다. 만약 당신의 자녀가 아주 예의바르다면, "오렌지 주스 더 주실 수 있나요?"와 같은 문장을 말하게 될 것이다. 나이가 들면서 문장은 점점 길어지고 문법적으로도 더 복잡해진다. 영어와 같은 언어에서 문장을 더 복잡하게 쓰는 주된 방법은 한 문장 안에 포함된 절의 수를 증가시키는 것이다.

언어학자들은 좌분지 절과 우분지 절을 구분한다. 좌분지 언어에서 청자는 문장의 첫 부분을 기억해야만 마지막 부분을 이해할 수 있다. 영어의 예에서 "The juice that was bought yesterday and left on the counter until this morning is now in the refrigerator. 어제 사서 오늘 아침까지 카운터에 남아 있던 주스는 지금 냉장고에 있다."와 같은 문장을 보자. 이 경우 문장의 주어인 juice를 문장의 끝에 도달할 때까지 작업기억 속에 유지하고 있어야만 지금 주스가 어디에 있는지 알 수 있다.

반대로 우분지 문장은 처리하기가 더 쉽다. 왜냐하면 문장의 주어와 동사가 한 절 안에 있기 때문이다. 바로 위 문단의 예시 문장과 같은 뜻을 가진 다음의 우분지 문장을 비교해보면 다음 문장이 더 처리하기 쉽다는 것을 알 수 있다. "The juice that is now in the refrigerator was bought yesterday and left on the counter until this morning."

작업기억의 제약이 노인들에게 문제가 될 수 있음을 감안할 때, 나이가 들면서 문법적 복잡성이 감소할 것으로 기대할지도 모른다. 수잔 켐퍼 Susan Kemper 와 아론 섬너 Aron Sumner 는 대학생과 노인들 평균 76세 모두에게 재미있었던 인생의 경험이나 자신의 삶에 영향을 미쳤던 사람에 대해 5분 동안 이야기해 달라고 요청함으로써 이러한 가능성을 탐구하였다. 연구자들은 실험 참가자들이 한 이야기를 분석하여 문장의 길이와 문법적 복잡성을 측정하였다. 그 결과, 노인들이 발화한 문장의 길이는 대학생들의 발화에 비해 30퍼센트 정도 짧았다. 또한 노인 발화의 문법적 복잡성 역시 8점 척도 상에서 대학생들의 발화보다 0.5점정도 낮았다. 연구자들은 참가자들의 작업기억도 측정하였는데, 두 집단에서 모두 작업기억이 더 뛰어난 사람들이 문법적으로 더 복잡한 문장을 발화한다는 것을 발견했다.[36]

켐퍼의 연구실에서 수행한 또 다른 연구에서 청년과 노인 두 집단의 참가자들에게 문장의 일부분을 주고 외우도록 했다. 이 연구에서는 주어진 부분의 문법적 복잡성에 따라 두 조건으로 만들었다. 어떤 경우는 조금 더 단순한 구조였고, "Robert ordered that⋯" 다른 경우는 더 복잡한 구조를 가지고 있었다. "What Billy found⋯" 참가자의 과제는 주어진 부분을 가지고 문장을 완성하는 것이었다. 청년들은 주어진 부분이 쉬운 문법적 구조를 가질 때가 어려울 때보다 더 길고 다양한 문장을 만들었다. 그러나 노인들은 문장의 길이나 문법적 복잡성에 있어서 두 조건에서 차이가 없었다. 노인들은 두 조건에서 모두 작업기억의 한계에 부딪히는 것처럼 보였다.

게다가 청년들에 비해 노인들은 더 어려운 구조가 주어질 때 문장을 완성하는 시간도 더 오래 걸렸고, 오류도 더 많았다. 본 연구의 결과 역시 노인들은 작업기억의 한계에 더 큰 영향을 받는다는 것을 시사한다.[37]

캠퍼와 그녀의 동료들이 이후에 수행한 연구에서는 연령에 따른 문법적 복잡성의 감퇴가 몇 세쯤에 명백하게 나타나는지를 알아보았다. 연구자들은 한 집단의 건강한 노인들에게 매년 자신의 발화를 녹음해서 제공해 달라고 요청하였고, 같은 참가자로부터 최대 15년간 이 자료를 수집하였다. 참가자들의 발화에 나타난 문법적 복잡성은 약 75세까지는 상대적으로 안정적이었지만, 그 뒤부터는 꽤 크게 감소하였고, 더 나이가 들면서 추가적으로 계속 감소하였다.[38]

마릴린 니폴드 Marilyn Nippold 와 그녀의 동료들 역시 20대, 40대, 60대 참가자들이 발화한 문장의 복잡성을 약간 다른 방식으로 평가하였다. 연구자들은 참가자들의 발화 양상의 기준을 얻기 위해 이들이 실험자와 나누는 일상적인 대화를 녹음하였다. 그리고 난 뒤 이 참가자들은 대인관계 갈등과 관련된 상황에 대한 설명을 들었다. 그 후 이들은 그 갈등을 설명했고, 어떻게 해결해야 할지에 대한 아이디어를 주기도 했다. 이 발화를 분석한 결과 세 연령 집단 사이에서 문법적 복잡성의 차이를 발견할 수 없었다. 그러나 세 집단 모두 자연스러운 대화 시에 문법적으로 더 복잡한 발화를 했다. 역으로, 이들이 갈등에 대해 이야기하도록 요청받았을 때 문법적 복잡성은 감소하였다.[39]

페르민 모스코소 델 프라도 마틴 Fermin Moscoso del Prado Martín 은 문법적 복잡성이 어떻게 어휘력, 성별, 연령 등과 상호작용하는지를 조사하였다. 그는 전화 대화 말뭉치 corpus 를 분석하여 문법적 복잡성의 언령에 따른 차이가 남성과 여성에게 달리 나타난다는 것을 발견하였다. 그는 문법적 형태의 다양성은 연령이 증가함에 따라 여성보다 남성에게서 더 가파

르게 증가하였지만, 그 증가는 약 45세까지만 나타났다가 다시 감소하였다. 여성들의 경우는 문법적 다양성이 시간이 지남에 따라 더 완만하게 증가하고 또 점진적으로 감소하는 것으로 나타났다. 참고로 이 연구에서 가장 나이가 많은 화자는 67세였음 40

따라서 문법적 복잡성은 나이, 성별, 대화 주제 등 다양한 요인에 따라 다르게 나타나는 듯하다. 그러나 이러한 변동성의 기저에는 두 가지의 기초 상수가 있는데, 첫째, 문법적 복잡성은 작업기억의 한계에 의해 영향을 받고, 둘째, 집행기능의 영향을 받는다. 41

그러나 모스코소 델 프라도 마틴은 한 가지 주의할 점을 이야기했는데, 이는 본인의 연구만이 아니라 더 광범위하게 적용될 수 있다. 그가 발견한 문법적 복잡성의 변화 자체는 실제적으로 나타났지만, 이것이 참가자들에게서 나타났던 의사소통 능력의 어려움과는 일치하지 않았다는 점이다. 42

만약 작업기억과 집행기능의 감퇴가 문법적 복잡성의 변화를 야기하는 주요한 원인이라면 알츠하이머병으로 진단받은 환자들은 이 문법적 복잡성이 더 빨리 감소할 것으로 예상할 수 있을 것이고, 43 실제로 그렇다. 44 그러나 비록 알츠하이머병이 진행됨에 따라 이들의 발화가 더 조각조각 나뉘어져 나타나긴 하여도, 각각의 조각 자체는 꽤나 문법적이다. 45 연구자들은 또한 알츠하이머병을 가지고 있다고 의심되는 사람들이 쓴 문장도 문법적으로 올바른 것을 발견했다. 46

요약하자면, 문법적 복잡성은 작업기억과 집행기능의 한계에 부딪힐 수 있다. 47 이러한 두 가지 인지 과정에 무리를 주는 과제를 수행할 때는 더 짧고 문법적으로 단순한 발화를 하는 것 같다. 그러나 노인들은 더 숙련된 의사소통능력을 키우기 위해 평생을 보냈고, 많은 세상사 지식을 가지고 있으며 어휘력도 풍부하다. 따라서 문법적 복잡성의 미묘한 감소는 실험실을 벗어나면 특별히 눈에 띄지 않을 것이며 일상적인 의사소통에 방해가 되지는 않을 것이다.

주제에서 벗어난 말하기

폐하와 마마, 도대체 왕권은 무엇이며, 신하의 의무는 무엇이며, 낮은 왜 낮이고, 밤은 왜 밤이며, 시간은 왜 시간인지에 대해 골몰하는 것은 그저 밤과 낮과 시간을 낭비하는 것일 뿐입니다. 그런즉 간결함이 지혜의 영혼입니다. 팔다리로 바깥으로만 뻗어나가는 것은 지루할 뿐이기에, 간단히 아룁니다. 햄릿 전하는 실성하셨습니다. 제가 실성이라 함은 실성한 자를 정의하는데 그 말 말고는 달리 표현할 수 없기 때문입니다. 하지만 너무 심려하지 마옵소서.

— 폴로니우스 Polonius, 셰익스피어의 『햄릿 Hamlet』, 2막 2장

그 유머러스한 이야기는 아주 길게 전개될 수도 있고, 원하는 만큼 이곳저곳 돌아다닐 수도 있고, 특히 어디에도 도착하지 않을 수도 있다.

— 마크 트웨인 Mark Twain, 『이야기하는 방법 How to Tell a Story』, 1897

폴로니우스가 긴 호흡으로 아뢴 후, 왕비인 거트루드가 "말재주 부리지 말고 핵심을 더 말해 달라"고 반응한 것은 놀랍지 않은가? 우리 모두는 누군가의 산만한 독백을 들으며 빨리 화자가 핵심으로 돌아오기를 바랐던 안타까운 상황에 처해본 경험이 있을 것이다. 물론 어느 연령대의 사람도 장황한 말을 하며 횡설수설할 수 있지만, 특히 노인들이 말할 때, 주제에서 벗어나 소위 삼천포로 빠지는 경향이 있는 것 같다. 이를 가리켜 주제에서 벗어난 발화 또는 수다라 한다.

말이 주제에서 벗어났는지를 판단하는 필수적인 기준은 원래 주제로

부터 얼마나 멀리 있는가를 보는 것이다. 심리학자 돌로레스 푸슈카르 Dolores Pushkar 와 그녀의 동료들은 이 현상을 처음으로 연구한 학자들 중 일부인데, 이들은 이 현상을 "느슨하게 연결된 기억들의 긴 연쇄이며, 현재의 문맥으로부터 계속 멀어지며, 제한도 받지 않고, 무관한 말"이라고 설명한다.[48] 이들은 2차 세계대전에 참전했던 캐나다 군인들 평균 65세 과 생애사를 인터뷰했다. 연구 결과 거의 20퍼센트가 "극도로 말이 많은 사람"들로 분류될 수 있었는데, 이들은 상당한 양의 주제에서 벗어난 발화를 했다. 이후 연구에서는 주제에서 벗어난 말이 단지 수다스러움의 문제가 아니라는 것을 확인하였다. 이 참전 용사들의 수다스러움과 주제에서 벗어난 말을 하는 정도는 서로 관계없는 요인인 것으로 밝혀졌고, 나이가 많을수록 주제에서 벗어난 말의 정도는 심해지지만 수다스러움은 나이와 관계가 없었다.[49]

물론 노인들만 이렇게 말하고 있는 요점에서 벗어나는 것은 아니다. 청년들도 마찬가지이다. 그러나 길라 글로서 Guila Glosser 와 토니 데세르 Toni Deser 는 노인들은 중년들에 비해 말의 전반적 연결성을 측정하는 과제에서 더 낮은 성과를 보인다는 것을 발견했다. 두 집단의 문법적 복잡성이나 어휘 오류는 유사하게 나타났음에도 불구하고 전반적 연결성의 차이가 있었다.[50] 반복해서 이야기하지만, 노인과 청년의 수행을 비교할 때는 특별한 주의가 필요하다. 동일한 노인 참가자의 수행을 추적하는 한 종단 연구에서는 말이 많은 것은 시간이 흘러도 상대적으로 지속되는 안정된 속성이라는 것을 발견했다. 그러나 두 측정 시기의 간격이 단지 15개월밖에 되지 않기 때문에 더 긴 간격이 지나면 어떤 변화가 나타날지는 알 수 없다.[51]

심리학자들은 주제에서 벗어난 발화가 나타나는 원인에 대해 몇 가지 대비되는 이론을 제안했다. 한 이론은 사람이 나이가 들수록 현재 과제와 무관한 정보가 자신의 생각과 말에 끼어들지 못하도록 억제하는 능력이 떨어진다고 주장하였다.[52] 그러나 주제에서 벗어난 발화가 과제에 따라 달라진다는 것을 보여주는 연구 결과도 있다. 로리 제임스Lori James 와 그녀의 동료들의 연구에서 참가자들은 자신의 인생에 관해 묻는 질문에 대답하는 것이 아니라 주어진 그림을 묘사하는 과제를 수행했는데, 이 과제에서는 노인들과 청년들의 주제에서 벗어난 발화의 정도가 비슷했다.[53] 만약 기저에 있는 문제가 억제 능력이 저하되었기 때문이라면, 인생에 대한 것이든 그림에 대한 것이든 주제에서 벗어난 발화의 정도가 비슷하게 나타났어야 했다.

주제에서 벗어난 발화는 현실 세계에서 어떤 함의를 가질까? 예를 들어, 청년들은 그런 횡설수설을 하는 노인들을 무시하며 덜 신뢰하는 경향이 있을 수 있다. 모의재판과 같은 상황에서 엘리자베스 브리마콤베 Elizabeth Brimacombe 와 그녀의 동료들은 평균 20세의 청년들, 평균 68세의 노인들, 그리고 평균 79세의 노인 세 집단의 목격자 증언을 비교하였다. 이 연구에서 세 집단의 참가자들은 누군가가 지갑에서 돈을 훔치는 영상을 보았고, 법정에서 무슨 일이 있었는지 증언해 달라고 요청하자, 가장 나이 많은 집단의 노인들의 삼분의 일은 주제에서 벗어난 말을 하였다. 이러한 예로는 절도를 묘사하는 것과는 관련이 없는 개인적 경험을 이야기하는 것도 포함되었다. 더 젊은 노인집단이나 청년 집단의 참가자는 아무도 주제에서 벗어난 말을 하지 않았다. 그러나 최고령 집단의 이러한 관계없는 증언은 이들이 자신에게 친숙한 맥락을 설명할 때만 나타났다. 동영상 중 하나는 어떤 노인의 노인 센터에서 촬영된 것이었다. 이러한 발견은 동영상에 붙은이이 다니는 노인 센터라는 익숙한 장소가 이전 경험에 대한 현재 과제와는 무관한 기억을 촉발시켰고, 노인들의 줄어든 억제능력으로 인해 두서없는 증언을 하게 되었다고 해석할 수 있다. 그러나 다행스럽게도 주제에서 벗어난 발화가 이들에게 불리하게 작용하지는 않았다. 이 세 집단의 증언을 본 한 집단의 대학생 평가자들은 세 집단의 증언이 모두 믿을 만하다고 평가하였다.[54] 그러나 노인들의 증언이 덜 믿을 만하다고 보고한 연구도 있다는 점은 주목해야 한다.[55]

물론 주제에서 벗어났는지를 판단하는 것은 정의 자체가 주관적이다. 위의 로리 제임스의 연구에서 언급했듯이, 주제에서 벗어난 발화를 구성하는 요소에 대해 청년들과 노인들은 다른 기준을 가지고 있는 것 같다. "노인들은 자신의 개인적 서사를 묘사할 때 간결함보다는 그 경험의 중요성을 강조하고자 하는 의사소통의 목표를 채택한다."[56] 인생의 경험이 가치 있다고 여겨진다면 대화의 주제와 관계가 없더라도 개인적으로 관련된다고 생각하는 내용을 삽입하는 것이 더 받아들여지는 것이다.[57] 청년들과 노인들은 의사소통의 목표도 다르고 선호도 역시 다를 수 있다. 두냐 트렁크 Dunja Trunk 와 리스 에이브람스 Lise Abrams 는 청년들은 서로 다른 의사소통의 목표가 어떻게 표현되어야만 하는가에 대해 뚜렷한 선호도를 가지고 있지만, 노인들은 다양한 표현 스타일에 훨씬 관대하다는 것을 발견했다.[58]

게다가, 주제에서 벗어난 발화의 정도도 다양할 수 있다. 스펙트럼의 한 쪽 끝에서는 중단된 구절, 반복, 빈 구절을 포함하는 발화를 동반한 대화를 방해하는 주제 전환이 나타나는데, 이는 치매를 앓는 노인들에게서 관찰된다.[59] 스펙트럼의 다른 끝에는 발화 자체의 일관성은 있지만, 현재 주제와 직접적으로 관련된 것은 아닌 자전적 이야기들이 있다. 이는 그저 좋은 이야기를 하고 싶은 노인들의 욕구에 지나지 않을 수 있다.

주제에서 벗어난 발화를 듣는 입장에서는 이것이 좌절감을 주는 경험일 수 있지만, 이 발화 자체는 또 다른 부정적 함의를 가진다. 청년들이 이런 두서없는 대화를 들으면 노인들에 대한 부정적인 고정관념을 불러

일으킬 수 있다.[60] 다음 5장에서 부정적 고정관념이라는 주제에 대해 다룰 것이다.

이 주제와 관련해서 한 가지만 더 이야기하자면, 주제에서 벗어난 발화는 화자가 더 큰 의사소통 목표를 염두에 두고 있다는 것을 의미하지는 않는다. 물론 피터 포크 Peter Falk 가 TV에서 연기한 강력반 형사 콜롬보는 외관상 별 관계없는 이야기를 하며 용의자의 범행을 교묘히 입증한다. 요컨대, 이 발화의 적절함 여부는 보는 사람의 눈과 귀에 달려 있다.[61]

왜 노인들이 이야기를 더 잘할까?

음식, 쉴 곳, 우정 다음으로 세상에서 우리가 가장 필요로 하는 것은 바로 이야기이다.

— 필립 풀먼 Philip Pullman

인간은 수천 년 동안 서로에게 이야기를 해왔다. 문자를 광범위하게 사용하는 시대가 등장하기 전에는 구전이야말로 재미와 교훈이 전승되는 주요한 도구였다. 이 이야기들 중 일부는 민담이나 서사시로 남아 있고 수천 줄에 달하는 꽤나 긴 이야기일 수 있다. 스토리텔링은 단기기억, 작업기억, 장기기억에 큰 부담을 주는 복잡한 인지 과제의 한 예시이다. 이러한 인지적 부담을 상쇄시키기 위해 이야기꾼들은 기억술의 도움을 받아왔다. 이러한 기억술의 예로, 셰익스피어와 같은 영국의 시인과 극작가들은 각운을 이루는 2행 연구를 사용해 운율을 맞추는 것뿐만 아니라 서사시 일리아드에서 자주 등장하는 "걸음이 빠른 아킬레스"처럼 특정 구절을 반복하는 것 등이 있다. 햄릿이 "The play's the thing, wherein I'll catch the conscience of the king. 이 연극이 내가 왕의 양심을 사로잡을 수단이야. "

라고 말할 때, thing은 뒤에 나올 king의 인출 단서로 기능한다. 물론 우리 대부분은 셰익스피어처럼 글을 쓸 수는 없다. 하지만 우리도 이런저런 종류의 이야기들을 한다. 나이가 들면서 사람들의 스토리텔링 능력에는 무슨 일이 일어날까?

예상할 수 있듯이, 연령에 따른 작업기억의 감퇴는 노인들의 이야기 전달 능력의 여러 측면에 어려움을 준다. 수잔 켐퍼와 그녀의 동료들은 60세에서 90세 사이의 참가자들에게 아이들에게 해줄 만한 만들어낸 이야기 하나를 해달라고 요청했다. 참가자들은 처음부터 새로 이야기를 만들어도 되고, 익숙한 이야기를 해도 괜찮았다.[62] 연구자들은 이 개인적이고 환상적 이야기들을 이야기 구조, 문법적 복잡성, 내용, 이야기의 각 부분이 서로 잘 연결된 정도를 보는 응집성 등의 관점에서 분석하였다. 80대 참가자들의 이야기는 60대의 참가자들의 것에 비해 더 구조적으로 복잡하였다. 구조적으로 복잡하다는 말은 서로 인과적으로 연결된 요소가 더 많거나, 종결이나 교훈을 포함하는 것을 의미했다. 그러나 더 나이 든 참가자들의 이야기는 문법적으로는 더 단순했으며, 응집성도 조금 더 떨어졌다. 연구자들은 이러한 양상이 연령에 따른 작업기억의 감퇴를 반영한다고 제안했다. 그러나 연령에 따라 이야기 구조가 더 복잡해지는 것은 아마도 참가자들이 의도적으로 선택했을 것 같은데, 자신이 만든 이야기에 대한 배경 정보와 개인적 의견을 자세히 제공하기 위해서인 것 같다.[63]

대학생과 노인을 비교하는 실험도 두 집단 간 스토리텔링의 차이를 시사한다. 한 연구에서, 이야기를 다시 말해 달라고 요청했을 때, 나이든 어른들은 대학생들보다 더 통합적이거나 해석적인 이야기를 만들어냈다.[64] 그럼에도 불구하고, 젊은 참가자와 나이 든 참가자 모두 비슷한 수준의 정확도로 이야기를 회상했다는 결과도 있다.[65] 젊은이들과 노인들은 또한 좋은 이야기를 구성하는 요소가 무엇인지에 대해 동의했는데, 아마도 두

집단은 이야기의 질에 대하여, 비록 암묵적이긴 하지만, 유사한 이해도를 갖고 있기 때문일 것이다. [66]

　일생 동안의 스토리텔링 경험이 더 나은 스토리텔링으로 이어질까? 몇몇 증거들은 이를 지지한다. 켐퍼와 그녀의 동료들의 연구에서 심사자들은 노인들 60세에서 92세 의 이야기가 청년들 18세에서 28세 의 이야기보다 더 명확하며 흥미롭다고 판단했다. [67] 마이클 프렛 Michael Pratt 과 수잔 로빈스 Susan Robins 는 노인들의 개인적 이야기의 질이 청년들의 것보다 더 높은 수준이라고 사람들이 생각한다는 것을 발견했다. [68]

　왜 나이 든 어른들이 이야기를 더 잘하는 걸까? 낸시 머글러 Nancy Mergler 와 그녀의 동료들은 대학생들에게 세 집단의 사람들에 의해 녹음된 이야기의 일부를 회상해 달라고 요청했다. 첫 번째 집단은 동료 대학생들 20세와 21세 , 두 번째 집단은 중년의 성인들 40세부터 49세 , 그리고 마지막 집단은 노인들 67세부터 82세 이었다. 학생들은 노인들이 녹음한 부분에서 부수적인 세부 사항들을 더 많이 기억했고, 녹음된 내용이 이야기일 때, 노인 내레이터를 다른 연령대의 내레이터보다 더 좋게 평가했다. 그러나 녹음된 내용이 이야기가 아니라 설명문일 경우에는 결과가 달랐다. 연구자들은 노인 목소리의 물리적 특징이 더 효과적인 이야기 전달로 이어진다고 추측하였다. [69] 게다가, 호감도 평가의 차이로 볼 때 사람들은 노인들로부터 특정한 종류의 정보를 받는 것에 대한 기대를 가지고 있다는 것을 시사한다. 노인들은 더 느리게 말하는 경향이 있고, 말하는 내용에 대한 흥미를 배가시키는 방법으로써 음높이나 리듬을 바꿀 수도 있다. [70] 마지막으로, 이러한 효과는 노인들이 이야기를 객관적으로 정확하게 전달하려하는 것이 아니라 최대한 재미나게 하려는 의식적인 시도를 반영할 수노 있다. [71] 아니면 이 실험을 통해 참가자들은 자신이 어렸을 때 부모님이나 조부모님이 책을 읽어주시던 기억을 불러일으켰을 수도 있다!

　보통은 이야기를 해주는 사람은 한 사람이지만, 종종 여러 사람이 함께 이야기를 해주기도 한다. 예를 들어, 저녁 식사 모임의 한 커플이 번갈아가면서 다른 손님들에게 재미난 일화를 말해주거나, 하나의 사건의 중요한 세부 사항들을 말하기 위해 몇 사람이 서로 끼어들면서 말한다거나, 같은 사건에 대해서 여러 사람이 서로 다른 설명을 할 수도 있다. 청년과 노인들이 이러한 협력적 스토리텔링의 요구에 어떻게 대처하는지를 비교한 연구에서는 나이 든 어른들도 젊은 청년들만큼 잘하는 것을 발견하였다. 기억한 정보의 양 측면에서 보면 남성 노인 참가자들은 청년들보다 정보를 덜 기억했지만, 여성 노인들은 그렇지 않았다. 이러한 성차의 원인은 명확하지 않다. 또한 협력적 스토리텔링의 능력에서도 연령 집단 사이의 차이가 발견되지 않았고, 청자에 따라서, 즉 원래 알던 사람에게나 새로운 사람에게 이야기할 때의 차이도 없었다.[72]

　그러나 협력적 스토리텔링의 연령 차이가 커플들이 자신들의 이야기를 하는 방식에서는 나타났다. 예를 들어 한 연구에서는 커플들에게 휴가에 대해 이야기해 달라고 요청하였는데, 나이 든 커플들은 사람과 장소에 대해 더 많이 이야기하였지만, 젊은 커플들은 휴가의 여정에 대해 더 많이 이야기하였다. 또한 나이 든 커플은 각각 휴가의 서로 다른 부분에 대해 이야기하는 경향이 있었는데, 주제가 바뀜에 따라 서로 이야기를 이어받는 방식으로 말했다. 젊은 커플들은 같은 주제에 대해 서로서로 더 많은 대화가 오갔으며 이야기의 모든 부분을 함께 이야기했다.[73] 비슷한 맥락으로, 나이 든 커플은 또한 협력적 문제 해결 과제에서도 청년들만큼 좋은 수행을 보였다.[74]

나이 든 커플들이 이야기나 문제 해결을 함께 잘 해낸다는 연구 결과들로 미루어 볼 때, 만약 연령에 따른 인지 능력의 감퇴를 보상받고 싶다면 동료와 함께 일하는 것이 해결책이 될 수 있다.[75] 요컨대, 백지장도 맞들면 나은 것 같다.

Chapter
5

언어 사용 능력이
노화에
미치는 영향

언어 사용 능력이
노화에 미치는 영향

화용話用 능력의 변화

화용적으로 유능한 언어 사용자가 된다는 것은 무엇을 의미할까? 여러 가지 요소들이 있지만, 화용 능력이란 예의 바르고, 사회적으로 적절하며, 다른 사람의 필요와 요구에 잘 반응하는 언어적 능력 등을 포함한다.[1] 화용 능력의 좋은 예는 사교적 잡담을 하는 것이다. 자연스럽게 시간을 보내는 방법으로써 언어를 사용하는 기술은 당시의 맥락, 사회적 관습, 화자와 청자 사이의 공유 지식 등의 복잡한 이해가 요구된다. 화용적으로 유능하기 위해 필요한 또 하나의 기술은 요청하는 내용이 얼마나 들어주기 어려운가에 따라 상대방을 존중하는 수준을 어떻게 달리해야 하는지를 아는 것이다. 종이 한 장 정도 달라고 하는 사소한 요청은 "플리즈please"라는 단어를 사용하는 것 정도면 괜찮을 수 있다. 그러나 공항까지 태워 달라고 할 때와 같이 더 중요한 부탁을 할 때는 그 요청이 얼마나 필요하며 얼마나 고마운 일인가를 더 크게 표현해야 하는 것이 필요할지도 모른다.

대화를 진행하는 데 필요한 화용적 기술의 한 가지 중요한 측면은 대화 상대자와 공유하는 배경지식이 무엇인지를 기억하는 능력이다. 그러나 노인들은 자신의 말을 듣는 사람들이 알고 있는 것과 모르고 있는 것을 항상 고려하는 것은 아닌 듯하다. 이러한 현상을 알아본 한 연구에서 네덜란드의 젊은이들평균 24세과 노인들평균 68세은 어떤 재미난 이야기를 다른 사람에게 해주어야 했는데, 이 사람은 그 이야기에 이미 친숙할 수도 아닐 수도 있다. 청자가 그 이야기를 처음 듣는 경우, 젊은 사람들은 이를 반영하여 이야기를 할 때 더 많은 단어와 몸짓을 사용하였다. 그러나 노인들은 이야기할 때 청년들만큼 청자의 필요를 반영하지 않았다.[2]

노인들은 대화를 따라가고 이해하는 데 어려움을 느낀다고 자주 불평을 하곤 한다. 기억이나 집행기능에서의 변화와 같은 인지적 감퇴가 시각이나 청각 등의 지각적 감퇴와 함께 나타나면 정확한 원인을 찾기가 쉽지 않다. 인지적 결함과 지각적 결함을 구분하는 것은 어려운 일이지만, 몇몇 연구 결과는 대화에서 느끼는 노인들의 어려움은 인지적이라기보다는 지각적인 이유가 더 크다는 것을 시사한다.[3] 예를 들어, 노인들은 하나의 설정된 집단에서 누가 말하고 있는지를 나타내는 청각 단서를 효과적으로 사용하지 못하는 것 같다. 그러나 이들은 여전히 대화를 이어가는 방법을 알고 있다.

노인들의 자발적 발화에 대한 연구 결과는 성별에 따른 차이도 중요하다는 것을 시사한다. 청년, 중년, 노년의 스페인어 화자들을 대상으로 하여 그림에 대한 즉흥적인 묘사를 하는 과제를 실시한 결과, 여성 참가자들은 연령 관련 수행 감퇴가 약간 일어났지만, 남성 참가자들은 훨씬 두드러진 감퇴를 보였다.[4] 남성들의 자발적 발화가 부족한 것은 관심이 부족하다거나 심지어 무례한 것으로 이해될 수도 있다. 결국 사람이 발화하는 양조차도 화용론적 관점에서 중요한 것이다. 이 연구가 남성과 여성의 발화의 양 차이가 인지적, 사회적, 문화적 요인 중 어떤 요인 때문에 나타나는 것인지를 알아본 것은 아니다. 그러나 이 연구는 노년기에서 나타나는 화용론적 변화가 남성과 여성들에게 차별적으로 나타날 수 있다는 점을 시사한다.

화용 능력은 언어적 표현에만 국한된 것은 아니다. 예를 들어 면대면 상호작용 시, 화자는 전형적으로 대화 상대자의 시선에 민감하다. 대화 상대자의 시선이 어떤 사물이나 다른 사람을 향하면 화자 역시 그 쪽을 바라보게 되는데, 이를 통해 공동주의를 만들어내기 위한 수단이다. 청년들 평균 20세과 노인들 평균 73세이 참여한 한 실험에서 연구자들은 참가자들에게 컴퓨터 화면에 나타난 얼굴을 보고 언제 화면의 얼굴이 왼쪽, 오른쪽, 혹은 정면을 바라보는지를 찾도록 요청했다. 노인들은 시선의 방향을 따라가는 것뿐만 아니라 판단 시간도 청년들에 비해 느렸는데, 이는 노인들이 이러한 중요한 사회적 단서를 사용하는 데 있어서 불리할 수 있음을 시사한다.[5]

노인들에게서 나타나는 이러한 화용적 결함은 다양한 신경퇴행성 질환과 관련되어 있다. 파킨슨병을 앓고 있는 환자들은 적절한 요청을 하는 데 필요한 공손함의 정도를 가늠하는 능력이 떨어지는 것을 보여준다.[6] 다발성 경화증을 앓는 사람들은 대화 상대자에게 적절한 양의 정보를 제공하지 못하는 것 같다.[7] 유사한 결함이 루게릭병을 앓는 사람들에게서도 나타난다.[8]

모든 사람은 자신의 증상을 의료진에게 보고하고 그에 대한 약과 이를 복용하는 방법에 대해 이들과 얘기 나눌 필요가 있다. 이러한 상황에서 의료진은 노인들의 경우 화용적 측면에 문제가 있을 수 있다는 점을 인식하는 것이 특히 중요하다. 예를 들어 노인들이 대화에서 겪을 수 있는 어려움을 감안한다면, 노인 환자에게 일련의 치료 절차에 대한 정보를 제공할 때는 한 사람만 대화하는 것이 나을 수 있다. 여러 명의 간병인을 통한

다자간 대화는 이러한 어려움을 가중시킬 수 있다.[9] 또한 의료진들은 환자의 시선이 적절하지 못한 이유_{예를 들어, 의료진이 거짓말을 한다고 생각할 수도 있고}나 정확한 순서 규약을 따르지 못하는 이유_{의료진이 너무 강요한다고 생각할 수도 있음}에 대해 잘못된 가정을 하지 않도록 주의해야 한다.

크게 문제 되지 않는 비유적 언어 사용 능력 감퇴

> 인생은 자전거 타기와 같다. 균형을 잡기 위해서는 계속 달려야 한다.
>
> – 알버트 아인슈타인Albert Einstein, 그의 아들 에듀어드Eduard에게 보낸 편지에서

우리가 사용하는 많은 언어가 문자 그대로 해석되는 것은 아니다. 예를 들어, 누군가가 바깥 온도가 100만 도라고 주장하거나 웨이터가 주문을 받으러 오는데 영원의 시간이 걸렸다고 주장할 때, 이는 평소보다 더 덥거나 평소보다 더 느린 서비스를 강조하기 위해 과장하는 것이다. 우리는 이러한 발화의 의도된 의미를 추론하기 위해서 문맥, 세상사 지식, 그리고 대화 상대자에 대한 정보 등을 고려해야만 한다. 그래야만 이러한 불가능한 외부 기온에 대한 언급을 지나치게 극적인 친구가 바깥 날씨에 대해서 하는 불평 정도로 해석할 수 있다.

과장법은 우리가 말을 하거나 글을 쓸 때 일반적으로 사용하는 비유적, 혹은 비문자적 언어의 한 가지 예일 뿐이다. 언어 연구자들은 어떻게 우리가 어린 시절에 이러한 비유적 언어 능력을 발달시키는지, 그리고 이러한 표현을 통해 위의 인용 문장에서 나타난 아인슈타인의 비유처럼 유머러스하게 말하거나 어떤 생각을 불러일으키는 것[10]과 같은 특정 담화 목표를 달성하는지를 연구해왔다. 연구자들은 또한 어떻게 노화 과정이 이러한 비유적 언어의 이해에 영향을 미치는지도 연구해왔다. 이 절에서

는 간단하게 노화와 은유, 관용어, 반어법, 속담이라는 네 가지 비유적 언어의 유형에 대한 연구 결과들을 소개할 것이다.

은유는 강의와 수면제처럼 둘 다 수면을 유도한다. 겉으로 보기엔 전혀 유사하지 않지만 실제로 기저에 연결을 가지고 있는 두 가지 개념을 비교하는 것이다. 어떤 은유들은 아주 풍성해서 많은 연결을 찾아내야만 하는 경우도 있다. 셰익스피어의 작품『좋을대로 하시든지 As You Like It』의 등장인물인 제이퀴즈 Jaques 의 "이 세상은 무대이다"라는 표현을 생각해보자. 셰익스피어는 인간군상의 삶이 마치 연극 속 배우의 연기처럼 다양한 방식으로 나타난다는 점을 설명하면서 200단어가 넘는 독백을 이어간다. 은유는 겉으로 보기에는 비슷하지 않은 개념들을 동시에 고려해야 하기 때문에 상당히 복잡할 수 있다. 이는 작업기억이나 관련 없는 정보의 억제와 같은 인지 과정이 은유에 관여할 수 있다는 점을 시사한다. 만약 그렇다면, 노인들은 은유 해석에 어려움을 겪을까?

이 질문에 대한 연구 결과는 명확하지 않다. 평균 25세의 젊은이들과 평균 70세의 노인들의 은유 정보처리를 비교했던 한 연구에서는 "그 가수가 그 노래를 죽였다. The singer killed the song. "와 같이 문자 그대로 해석할 경우 거짓인 은유 문장을 식별할 때 노인들이 더 많은 오류를 범하는 것을 발견했다. 이 연구는 노인들이 이러한 문장의 은유적 해석을 방해하는 정보를 억제하는 것을 더 어려워한다고 결론지었다.[11] 그러나 평균 19세의 젊은이들과 74세의 노인들을 비교한 또 다른 연구에서는 실험 참여자들이 "그 변호를 맡은 변호사는 상어이다."와 같은 문장을 읽은 후, "상어는 집요하다."와 같이 은유적으로 앞 문장과 관련되거나 "상어는 수영을 잘한다."와 같이 은유적으로 별 관련이 없는 문장을 읽었다. 실험 참여자들은 자신들이 읽은 글이 이해가 되는지를 결정해야 했다. 젊은이들과 노인들 모두 두 번째 문장이 은유적으로 관련되어 있을 때가 관련되지 않았을 때보다 더 빠르게 판단하였다.[12] 이 결과는 노인들도 적어도 특정 상황에서는 은유 정보처리 시 관련되지 않은 의미를 잘 억제할 수 있다는 것을 시사한다.

은유와 비교해서 관용구는 하나의 고정된 의미를 가진 비교적 고착화된 표현이다. 예를 들어 "비밀을 밝히다"라는 의미를 표현하기 위해 "고양이를 바깥으로 내보내다. letting the cat out of the bag."라는 표현을 사용한다. 노인들이 더 많은 언어 경험을 가진다는 점을 생각하면 이러한 관용구 의의미와 표현의 친숙도의 관점에서 젊은이들보다 더 뛰어날 것이라고 기대할 수 있다. 하지만 여기서도 연구들은 혼재된 결과를 나타낸다. 이러한 관용구에 대한 지식을 참여자들에게 물었던 한 연구에서는 60대 참여자들이 20대보다 더 좋은 수행을 보였다.[13] 그러나 또 다른 연구에서는 젊은이들과 비교해서 노인들이 관용구의 문자적 의미를 억제하도록 요구하는 과제에서 더 좋지 못한 수행을 보이기도 하였다.[14]

특히 반어법과 비꼬는 말은 왜 누군가가 문자 그대로의 의미와는 반대되는 주장을 하는지를 이해해야 하는 것과 같은 해석상의 도전을 준다. 예를 들어 폭우가 내리는 상황에서 "날씨 멋지네!"라고 말한다든지, 건망증이 심한 친구에게 "넌 천재야!"라고 말하는 경우들이다. 서로 얼굴을 보면서 대화하는 상황에서 비꼬는 표현은 과장된 얼굴 표정이나 특정 목소리 톤과 같은 정서적 단서들이 수반되는 경우가 많다. 그리고 우리가 앞에서 본 것처럼, 노인들은 다른 사람의 말에서 감정적인 단서를 인식하는 것을 잘 못한다. 비꼬는 말을 알아차리는 것과 관련된 한 연구에서 청년, 중년, 노년기의 성인들이 영상을 시청했는데, 이 영상에서는 등장인물들이 진솔한 대화를 하거나 비꼬는 말을 하는 대화가 나왔다. 세 집단은 진솔한 대화의 의미를 파악하는 데 있어 비슷한 결과를 나타냈지만, 노인들은 비꼬는 말을 정확하게 파악하는 데 더 큰 어려움을 겪었다. 이 연구의 저자들은 노인들이 화자의 문자 그대로의 의미를 넘어선 발화의 의도를 해석하는 데 정서적인 단서나 상황 맥락을 사용하는 능력이 떨어진다고 제언하였다.[15] 그렇다면, 경도 인지장애를 가진 노인들이 다른 사람의 정신상태를 추론하는 데 훨씬 더 큰 어려움이 있으며 반어적 표현 식별이 훨씬 더 떨어진다는 것은 놀라운 일은 아니다.[16]

속담의 이해는 노인들의 언어 능력에 대한 또 다른 창을 제공한다. 어떤 측면에서 "돌다리도 두드려보고 건너라."라는 속담은 조심하라는 의미를 표현하기 위해 생겨난 것처럼 속담과 관용구가 모두 한 문화 내에서 특정한 의미를 지닌 표현이기 때문에 둘의 이해가 유사하게 나타날 것이라고 기대할 수 있다. 노인들은 이러한 표현에 더 친숙할 가능성이 높고, 한 연구는 생소한 속담의 의미를 설명하는 능력이 청소년기와 청년기를 거치면서 증가한다는 것을 보여준다. 이 능력은 60대에 이르러 약간의 감소가 있기 전까지 안정적으로 유지되지만, 70대가 되면 쇠퇴가 더 현저하게 나타난다.[17] 그러나 한나 울라토스카 Hanna Ulatowska 와 그녀의 동료들은 80대나 90대의 노인들도 속담을 해석하고 그 의미를 요약하는 것을 꽤 잘 해낸다는 것을 발견했다.[18] 반면에 또 다른 연구는 2, 30대의 청년과 4, 50대의 중년들에 비해서 6, 70대의 노인들은 속담 해석 능력이 감퇴하는 것을 보여주었다. 이 연구자들은 또한 노인 집단에서 작업기억이나 억제능력 감퇴가 나타나는 것을 보여주는데, 이는 왜 노인들에게 속담 해석 능력이 감퇴되는지에 대한 설명을 제공한다.[19] 결론적으로 증거들이 혼재되어 있긴 하지만 속담에 대한 친숙성과 이해는 적어도 일부 노인들에게는 보존될 수 있다는 것을 시사한다.

우리가 보아온 바와 같이, 노인들은 자신의 많은 언어 경험으로부터 유익을 얻는다. 젊은이들에 비해 관용구에 대한 지식이 많고, 인생의 후반부에도 여전히 덜 친숙한 속담을 설명하는 능력을 잘 유지한다. 그러나 노년기에는 작업기억이나 관련 없는 정보를 억제하는 능력과 같은 언어 이해의 인지적 기반이 되는 능력에서의 감퇴 역시 나타난다. 이러한 감퇴는 결국 비유적 언어의 이해와 해석에 영향을 미친다. 또한 정서적 단서나 상황 맥락을 이해하는 능력의 감퇴 때문에 노인들은 반어적 표현이나 비꼬는 말을 해석하는 데 더 많은 어려움을 느낀다. 물론 이것은 젊은이들도 역시 어려움을 느끼는 부분이긴 하다. 항상 비유적 표현들을 문자 그대로 해석하는 아멜리아 베델리아Amelia Bedelia에 관한 아동용 책 시리즈의 열렬한 독자들이 증명하듯이 말이다.

마지막으로 이 절에서 요약해서 설명한 실험 연구들은 실제적인 삶에서는 크게 문제가 되지 않을 정도의 작은 차이를 강조하기 위해 설계되었다는 점을 명심하기 바란다. "나쁜 습관 등을 당장에 끊어라quitting cold turkey"라는 속담을 듣고 노인들은 순간적으로 추수감사절에 먹다 남은 칠면조 고기가 생각날 수 있다. 그러나 그러한 생각이 났다고 해서 자신의 친구가 이제 담배를 끊겠다고 선언한 것을 이해하지 못했다는 것은 아니다.

> 말하는 사람이 자신의 언어를 바꾸고 싶어 하기 때문에 언어가 변한다고 해도
> 과언이 아니다. … 이들은 자신이 어제 한 말을 오늘 그대로 쓰기를 원하지 않
> 는다. 그리고 특히 누군가 다른 사람이 어제 한 말은 더더욱 아니다. 이 정도라
> 면 언어는 패션과 견줄 만하다.
> – 크리스티안 레만 Christian Lehmann, 2004

언어의 이야기는 거의 언어 변화의 이야기라고까지 정의할 수 있다. 현재의 영어 화자들이 약 천 년 전에 쓰인 고대 영어 시를 읽는 것은 마치 외국어를 새로 배우는 것과 같은 자세로 이 과제를 접근해야만 한다. 이로부터 약 400년 후 중세 영어로 쓰인 『캔터베리 이야기 Canterbury Tales』 읽기가 과제라면 초서 Chaucer 의 이야기를 충분히 감상하기 위해서 엄청난 주석이 필요하다. 제임스 왕의 성경 번역본과 셰익스피어의 희곡이 나온 17세기에 이르러서야 대부분의 영어 모국어 화자들이 주석 없이 모국어로 쓰인 글들을 편하게 읽을 수 있게 되었다. 만약 언어의 변화가 주어진다면 과연 이러한 변화들이 한 사람의 인생과 같이 훨씬 짧은 시간 동안에도 나타날 수 있을까? 그리고 이러한 언어의 변화가 노화에 미치는 영향은 무엇일까?

이 질문에 대답하기 위해 연구자들은 다양한 방법들을 사용해왔다. 예를 들어, 말뭉치 언어학자들은 시간의 흐름에 따른 문학 작품에서의 동향을 파악하기 위해 수많은 글들을 분석하는 방법을 사용한다.[20] 심리학자들은 문법 사용, 어휘, 또는 특정 단어 범주의 변화를 식별하기 위해 수십 년 동안 개인들이 쓴 글들을 조사하기도 한다.[21] 사회언어학자들은 발음의 변화를 찾아내기 위해 다양한 시간 간격을 두고 음성 녹음 자료들을

비교함으로써 특정 음성 공동체 내의 언어 변화를 연구해왔다. 더 최근에는 연구자들이 언어 사용에 있어서 연령과 관련된 차이가 있는지를 확인하기 위해 페이스북과 같은 소셜 미디어 사이트에 올라온 글들을 면밀히 조사하기도 한다.[22] 비록 문화나 사회가 중요한 변화를 겪는 가운데서도 한 개인의 수준에서는 언어적 안정성을 발견하는 것이 가장 일반적인 결과이겠지만, 이러한 연구들이 많은 언어 변화를 발견해왔다는 것은 크게 놀랄 만한 일이 아니다.[23]

시간의 흐름에 따라 특정 언어에서 광범위한 변화가 나타난다는 것을 고려할 때 개인의 언어는 큰 변화 없이 안정적으로 나타난다는 주장은 역설적인 것처럼 들린다. 그러나 이러한 주장은 우리가 언어를 어떻게 습득하는지를 생각해보면 설명될 수 있다. 비록 대부분의 사람들은 아이들이 부모로부터 언어를 배운다고 생각하지만, 많은 연구 결과에 따르면 아이들의 친구들도 언어 학습에 중요한 역할을 한다고 한다.[24] 다른 지역으로 이주하는 많은 부모들은 자녀들이 새로운 지역의 억양이나 사투리를 익힐 때 놀란다. 그리고 이러한 언어적 변화는 아주 어릴 때에도 일어날 수 있다. 한 연구는 생후 20개월 정도의 어린아이들에게서도 이러한 변화가 일어난다는 것을 보고했다.[25] 특히 청소년들은 자신의 급우들이나 친구들과 어울리고 싶은 동기가 크기에 의식적으로나 무의식적으로 또래 친구들과 비슷하게 말하려고 자신의 언어를 변화시킬 수 있다. 이러한 변화는 아마도 단어를 발음하는 방식에서 두드러지게 나타나겠지만, 좀 더 미묘한 다른 차이점들도 있을 수 있다.

언어 변화와 관련된 쟁점들은 단어 선택과 같은 단 하나의 언어적 측면에만 초점을 맞춘다면 더 명확하게 볼 수 있다. 어린 시절 사람들이 습득하는 어휘, 특히 사물을 가리키기 위해 사용하는 용어들은 시간이 지나도 잘 변하지 않는 경향이 있다. 그러나 이러한 많은 단어나 상표들은 소파davenport 에서 배낭rucksack 을 좀 치워줄래?

기술적, 문화적, 혹은 세대의 변화 과정에 따라 유행에서 벗어나게 된다. 그 결과, 사람들이 어떤 단어를 선택하는가만 봐도 중년과 노년기의 사람들은 젊은 세대들로부터 구세대로 인식되는 것이다. 많은 어린이들과 청소년들은 자신의 부모들이 동시대의 용도에 어긋나거나 이미 다른 이름으로 바뀐 물건의 예전 이름을 부르는 것을 듣고 당황하게 된다. 예를 들어 가방backpack 을 지칭할 때 구식 표현인 배낭knapsack이나 rucksack 이란 단어를 말한다든지, sofa소파를 구식 표현인 davenport 혹은 chesterfield 등으로 부르는 경우와 같이 말이다. 아주 싸면서 다양한 제품들을 파는 Five-and-dime 스토어는 이제 dollar 스토어가 되었고, 개인 주택의 응접실이나 거실을 나타내는 단어인 parlors는 family rooms가 되었으며, refrigerators냉장고를 나타내는 옛날 단어는 iceboxes였다. 비슷한 방식으로, 한때 흔히 쓰던 많은 관용구, 직유법, 은유법 등은 시간이 지나면서 점차 구식이 되어 사용하지 않게 되고, 그런 구식 표현을 사용하는 사람은 자신이 구세대임을 드러내는 꼴이다.

이러한 관점에서 우리는 한 개인에게서 나타나는 안정화된 언어와 긴 시간을 두고 나타나는 언어의 변화라는 양립 불가능해 보이는 생각을 이해할 수 있다. 특정 개인의 언어는 어린 시절에는 동료들에게 인정받기 위해 크게 변할 수 있다. 바꿔 말하면, 언어 변화는 젊은이들의 게임이며, 때때로 이러한 청소년들과 젊은 세대가 유행하는 언어의 변화를 촉진시킬 수 있다. 그리고 중년과 노년기의 어른들은 자신의 또래와 대화하면서 인생 대부분의 시간을 보냈기 때문에, 이러한 문화가 이들의 일생에 걸쳐 특정한 언어 사용을 강화한다.

그런데 사람들은 최대한 자신이 어려 보이고 싶어 하지 않는가? 주름 제거와 같은 시술에 대한 요구가 많다는 것은 중년이나 노년기의 어른들이 젊은이들의 언어를 사용하고자 하는 것을 볼 수 있다는 것을 뜻한다. 그러나 노년기의 어른들이 말할 때 동시대 젊은이들의 말을 사용하려고 하면 여러 어려움에 직면할 수 있다. 요즘 시대의 화법이나 젊은이들이 쓰는 비속어를 사용하는 5, 60대의 어른들은 나이보다 어려 보이려는 이러한 어색한 시도 때문에 비웃음거리가 될 수도 있다. 또한 이들이 수십 년 더 젊은 사람들의 문화를 도용하려 한 것에 주변 사람들은 분개할 수도 있다.

세대 간 의사소통 쟁점에 관한 한 전형적인 연구에서 앤지 윌리엄스 Angie Williams 와 하워드 자일스 Howard Giles 는 대학생들에게 노인들과의 대화를 회상하도록 요구했다. 이 연구의 목적상 이 대학생들의 가족이 아닌 65세에서 75세 사이의 노인들과의 대화를 기억해야 했다. 불만족스러웠던 대화로 기억된 경우, 많은 연구 참여자들은 그 어려움의 이유가 노인들 때문이라고 주장했다. 구체적으로 이들은 노인들이 폐쇄적이거나 깊이 있는 대화가 이루어지지 않는 것처럼 느껴지는 등 노인들과 충분한 대화가 이루어지지 않는다고 생각하였다.[26] 깊이 있는 대화가 되지 않는 것은 다양한 요인에서 비롯될 수 있는데, 그중 한 이유는 생소하거나 구식 단어들을 사용했기 때문일 수 있다.

전체적으로 볼 때, 나이가 들어감에 따라 나타나는 언어 변화에 대한 연구는 개인이 안정성 시간의 흐름에도 언어 사용에 일관성을 유지하는 것과 유연성 문화의 변화에 따라 새로운 단어의 사용과 말하는 방식의 변화를 습득하는 것 사이에서 중용을 찾으려 노력한다는 것을 시사한다.[27] 패션 스타일과 마찬가지로, 언어 사용에서도 너무 유행에 민감하게 반응하는 어른들에게도 분명한 위험이 존재한다. 그러나 인생의 많은 다른 부분들과 마찬가지로, 대부분의 사람들은 자신들에게 맞는 옛 것과 새 것 사이에서 균형을 찾을 수 있다.

'노인어' 사용의 명암

사람들이 서로 말할 때, 우리는 의식적으로 그리고 무의식적으로 말하는 방식에 변화를 준다. 예를 들어, 어린아이에게 길을 가르쳐주는 사람은 그가 보통 하는 것보다 더 느리고 분명하게 말할 것이다. 향수병에 걸린 대학생은 자기 급우와 대화할 때보다 부모님과 영상 통화를 하는 동안 목소리에 콧소리를 더 섞어서 말할 수도 있다. 그리고 젊은 사람들이 노인들에게 말할 때도 자신의 말하는 방식에 변화를 줄 수 있다. 노인에게 하는 말은 어린아이들에게 하는 말 유아어과 유사한데, 린다 카포라엘 Linnda Caporael 은 1981년 양로원에서 이러한 방식의 말하기를 보고하였고,[28] 그때 이후로 이런 노인들에게 말하는 방식이 '노인어 elderspeak'라고 불렸다.[29]

유아어와 노이어는 둘 다 순응이라고 불리는 현상이 예이다. 화자들은 자신의 대화 상대들이 더 쉽게 이해하도록 자신의 말하는 방식을 바꾸려고 시도한다.[30] 예를 들어, 사람들은 외국인과 대화할 때 일반적으로 이러한 종류의 조절을 한다. 만약 화자가 대화 상대자의 어휘력이 충분하지 못하다고 판단하면, 그렇지 않을 때보다 단어를 선택할 때 더 신중해질 것이다. 이렇게 볼 때, 화자 측의 배려를 반영하는 순응은 도움이 될 수 있다. 그리고 노인어의 경우에도 화자는 노인 대화 상대자를 향한 공감이나 따뜻함을 전달하기 위해 노력할 것이다. 그러나 이런 방식의 말하기가 노인들에 대한 부정적 고정관념, 즉 노인은 인지 능력이 떨어진다는 생각을 반영하는 것일 수도 있다. 그러므로 이러한 노인어는 종종 노인들을 깔보는 것으로 느껴질 수 있다.[31]

유아어와 노인어는 공통점이 많다. 화자는 말할 때보다 단순한 단어와 문법을 사용하려 하고 "너"보다는 "우리"와 같은 집단 명사를 더 많이 사용하려 한다. 예를 들어 "자, 우리 이제 약 먹을 준비 됐을까?"와 같이 말이다. 문장은 더 짧게 말하고, 반복이나 이해를 쉽게 하기 위해 다른 말로 바꾸어 표현하는 경우 역시 일반적이다.[32] "이제 저녁 먹으러 가고 싶지, 그렇지 않니?"와 같은 부가의문문을 사용해서 청자가 독립적으로 그 질문에 대한 결정을 할 기회를 박탈하기도 한다. 그러나 아마도 유아어나 노인어 발화의 가장 특징적인 측면은 바로 운율을 특정한 형태로 변화시킨다는 점일 것이다. 노인어는 더 크고 천천히 말하고 음높이가 높다. 그리고 마치 노래하듯이 음높이에서 고저 차이가 심하다.[33]

그러나 노인을 대상으로 한 이러한 발화가 획일적으로 나타나는 것은 아니다. 젊은 사람들은 노인 청자가 독립적이고 건강한지의 여부나 그 대화가 일상생활에서 이루어지는지 혹은 병원에서 이루어지는지 등을 고려하는 것으로 보인다.[34] 이러한 조절은 화자가 필요하다고 생각할 때 자신의 발화를 조정한다는 생각과 일치한다. 문제는 젊은 사람들이 노인들은 연약하고 청력에 어려움이 있다고 가정해서 그래야만 한다는 확실한 증거가 없는 경우에도 노인어를 사용한다는 점이다.

노인어 사용의 한 가지 부정적 측면은 요양시설에 거주하는 노인들에게 나타날 수 있다. 치매 노인들을 돌보는 간병인들이 직면한 주요 문제는 환자가 간병 활동에 대해 저항력이 생길 수 있다는 것이다. 예를 들어, 장기 요양 시설에 거주하는 노인들은 공격성, 격한 언어, 또는 주변 환경과의 상호작용이 줄어들거나 아예 이를 철회하는 경우들이 있다. 크리스틴 윌리엄스 Kristine Williams 가 이끄는 연구팀은 노인어의 사용이 이러한 문제적 행동들과 관련이 있다는 것을 발견했다.[35] 그러므로 노인을 무시하는 듯한 노인어의 사용 때문에 노인들의 의존적 태도가 강화되고 능력이 감소할 수 있어 보인다.

심지어 일상적인 삶을 살며 건강하게 늙어가는 노인들에게도 노인어 사용이 만연하다. 많은 노인들이 특히나 싫어하는 것은 "허니", "스위티"와 같은 애칭을 함부로 사용하는 것이다. 예를 들어 그러한 언어 경험에 대해 묻자, 83세의 한 여성은 본인에게 "dear"와 같은 애칭을 사용하는 것에 대해 불평을 하며 다음과 같이 말했다. "사람들은 그런 말을 쓰면서 본인들이 착하다고 생각하지만, 나는 그 단어를 들으면 화가 막 납니다." 한 78세의 남성 역시 본인보다 수십 년 어린 가게 점원이 자신을 성이 아닌 이름을 막 부르는 경우를 예로 들며 이는 "가짜 친밀함"이라며 반대했다. 다른 일반적인 불평은 다른 사람들이 자신을 그냥 무시한다는 것이다. 예를 들어 의사는 자신에게 질문하지 않고, 같이 간 자신의 성인 자녀에게 질문을 한다든지, 식당의 종업원이 같이 앉은 젊은 손님들과는 이런저런 대화를 하지만 나이 든 손님들과는 그런 대화를 하지 않는 경우 등이다.[36]

노인어는 또한 장기적으로 치명적인 영향을 줄 수도 있다. 베카 레비 Becca Levy 는 이러한 언어 사용이 노화에 대한 부정적 고정관념을 조장한다고 주장한다. 즉, 어렸을 때부터 사람들에게 내면화되어 나이가 들면 그것이 자기 개념의 일부가 된다는 것이다. 이러한 자기 지각은 건강에도 영향을 미칠 수 있다. 레비의 연구에 따르면 노화에 대해 긍정적인 자기 지각을 가지고 있는 노인들은 부정적인 자기 지각을 가진 노인들에 비해 평균 7.5년을 더 오래 산다고 한다.[37]

　반면 노인어 사용에 긍정적인 측면이 있다는 것에도 주목할 필요가 있다. 한 연구에 따르면 노인어를 사용하여 의약품 복용 지시를 들은 노인들이 일반 언어를 통해 들은 노인들에 비해 그 정보를 더 잘 기억했다. 이 연구는 또한 노인어에 대한 인식이 일관적으로 부정적이라기보다는 젊은 이들과 노인들 모두 사실 부정적 측면과 긍정적 측면을 함께 지각하는 것을 발견했다. 즉, 노인어의 의도라 할 수 있는 돌봄과 친절에 대한 인식과 모욕, 무례라는 인식이 공존하는 것 같다.[38] 그리고 노인어의 특정 측면은 다른 부분보다 더 유용하다. 수잔 켐퍼Susan Kemper와 타마라 하든Tamara Harden은 청년과 노인들에게 한 과제를 주었는데, 언어적 지시에 따라 지도에서 경로를 추적하는 것이었다. 그 결과, 보다 정교한 설명을 제공하고 문법적으로 덜 복잡한 문장을 사용하여 지시한 경우, 노인들에게 특히 유익하다는 것을 발견했다. 문장을 짧게 말하고 천천히 말하고 높은 음으로 말하는 것과 같은 노인어의 특징들은 실제 도움이 되지 않았고, 의사소통의 문제만을 야기하였다.[39]

　비록 "젊은이 언어"라는 용어가 존재하지는 않지만, 젊은이들도 노인들이 자신에게 말하는 방식 때문에 대화에 방해를 받는다고 보고하기도 한다. 불만족스러웠던 노인들과의 대화에 대해 기술해 달라고 요청하자, 젊은 사람들은 대화에서 불평하는 노인, 부정적인 정서를 표현하는 노인, 젊은 세대가 무책임하고 순진하다는 고정관념을 가진 노인 등의 사례를 이야기하였다. 이와 더불어, 노인들이 부적절한 개인 정보를 공개하거나 공개하도록 강요하는 것을 싫어했다.[40] 이러한 상황을 종합해보면, 젊은이들은 노인들이 당면한 대화에서 대화 상대자인 젊은이들의 의사소통 요구를 잘 고려하지 않는 경향, 즉 "과소 적응"하는 것을 싫어하는 것 같고, 반대로 노인들은 젊은이들이 "과잉 적응"하여 자신을 어린애 취급하는 것을 싫어하는 것 같다.

이러한 어린애 취급하는 행동이 수정될 수 있다는 희망을 가져야 할 이유가 적어도 몇 가지는 있다. 노인어 사용을 줄이는 훈련을 통해 간호조무사들은 효과를 보았고, 이러한 긍정적인 효과는 한 시간짜리 훈련 단 세 번 후에도 나타났다.[41] 그래서 비록 사람들이 사회화를 통해 노인에 대한 부정적인 고정관념을 얻게 된다 하더라도, 그 결과로 나타나는 부정적 행동들은 쉽게 극복될 수 있다.

다중 언어 화자로 산다는 것

언어마다 다른 인생관이 있다.

— 페데리코 펠리니 Federico Fellini

전 세계적으로 볼 때, 대다수 사람들은 자신의 인생에서 두 가지 이상의 언어를 습득한다. 미국에서는 5세 이상 인구의 20퍼센트가 집에서 영어 이외의 언어를 말한다.[42] 보통 이런 경우, 가정에서 두 개 이상의 언어에 노출되기 때문에 발생한다. 다른 경우로는 사람들이 청소년기나 성인기에 제2언어를 잘 하고 싶어서 제2언어를 유창하게 할 때까지 필요한 시간과 노력을 투자하기도 한다.

그러나 제2언어의 능숙도는 변하지 않는 능력이 아니다. 집 바깥에서는 쓰지 않는 계승어 현재 쓰는 제1언어와는 다른 부모님의 언어 에 노출된 많은 어린이들은 자라나면서 그 언어를 이해하거나 말할 수 있는 능력을 대부분 잃어버릴 것이다. 이는 부모님 집을 떠나면 더 이상 계승어를 전혀 사용하지 않는 대부분의 2세대 미국인의 운명이다. 이에 더하여, 공식적인 교육의 일환으로 제2언어를 배우도록 요구받는 많은 사람들 역시 학교를 졸업하면서 이를 말하거나 이해하는 능력을 급속도로 잃어버린다. 물론 이러한 지식의 잔재가 수십 년간 지속될 수도 있지만 말이다.[43]

그러므로 모국어가 아닌 언어의 능숙도에 따라 한쪽 극단에는 단일 언어 화자들이 있고, 다른 쪽 극단에는 두 개 이상의 언어를 완전히 능숙하게 사용하는 다중 언어 화자가 있는 연속선을 상상하는 것이 도움이 된다. 그러나 소위 균형 잡힌 이중언어 화자라고 해도 상황과 목적에 따라 자신의 언어들을 사용하는 경향이 있다. 아프리카나 아시아 대부분 지역에서 이러한 다중 언어 화자들은 집에서 한 언어를 사용하고 두 번째 언어는 학교나 일터에서, 심지어 세 번째 언어는 시장에서 사용한다. 그러나 어린 자식들에게 자장가를 불러주거나집 비협조적인 공급자와 협상을 하고일터 저녁 식사에 필요한 식재료를 구입하는 일시장들은 이들의 사회적·인지적 복잡성의 관점에서 사뭇 다르다.

게다가, 두 언어를 완벽하게 구사하는 능숙한 이중언어 화자의 경우라도 만약 이들이 한 언어를 한동안 사용하지 않았다면 그 언어에 대해 덜 유창하게 느낄 수도 있다. 이 책의 첫 번째 저자는 자신이 근무하는 대학 학과에 속해 있던 박사후 연구원의 사례를 기억한다. 그녀는 독일에서 왔고, 미국에서 박사 학위를 받았다. 몇 년을 미국에서 보낸 뒤, 잠시 고향을 방문했을 때 모국어를 말하려는 자신이 주저하고 있으며 혀가 굳는 느낌을 받았다고 한다. 그 경험은 끔찍했고, 실제로 그녀의 친구와 가족들이 자신이 미국에 가서 "바보가 되었다"고 결론지었다는 인상을 받아 안타까워했다. 모국어조차도 오랜 기간 동안 제2언어를 사용하느라 사용하지 않으면 무뎌질 수 있는 것이다.

또한 한 사람이 특정 시점에서 얼마나 많은 언어를 활발하게 구사할 수 있는지와 관련하여서는 인지적 한계가 있을 수도 있다. 세계에서 여러 언어를 구사하는 가장 뛰어난 사람들을 대상으로 한 설문조사에서 마이클 에러드 Michael Erard 는 여러 언어를 말할 수 있는 사람일지라도 최근에 사용하지 않았던 언어를 "재활성화"시키기 위해서는 시간이 필요하다고 인정하는 몇몇 사람들을 발견했다.[44]

이중언어 구사 결과는 발달 심리학에서 집중적으로 연구하였다. 이 분야 연구자들은 어린 시절 두 언어 이상에 노출된 어린이들은 단일 언어에만 노출된 집단에 비해 특정한 이점을 얻는다는 것을 발견했다. 하나의 예로, 이중언어 어린이 화자들은 억제 통제를 측정하는 과제에서 더 나은 수행을 보였다. 스테파니 칼슨 Stephanie Carlson 과 앤드류 멜츠오프 Andrew Meltzoff 는 유치원생인 이중언어 어린이 화자들을 대상으로 연구를 수행했는데, 한 언어만 사용하는 어린이들에 비해 "가라사대" 게임 옮긴이 주: 게임 진행자가 "가라사대"라는 말로 시작하는 행동 명령은 수행하면 안 되는 게임으로, 예를 들어, "가라사대 오른 손 들어"라고 하면 오른 손을 들면 안 된다. 을 더 잘 하는 것으로 나타났다.[45] 그러나 연구자들은 또한 이러한 이중언어 어린이 화자들은 특정한 언어 결함도 나타난다고 지적한다. 예를 들어 동일 연령의 단일 언어 화자에 비해 이중언어 어린이 화자들의 어휘 발달 속도가 느리다.[46] 이 결과가 특별히 놀라운 것은 아닌데, 이는 한 개념에 대해 두 배의 단어를 배워야 되기 때문이다.

한 사람이 두 개 이상의 언어를 습득할 수 있다. 그러나 습득한 언어들 중 하나를 말하는 공동체를 떠날 경우 그 언어 사용 능력을 잃어버릴 수도 있다. 이러한 언어 상실은 여러 언어를 말하는 경우 일반적으로 일어나는데, 다른 요인에 의해서도 이러한 언어 상실이 나타날 수 있다. 1881년에 프랑스의 심리학자 테오될 아르멍 리보 Théodule-Armand Ribot 는 더 최근에 배운 지식이나 기술은 예전에 습득한 것보다 더 많이 감퇴한다는 주장을 하였다. 리보의 법칙, 또는 회귀 가설이라고 불리는 이 현상은 역행성 기억상실증 환자의 회복 현상과 일치하는데, 예전 기억은 손상되지 않은 채로 남아 있지만, 더 최근 사건에 대한 기억은 손상된다는 것이다. 이중언어 화자들이 사용하는 언어에 대해서도 비슷한 방식으로 일반화할 수 있을까?

리보의 회귀 가설은 만약 어떤 사람이 실어증, 경도인지장애, 알츠하이머병과 같은 특정 인지 장애를 경험한다면, 나중에 습득한 언어일수록 더 손상될 위험이 크다고 예측한다. 이 가설과 일치하는 결과가 보고되었는데, 알츠하이머병을 가진 이중언어 화자는 자신의 우세 언어로 언어 과제를 수행할 때 과제 수행을 더 잘한다. 그러나 우세 언어로 과제를 수행하면 열세 언어로 하는 것보다 더 잘하는 것은 인지 장애를 겪지 않는 사람도 마찬가지이다.[47] 또한 카탈란어를 제1언어로, 스페인어를 제2언어로 사용하는 이중언어 화자들 중 경도인지장애나 알츠하이머병을 겪는 환자들을 오랜 시간동안 추적한 결과 두 언어에서 유사한 정도의 악화가 나타났다.[48] 이러한 연구 결과들로 볼 때, 가장 최근에 배운 언어가 가장 먼저 손실된다는 리보의 가설은 지지되지 않는 것 같다.[49]

이중언어 화자가 된다는 것은 어떤 기분일까? 한 차원에서는 두 언어를 구사한다는 것이 플루트를 연주하거나 콘트랙트 브리지와 같은 카드게임을 하는 등의 특정 기술을 가지고 있는 것, 혹은 유기화학이나 곤충학과 같은 특정 주제의 지식을 갖는 것과 크게 다르지 않을 수 있다. 이러한 능력과 지식은 실제 사용할 필요가 있기 전에는 잠재된 상태로 존재한다. 그리고 화학과 학생이나 플루트 연주자처럼 이중언어 화자들의 언어 능숙도 역시 수준이 다양하다.

또 다른 차원에서 어떤 이중언어 화자들은 자신이 언어를 바꿔 사용하면 마치 성격도 바뀌는 것 같다고 보고하기도 한다. 『두 언어로 사는 삶Life with two languages』이라는 고전적인 책에서 저자인 프랑수아 그로장 François Grosjean은 이러한 경우를 몇 가지 설명한다. 예를 들어, 프랑스어를 제1언어로, 영어를 제2언어로 사용하는 한 이중언어 화자는 "나는 내가 프랑스어를 사용할 때 더 공격적이고, 신랄하다는 것을 안다."고 주장했다. 그리스어를 제1언어로, 영어를 제2언어로 사용하는 이중언어 화자는 자신이 그리스어를 말하면 "불안한 어조로 다소 무례한 방식으로 더 빠르게 말한다."고 보고하였다. 러시아어를 제1언어로, 영어를 제2언어로 사용하는 한 사람은 자신이 러시아어로 이야기할 때는 "더 부드럽고 온순한 사람"처럼 느끼지만, 영어로 말할 때는 "더 냉혹하고 사무적인 사람"으로 느낀다고 말했다.[50] 이러한 예들을 통해 우리는 언어, 문화, 그리고 성격은 복잡한 방식으로 상호작용하는데 이는 전혀 예측할 수 없는 방식으로 일어난다는 것을 알 수 있으며, 또한 언어가 어떻게 나이에 관계없이 자기 지각에 영향을 줄 수 있는지를 강조할 수 있다.

이중언어 사용이 이롭다?

이중언어학을 연구하는 학자들은 두 개 이상의 언어를 구사하는 사람들이 한 언어만 구사하는 사람들에 비해 인지적 이로움이 있을 것이라고 오랫동안 가정해왔다. 이러한 이중언어의 이점은 더 나은 작업기억을 가진다거나 우월한 집행기능을 갖는 것과 같은 다양한 방식으로 나타날 수 있다. 그러나 이와 관련된 문제의 복잡성 때문에 이중언어 구사의 유익에 대한 명확한 결론을 도출하기가 어렵다.

첫째, 우리는 어린아이들이 가지고 있을 수 있는 이중언어 사용의 잠재적 이점과 젊은이들과 노인들을 위한 이중언어 사용의 효과를 구별할 필요가 있다. 예를 들어, 두 개 이상의 언어에 노출된 아이들이 얻을 수 있는 인지적 이로움은 나중에 커서는 그 효과가 줄어들 수도 있다. 게다가, 이중언어 어린이 화자와 단일언어 어린이 화자를 직접적으로 비교하는 것은 문제가 있을 수 있다. 왜냐하면 두 집단은 부모의 사회·경제적 지위나 교육 수준과 같은 차원이 체계적으로 다를 수 있기 때문이다.[51] 성인의 경우 역시 이중언어 화자와 단일언어 화자 사이의 비교는 아주 조심해야 한다. 왜냐하면, 많은 이중언어 화자들이 이민자들인데, 이들은 하나의 언어 공동체에서 살아가는 단일언어 화자들과는 삶의 방식이 상당히 다르기 때문이다. 또한 연구자들이 사용하는 인지 과제들 역시 문제가 될 수 있는데, 이는 연구자들끼리도 특정 과제가 해당 인지 과정을 정확하게 측정하고 있는지 일관된 결론에 이르지 못하기 때문이다.[52] 마지막으로, 이중언어 화자가 되기까지의 경로가 다양하고, 두 언어에 모두 비슷한 수준으로 능통한 사람은 아마도 예외적인 경우일 가능성이 크다.

이러한 주의사항을 염두에 두고, 이중언어 사용이 인지적 이점을 줄 수 있는 몇 가지 이유를 생각해보자. 이중언어 화자는 두 언어 사이를 빠르게 전환할 수 있는 능력을 가질 수 있으며, 때로는 한 문장 내에서도 이러한 전환이 가능하다. 소위 말해 이러한 코드 전환code switching 능력은 전반적인 인지 유연성과 통제 능력을 향상시킬 수 있다. 그러나 이러한 집행 통제 능력을 측정할 수 있는 다양한 과제를 사용한 잘 계획된 연구들에서는 단일언어 화자에 비해 이중언어 화자들이 더 나은 집행 통제 능력을 보인다는 결과가 나타나지는 않았다.[53]

이중언어 사용의 또 다른 잠재적인 이로움은 주의 통제 영역에서 나타날 수 있다. 연구자들은 이러한 능력을 보통 스트룹 과제를 사용하여 연구하는데, 이 과제는 1장에서 설명하였다. 참가자는 색 이름 단어가 무슨 색으로 쓰였는지 말해야 한다. 예를 들어, 빨간색 잉크로 인쇄된 초록이라는 단어에 대해서는 "빨강"이라고 반응해야 함 이 과제에서는 단어를 읽는 지배적 반응을 능동적으로 억제해야 한다. 이중언어 화자들은 한 언어를 사용할 때 다른 언어는 억제해야 하므로 스트룹 과제와 같은 주의 통제 능력을 측정하는 과제에서의 수행이 단일언어 화자보다 좋아야 한다. 그러나 역시 이러한 연구에서도 잘 통제된 실험 결과에 따르면, 이중언어 화자가 젊은이건 노인이건 간에 단일언어 화자에 비해 더 나은 수행을 보이는 것은 아니다.[54]

사실 이 분야의 초기 연구에서는 이중언어 화자들이 단일언어 화자들보다 더 우수한 집행 통제 능력을 지닌다는 결과를 지지하는 증거가 더 많았었는데, 이는 과학자들이 연구를 수행하고 그 결과를 학계에 보고하는 방식에서 그 이유를 찾을 수 있다는 것에 주목해야 한다. 일반적으로 두 집단에 중요한 차이가 있다는 것을 밝히는 실험은 그 차이를 발견하지 못하는 실험에 비해 출판이 될 가능성이 더 높다. 그리고 이 주제에 대한 학술회의의 연구 결과는 학술 잡지에 출판된 연구결과와 비교하여 두 집단의 차이가 유의미하지 않고 다소 비일관적인 결과를 보였다. 따라서 이중언어 사용의 추정된 이점은 출판 편향의 결과일 수 있다.[55] 물론 이러한 결론에 의문을 제기하는 연구자들도 존재한다.[56]

이중언어의 장점은 특정 집단과 관련된 특정 맥락에서 나타날 수 있다. 예를 들어, 브룩 맥나마라 Brooke Mcnamara 와 앤드류 콘웨이 Andrew Conway 가 수행한 연구에서는 미국 수화를 듣는 학생들이 2년간의 연구 과정을 거치면서 인지 통제와 작업기억이 더 좋아진 것을 발견했다. 이 연구자들은 이러한 능력의 향상이 동시 해석을 통해 이루어졌다고 가정했는데, 이는 언어 이해와 산출뿐만 아니라 두 언어 사이의 빈번한 전환 요구를 저울질하는 능력을 요구한다.[57]

두 언어에 동시에 노출되면서 성장하는 것은 제2언어에 뒤늦게 노출되는 경우와는 근본적으로 다르다. 아주 어렸을 때 영어와 스페인어, 혹은 영어와 중국어를 함께 배운 이중언어 화자들은 단일언어 화자들에 비해 새로운 단어와 그 의미를 더 잘 배우고 기억하는 것으로 나타났다.[58]

그렇다면 늦게 제2언어를 배우는 것은 어떤가? 청년이나 중년에 모국어가 아닌 언어를 배우는 것이 이롭다고 말할 수 있는 증거가 있는가? 이 생각은 직관적인 측면이 있는데, 뇌는 근육과 같아서 그 명민함을 유지하기 위해서는 계속 사용해야 한다는 더 큰 문화적 신념과 관련이 있다. 이러한 "용불용설"이라는 가르침은 "두뇌 훈련" 사업의 엄청난 성장을 촉진시켰다. 만약 휴대폰 애플리케이션에서 인지 과제나 기억 과제를 수행하는 것이 이론적으로 인지 감퇴나 치매를 막을 수 있다면 다른 언어를 배우는 것은 확실히 더 큰 인지적 이로움을 제공해야만 한다.

이러한 추론이 설득력 있어 보일지 모르지만, 실제 증거는 이 추론과는 조금 다른 것 같다. 두뇌 훈련 요법의 효과에 대한 연구를 면밀히 분석한 결과 다음의 세 가지 주요한 결론을 얻을 수 있었다. 첫째, 그리 놀랍지 않은 결론은 두뇌 훈련에 사용되는 과제 수행은 훈련을 할수록 더 발달한다는 것이다. 다시 말하면, 당신의 어머님 말씀이 옳았다: 연습은 완벽을 만든다. 단어 찾기를 연습하면 단어 찾기를 더 잘 할 수 있다. 반면 연구자들은 이러한 연습 효과가 유사한 과제에도 전이될 수 있는지를 알아보았는데, 두뇌 훈련의 효과가 전이된다는 증거는 거의 찾을 수 없었다. 마지막으로 이러한 훈련이 전반적인 인지 수행을 향상시킨다는 증거도 사실상 발견하지 못했다.[59]

게다가, 대중 매체에 소개되는 이중언어 사용이 두뇌에 미치는 긍정적 효과에 대한 대부분의 연구에는 중요한 세부 사항들이 빠져 있다. 바로 이중언어의 이로움을 연구하는 과학자들은 아주 어렸을 때부터 이중언어를 사용하며 일상생활에서 규칙적으로 두 언어를 사용하는 사람들을 주로 연구한다는 점이다.[60] 50대나 60대에 제2언어를 배우는 것은 인생의 대부분을 이중언어 화자로 살아온 사람들이 얻는 것과 동일한 인지적 이로움을 제공하지 않을 수도 있다. 그러나 이것이 절대로 늦은 나이에 제2언어를 배울 필요가 없다는 것을 의미하지는 않는다. 인생의 후반부에 제2언어를 배워야 할 이유는 차고도 넘친다. 일반적인 믿음과는 반대로, 나이 든 어른들도 제2언어를 아주 성공적으로 배울 수 있다.[61] 제2언어를 배우는 일, 심지어 나이 들어서 배우는 것은 그 사람의 문화적 지평을 넓히고 더 다양한 직업의 기회를 갖게 하며,[62] 심지어 더 공감을 잘하는 사람으로 만들어줄 수 있다.[63] 그러나 인지 감퇴를 막는 수단으로써 다른 언어를 배우는 것은 현재까지는 큰 효과가 없는 것으로 알려져 있다.

글쓰기의
이로움

글쓰기의
이로움

언어를 통한 치유

인생을 살면서 사람들은 자신에게 오랜 시간 동안 부정적인 영향을 미치는 외상 사건들을 경험한다. 전형적인 예가 바로 외상 후 스트레스 장애Post-traumatic stress disorder 인데, 이는 이전의 외상 사건과 연관된 원하지 않는 고통스러운 생각과 감정을 경험하는 정신 장애이다. 이러한 생각과 감정은 수년 이상 지속될 수 있으며 어떤 경우에는 사람을 쇠약하게 만든다. 외상의 결과로 생기는 조금은 덜 알려진 장애로는 복합 비애 장애Complicated grief disorder 가 있다. 이 장애는 일반적으로 가족의 사망 때문에 생긴다. 물론 대부분의 사람들에게 사랑하는 사람의 죽음이란 심각한 부정적 영향을 주지만, 특히 이 장애를 겪는 사람들은 상실 이후 아주 오랫동안 높은 수준의 고통을 경험한다.

심리치료의 근본적인 가정은 고통스러운 경험에 대해 이야기하는 것이 삶의 질의 향상으로 이어질 수 있다는 것이다. 그러나 심리치료는 비싸고 시간도 오래 걸린다. 그렇다면 외상 사건에 대해서 단순히 글을 쓰는 것만으로도 도움이 될 수 있을까? 텍사스 대학의 심리학자인 제임스

페니베이커 James Pennebaker 와 그의 동료들은 이 질문에 대한 답을 구하기 위해 일련의 연구를 수행하였다. 이들의 연구에 참여한 학부생들은 자신이 지금까지 경험한 가장 화나고 충격적인 사건에 대해 글을 썼고, 그 사건에 대해 자신이 갖고 있는 생각과 느낌을 표현하였다. 통제 집단에 속한 참여자들은 그날의 남은 시간 동안의 계획과 같은 특정 주제를 주고 이에 대해 글을 썼다. 두 집단은 모두 4일 연속 하루에 딱 20분씩만 글을 썼다. 대학 생활에서의 외로움이나 교제하고 있는 파트너와의 갈등과 같은 외상 사건에 대해 글을 쓴 집단의 참여자들이 통제 집단의 참여자들에 비해 글을 쓴 직후에는 더 높은 수준의 주관적 스트레스를 보고했던 것은 아마도 예상할 수 있었던 결과일 것이다. 흥미로운 것은, 이 실험 참여 후 3개월이 지나서는 외상 사건에 대해서 글을 쓴 사람들이 통제집단에 비해 더 행복하다고 보고하였다. 또한, 이 연구팀은 외상 사건에 대해 글을 쓴 학생들이 통제 집단에 비해 글을 쓴 이후 덜 아팠고, 학교 안의 학생상담센터에도 더 많이 방문했던 것을 관찰하였다. 심지어 생리적인 변화도 나타났는데, 혈액검사 결과, 세포 면역 기능에 대한 두 가지 측정치가 개선되었다.[1]

실제로 추후 연구에서 외상 사건에 대해 글을 쓰거나 이야기를 하는 것은 많은 긍정적 결과로 이어진다는 것이 밝혀졌다. 몇몇 다른 연구들은 또한 외상 사건 글쓰기 이후 병원에 가는 횟수도 줄어든 것을 관찰하였다. 게다가, 세포의 면역 기능 이외에도 다른 몇 가지 생리적 건강 지표 역시 개선되었다는 것을 연구자들은 보고하기도 했다. 성적이 향상되고, 실직 후 새로운 직장을 잘 찾고, 회사 결근 일수도 줄어들었다.[2] 정서적으로 고통스러운 경험에 대해 글을 쓰는 것은 류마티스성 관절염이나 천식으로 고생하는 환자들도 개선시킨다는 보고가 있을 정도이다.[3]

물론 대학생들이 겪는 외로움이나 청소년기 관계의 문제는 외상 후 스트레스 장애나 복합 비애 장애로 발전할 수 있는 외상의 암울한 그림자 정도뿐이라고 주장할 수도 있다. 그러나 페니베이커는 1980년대 달라스 지역에 살던 홀로코스트의 생존자들을 대상으로 인터뷰를 수행했다. 그는 이들 대다수가 어느 누구와도 그들이 경험한 이 끔찍한 사건에 대해서 이야기하지 않았다는 것을 발견했다. 그 이유는 이들이 이 사건을 잊고 싶었기 때문이었을 수도 있고, 어느 누구도 자신을 이해하지 못할 것이라고 생각했기 때문이었을 수도 있다. 이 연구에서 60명 이상의 생존자들과 1시간에서 2시간에 걸친 정서적 부담이 큰 인터뷰를 진행했는데, 이 내용을 녹화하면서 각 면접자들의 심장 박동률과 피부전도반응 땀이 얼마나 나는지를 측정하는 것이며, 이는 보통 생리적 각성 정도의 측정치로 사용된다. 즉 이 수치가 높다는 것은 강한 정서적 상태와 관련된다. 을 측정하였다. 이러한 생리적 측정치와 인터뷰 내용의 외상 사건의 정도에 기반하여 연구자들은 각 생존자를 저수준, 중수준, 고수준 자기공개 집단으로 분류하였다. 고수준 자기공개자들은 자신의 고통스러운 사건을 묘사할 때도 생리적으로 이완된 채로 있었지만, 저수준 집단의 생존자들은 인터뷰 동안 긴장의 신호를 나타냈다. 인터뷰 후 14개월이 지나서 연구자들은 이 생존자들에게 다시 연락하여 추후 조사를 한 결과, 고수준과 중수준의 자기공개 집단의 생존자들은 인터뷰에 참여하기 전에 비해 더 건강해진 것을 발견하였다. 그러나 저수준 자기공개 집단의 생존자들은 인터뷰 후 1년 동안 아파서 병원에 간 횟수가 이전보다 더 많았다.[4]

　　페니베이커와 동료들의 다른 연구 결과는 특정 유형의 단어가 외상 경험에 대한 글쓰기의 이로움을 가져온다고 제안한다. 이 연구들은 연구 참여자들이 '화난', '잘못된', '슬픈'과 같은 부정적 정서 단어에 비해 '행복한', '기쁜', '우아한'과 같은 긍정적 정서 단어를 더 많이 썼을 때 정신과 신체의 건강이 개선된다고 제안한다. 긍정적 정서 단어들보다는 보편적 효과를 보이지 못했지만, 긍정적 효과를 보인 단어 범주도 있다. '보다', '이해하다', '깨닫다'와 같은 통찰과 연관된 단어들이라든지, '추론하다', '따라서', '왜냐하면'과 같이 인과적 관계와 연관된 단어들이 신체적 건강을 향상시켰다. 그런데 이 단어들은 심리적 건강과는 큰 관계가 없었다.[5]

이러한 종류의 연구가 유의미하기 위해서는 중요한 요건이 필요하다. 사람들이 자신의 외상 사건에 대해 말하거나 글을 쓰는 것이 가장 이로울 때는 그 경험에 대한 이야기 구조를 만들어내기 위한 언어를 사용할 때이다. 달리 말하면, 외상 경험에 대해 글을 쓰거나 말할 때 이를 단순히 파편적인 경험이나 지각의 패턴이 아니라 의미 있는 이야기로 인식해야 한다는 것이다. 대학생들에게 자신의 삶에서 생긴 외상 사건을 응집성 있는 이야기로 써달라고 요청하자, 그저 단편적인 목록의 형태로 기술한 집단의 학생들에 비해 그 후 병치레를 덜 하는 것으로 보고하였다.[6] 다른 연구들도 응집성 있는 서사 구조를 만들어내는 것의 중요성을 되풀이하여 보여주었다.[7]

그러나 외상 사건에 대한 글쓰기를 마치 마법과 같은 치료법으로 간주하는 것은 잘못된 것이다. 페니베이커 자신도 외상 사건에 대한 글을 사건 직후에 쓴다면 어떤 유익도 없을 수 있다는 점을 지적하였다. 그리고 과도한 일기 등을 통해 부정적인 사건에 대한 글을 너무 많이 쓰는 것은 실제로 해로울 수 있다. 계속 그 사건을 반추하게 되는데, 이는 불안이나 우울 증상을 더 심화시킬 수 있다.[8]

삶을 돌아보는 기술, 회고

당신은 미래를 내다보며 점들을 연결할 수는 없습니다. 단지 과거로부터 존재하는 점들만 연결할 수 있지요. 그러니까 지금 그리는 점들이 여러분의 미래에는 어떻게든 연결될 것이라는 신뢰를 가지세요. 그것이 여러분의 직감이든, 운명이든, 인생이든, 업보든, 그 무엇이든 간에 말입니다.

– 스티브 잡스 Steve Jobs, 2005

애플의 창업자 스티브 잡스는 스탠퍼드 대학 졸업식에서 이 유명한 연설을 하였다.[9] 그는 새로운 인생의 출발선에 선 젊은이들에게 이 말들을 해주었다. 그러나 인생이라는 여정의 다른 쪽 극단에서는 잡스가 이야기하지 않았던 무엇인가에 대해 생각해보는 것이 중요하다. 바로 지나온 인생에서 연결되지 않았던 점들이 무엇이었는지 되돌아보는 것이다.

이전 절에서 봤듯이, 외상 사건에 대해 이야기하거나 글을 쓰는 것은 건강에 긍정적인 영향을 준다. 그러나 여기서 한 가지 문제가 있다. 아니, 실제로는 두 가지이다. 첫째, 외상 사건이 있은 후 일정 시간이 흘렀을 때가 가장 좋고, 둘째, 그 사건은 유기적이고 의미 있는 이야기 구조의 형태로 전달되어야 한다는 것이다.

에릭 에릭슨Erik Erikson은 인생의 마지막이 다가옴에 따른 자연스러운 결과 중 하나는 자신의 인생을 회고하고 이해하려는 욕구라고 이야기한다.[10] 에릭슨은 우리가 태어나서 죽을 때까지의 전 생애를 여덟 개의 발달 단계로 나누었다. 그의 이론에 따르면 각 단계에서 개인은 위기에 직면한다. 각 단계의 위기는 해당 시기의 정체성 형성의 가장 현저한 측면과 연결되어 있다. 나이를 먹어가면서 한 단계의 위기를 성공적으로 해결함으로써 다음 단계의 위기에 대처할 수 있는 준비를 할 수 있다. 에릭슨에게 있어서 자아 정체성의 발달은 전 생애에 걸쳐 일어나는 과정인데, 이때 서로 다른 능력은 서로 다른 기회를 이용하여 성격을 발달시켜 끊임없이 새로운 조합을 가진 성숙한 구성요소를 가지게 된다.[11]

유아기로부터 30대에 이르는 첫 6단계의 위기는 각각 신뢰, 자율성, 주도성, 근면성, 정체성, 그리고 친밀감과 관련된 투쟁에 중점을 둔다. 이러한 위기가 어떻게 해결되느냐에 관계없이, 40, 50, 60대 어른들은 이제 어떻게 다른 사람들에게 돌려주고, 미래 세대를 양육할 것인가로 관심을 돌린다. 에릭슨은 이 투쟁을 생산성과 침체성 사이의 투쟁으로 개념화하였다. 비록 이것이 종종 자녀 양육이나 부모나 조부모의 지도로 표현되기도 하지만, 이 단계의 목표는 더 광범위하게 적용되기도 한다. 이 시점에서 남성과 여성은 자신의 유산과 자신의 삶의 방향을 재평가하기 시작한다. 어떤 사람들은 이전에 수립한 목표에 대해 재고하고 목표를 관철하는 데 있어 새로운 힘과 에너지를 찾을 수 있을 것이다. 다른 이들은 자신의 삶에 변화를 주어 새로운 방향으로 이끌 수도 있다.

대부분의 사람들에게 이러한 재평가를 중년의 위기라고 부르는 것은 극적인 과정일는지도 모른다. 그러나 확실히 그러한 재평가는 중년기에 일어나기 쉽다. 긍정적인 가치를 모델링하는 방법으로서 생산성을 사용하지 못하면 다음 세대에 대한 탐욕과 이기심의 본보기가 된다.[12] 그리고 생산성을 실현하는 열쇠는 바로 언어이다. 멘토링, 지도, 양육, 가르침은 사람들이 생산성을 실현하기 위해 언어를 사용하는 방법들 중 일부이다.

개인이 생산성을 얻는 방법을 이해하고 난 후에는 자기 자신의 죽음에 대해 더 많이 생각하기 시작한다. 이 새로운 단계는 일반적으로 약 65세, 은퇴를 한 후부터 시작된다. 자신의 인생을 온전하고 완전하게 바라보는 개인은 자신에게 남은 시간의 대부분을 잘 활용하며 평온하게 죽음을 맞이할 수 있다. 자신의 인생을 되돌아보았을 때 가치 있는 것을 성취해내지 못했다고 느끼면 이 상태로 결국 죽게 되는 것에 대해 우울감과 절망을 느끼게 된다. 통합과 절망 사이의 위기에 대한 에릭슨의 생각에 기초하여 로버트 버틀러 Robert Butler 는 사람들이 화해와 평화, 삶의 만족감과 권한 위임을 이끌어내는 방식을 성찰하는 것을 돕기 위해 인생 회고 요법 life review therapy 이라는 치료기법을 창시했다.[13, 14, 15]

한 사람의 인생을 잘 통합하도록 돕는 기법으로 인생 회고 요법만 있는 것은 아니다. 예를 들어, 유도된 자서전 쓰기 GAB: Guided Autobiography 프로그램은 인생에 대한 검토를 구조화된 방식으로 진행하는데, 보통 집단을 이루어 진행한다.[16] 이 프로그램에서 사람들은 특정 주제들과 관련된 인생의 사건에 대한 기억을 글로 쓴다. 그리고 이들은 이 기억을 작은 집단 속의 다른 사람들과 공유한다. 이러한 종류의 회고를 통해 우리는 내가 누구인지, 어디에 있었는지, 그리고 미래에 어디로 갈지에 대해 더 깊은 이해로 나아갈 수 있다.[17]

그러나 잃어버린 시간을 모두 찾는 것이 곧 과거를 효과적으로 기억하는 것은 아니다. 적응적 유형의 회고와 부적응적 유형의 회고를 분류하기 위해 폴 웡 Paul Wong 과 리사 와트 Lisa Watt 는 회고의 분류법을 만들었다.[18] 물론 이것이 회고를 분류하는 유일한 방법은 아니지만,[19] 이들이 만든 분류법은 언어가 과거의 설명을 통해 현실의 삶에 중요한 영향을 주도록 만드는 도구라는 것을 보여준다는 측면에서 이 책의 목적과 맞는다.

웡과 와트가 제시한 여섯 가지 유형의 회고 중에서 '통합적 회고'라고 불리는 범주가 에릭슨의 목표나 인생 검토 요법, 그리고 유도된 자서전 쓰기 프로그램과 가장 밀접하게 맞물려 있다. 통합적 회고는 한 사람의 인생의 중요한 궤적을 이해하기 위해 실패와 실망을 극복하는 것과 관련되어 있다. 인생의 회고를 통해 과거의 부정적 감정을 해결할 수 있게 되면 성공적인 노화에 기여할 수 있게 된다.[20] 통합적 회고는 또한 사람들이 자기 자신의 가치 체계에 따라 자신의 삶을 살아온 방식을 이해할 수 있도록 돕는다. 통합적 회고를 통해, 일이 항상 계획대로 되는 것은 아니었을지라도 자신의 삶이 어떻게 일관성과 의미와 목적을 가지고 있는지 이해할 수 있다.

두 번째 유형의 유용한 회고는 '도구적 회고'인데, 이는 사람들이 과거의 경험으로부터 현재의 상황을 극복할 수 있게 만든다. 특별히 힘들었던 과거 시간을 기억하고 그 어려움을 극복하기 위해 무엇이 필요했는지를 생각함으로써 회복탄력성을 키울 수 있다. 그러므로 대처 전략으로서의 도구적 회상을 연습하는 것은 60대보다 훨씬 더 이전에 발달시킬 가치가 있는 기술이다.

실질적인 목표가 있는 도구적 회고와는 달리 '전승적 회고'는 노인이 자신의 삶과 이를 통한 교훈을 젊은이들에게 말해 줄 때 일어난다. 보통 이러한 전승적 회고는 교훈이나 지도를 해야 할 때 나타난다. 에릭슨의 관점에서는 전승적 회고는 생산적이다. 스승은 종종 전승적 회고를 통해 자신의 제자들을 돕는다. 한 사람의 과거 경험이 미래에 다른 사람들에게 도움이 될 수 있다는 것을 이해하면 이는 큰 만족감을 줄 수 있다.

'이야기식 회고'도 나타나는데, 이는 누군가에게 과거 사건에 대한 이야기를 할 때 일어난다. 그러나 여기서는 과거 사건을 통합하거나 문제를 해결하거나 가르치려는 의도가 없다. 그렇다 하더라도, 이런 종류의 회고가 건강에 해로운 것은 아니다. 아이들은 자신의 부모나 조부모의 이야기를 듣는 것을 거의 말하는 것만큼이나 좋아한다. 이러한 이야기들은 흥미롭고, 화자와 청자가 역사를 공유하고 있다는 생각에 유대감을 갖게 도와준다. 그럼에도 불구하고, 이러한 회고는 해롭지는 않지만, 과거의 사건을 단지 말하는 것은 힘든 일이 마무리 된다거나 해결된다는 느낌을 갖게 만들지는 않는다.

그러나 회고가 현재를 폄하하기 위한 방법으로써 과거를 미화하는 형태를 취하면 추억에만 의존하는 현실도피자가 된다. 물론 과거로 도피하는 것이 현실의 부담으로부터 벗어나 안도감을 줄 때가 있을 수도 있다. 그러나 과도하게 과거로 도피하면 현실을 효과적으로 대처하지 못할 수 있다. 빌리 와일더(Billy Wilder)가 연출한 영화 〈선셋 대로(Sunset Boulevard, 옮긴이 주: 1950년 개봉한 할리우드 영화로 아카데미 각본상 등을 수상한 수작)〉의 주인공 노마 데스몬드(Norma Desmond, 옮긴이 주: 글로리아 스완슨(Gloria Swanson)이 연기했는데, 한 잊힌 무성영화 여배우가 과거의 영광에 집착하는 비극적 이야기를 잘 보여줌)를 생각해보라.

설상가상으로, 이해하려는 시도도 없이 부정적 과거 사건을 계속 반추하는 것은 절망의 정의라고 볼 수 있다. 이러한 강박적 회고는 단지 개인에게 죄책감과 무력감만을 느끼게 만드는 기억을 계속 되뇌는 것을 말한다. 이러한 회상을 궁극적으로 해결되지 않은 채로 내버려두면 파괴적이 될 뿐이다.[21]

자신의 삶을 효과적으로 돌아보는 기술은 우리에게 어떻게 과거 경험을 언어를 통해 표현하여 의미 있는 통합을 촉진시킬 수 있는지를 가르쳐준다. 이것은 사람들이 해결되지 않은 문제를 받아들이고 자신의 삶을 과거와 다시 연결시키도록 돕는다. 그러나 이러한 인생의 회고가 반드시 인생의 끝이 될 필요는 없다.

1990년대 에릭슨의 아내 조안Joan은 에릭슨이 죽은 후 그의 이론에 한 가지 단계를 더 추가하였다. 그냥 9단계라고 불리는 이 단계에서는 앞선 8개 단계의 각 위기를 한꺼번에 다시 경험한다. 80대나 90대의 노인들은 더 이상 자신의 능력을 신뢰하지 않으며, 자율성이나 목적성 그리고 평생을 걸쳐 발전시킨 역량의 상실을 경험한다. 이렇게 위기를 다시 경험하는 것은 더 심각한 정체성의 혼란, 고립감, 쓸모없음, 그리고 절망을 초래한다. 즉, 이 9단계의 위기는 본질적으로 실존적이다. 적절하게, 그리고 성공적으로 이 위기를 해결하는 것은 물리적인 측면을 넘어서 초월적인 영역으로 나아가는 것과 관련된다.[22]

늦게 꽃 피우는 글쓰기 능력

그 책에 대한 우리의 종합 의견은 전적으로 반대이다. 너무 길고, 다소 구식이다. 고래에 대한 이야기일 필요가 있을까?

– 허만 멜빌Herman Melville의 『백경Moby-Dick』 원고에 대한 한 출판사의 출판 거부 편지로부터

계속 끼적여 보세요! 무슨 일이든 일어날 것입니다.

– 프랑크 맥코트Frank McCourt, 1930–2009

문학계는 평론가들의 호평을 받은 자신의 첫 작품으로 일찍이 명성을 얻은 작가들로 가득하다. 예를 들어, 브렛 이스턴 엘리스Bret Easton Ellis는 1985년 『회색도시Less Than Zero』를 출판하였을 때가 겨우 21세였고, 스콧 피츠제럴드Scott Fitzgerald는 1920년 『낙원의 이쪽This Side of Paradise』을 출판할 당시 나이가 23세였다. 이렇게 젊은 나이에 명성을 얻은 다른 소설가들로는 『다른 목소리, 다른 방Other Voices, Other Rooms』을 쓴 트루먼 카포

트 Truman Capote, 당시 23세, 『하얀 이빨White Teeth』을 쓴 제이디 스미스Zadie Smith, 당시 24세, 그리고 『벌거벗은 자와 죽은 자The Naked and the Dead』를 쓴 노먼 메일러Norman Mailer, 당시 25세 등이 있다. 이렇게 젊은 시절부터 천재적인 재능을 드러내는 작가들은 현 시대에만 있었던 것은 아니다. 피츠제럴드보다 한 세기 전에도 메리 셸리Mary Shelley 가 1818년 『프랑켄슈타인Frankenstein』을 발표했을 당시가 겨우 20세였고, 그보다 100여 년 전에는 알렉산더 포프Alexander Pope 가 1712년 초판이 나온 『머리 타래의 강탈The Rape of the Lock』을 당시 24세에 발표하였다.

위와 같은 예들을 바탕으로 문학적 능력은 그저 타고나야 한다고 주장할 수도 있다. 이러한 주장은 14세부터 소설을 쓰기 시작하여 22세에 스스로 『거리의 여인 매기Maggie: A Girl of the Streets』라는 책을 출판한 신동 스테판 크레인Stephen Crane 같은 신동의 예를 통해 더욱 힘을 얻는다. 더욱 인상적인 것은, 불과 2년 후에 군 복무를 해보지도 않았음에도 불구하고 남북전쟁의 전투를 실감나게 묘사한 『붉은 무공훈장The Red Badge of Courage』을 출판하였다. 헬렌 켈러Helen Keller 는 유아기부터 앞을 보지도 듣지도 못했음에도 불구하고 자신이 22세 때 자서전, 『나의 이야기The Story of My Life』를 썼다. 그녀는 일생 동안 11권의 책을 더 썼다.

이와 같은 젊은 작가들의 업적은 인상적이다. 그러나 이렇게 일찍 등단하는 것이 전형적인 일일까? 2010년 토론토 소재 창의 및 공연 예술학교에서는 작가들이 첫 번째 책을 출판하는 평균 연령이 얼마인지를 조사하였다. 일단 학자들은 조사에서 제외되었고, 자체 출판이나 온라인 출판이 아닌, 전통적인 출판사에서 본인의 첫 작품을 출판한 작가들만 조사에 포함되었다. 설문 조사는 약 1,500명의 작가들에게 배포되었고, 그중 475명이 응답하였다. 응답을 분석한 결과, 첫 작품 출판 시 작가들의 평균 나이는 42세였다.[23] 다시 말하면, 자신의 첫 책에 대한 출판 계약을 한 작가들은 아마도 그 책이 출판되기 전 약 20년 동안 전업이든 부업이든 글을 써왔을 것이다. 이것은 성공적인 작가가 되기 위해 태어날 때부터 뮤즈 Muse, 옮긴이 주: 시, 음악, 예술 등을 관장하는 이홉 여신들 중 하나 의 키스를 받아야만 할 필요가 없다는 것을 보여준다. 이는 또한 전문성의 발달에 관한 최근 연구 결과와도 일치하는데, 성공은 타고난 재능의 문제라기보다는 수년간의 꾸준한 연습의 결과라는 것이다.[24]

사실 우리는 연령 스펙트럼의 다른 극단에서 작가로서 성공한 많은 예시들을 열거할 수 있다. "대기만성 late bloomer"이라는 표현은 종종 영재성과는 거리가 먼 사람들에게 적용될 수 있으며, 주목할 만한 업적은 경력 후반부보다는 초기에 나타나는 것이 더 일반적이라는 문화적 기대가 있다는 것을 반영한다. 옥스퍼드 영어 사전에 따르면 이 용어는 원래 여름이나 초가을처럼 상대적으로 늦게 꽃을 피우는 노랑 데이지 꽃과 같은 식물을 가리키기 위해 사용되었다고 한다. 1921년에야 영국의 심리학자 찰스 스피어만 Charles Spearman 이 아동의 지적 능력을 비유적으로 표현하기 위해 이 용어를 사용하였다. 그리고 대기만성이라는 표현이야말로 겉으로 보기에 방향성 없어 보이는 자녀들을 바라보는 많은 부모들의 비밀스런 희망이었다.

실제로 작가들은 젊었을 때 다양한 다른 직업을 추구한 후, 인생의 후반부에 글쓰기를 시작한다. 그리고 몇몇 작가들은 별로 성공적이지 않은 작품들만 계속 쓰다가 내로라하는 작품을 쓰게 되는 경우도 있다. 브람 스토커 Bram Stoker 는 더블린 시의 공무원으로 일하면서 연극 평론가로서 글을 쓰기 시작하며 단편 소설들과 논픽션을 집필했다. 그는 40대에 『뱀의 길 The Snake's Pass, 1890』이나 『샤스타의 어깨 The Shoulders of Shasta, 1895』와 같은 몇 편의 소설들을 썼는데 그리 성공적이지는 못하였다. 그를 유명하게 만든 고딕풍의 공포 소설인 『드라큘라 Dracula』는 그가 50세가 된 1897

년에야 비로소 세상에 나왔다. 안나 슈얼 Anna Sewell 은 자신의 첫 번째이 자 유일한 소설인『블랙 뷰티 Black Beauty』를 50대 동안 썼고, 그녀가 58세 의 나이로 죽기 몇 달 전인 1877년에 출판되었다.

늦게 꽃을 피운 작가들 중 또 하나의 인상적인 예로는 영국에서 공무 원으로 일했던 리차드 아담스 Richard Adams 가 있다. 그는 자동차 여행 중에 자녀들에게 한 무리의 말하는 토끼들에 대한 이야기를 해주었다. 아이들 은 아빠에게 그 이야기를 책으로 쓰도록 격려해주었고, 그 결과『워터십 다운 Watership Down』이라는 책으로 1972년 출판되었는데, 이때 아담스의 나 이가 52세였다. 아일랜드계 미국인 작가인 프랭크 맥코트 Frank McCourt 는 원래 교사로 일하고 있었다. 그는 리머릭에서 보냈던 자신의 가난했던 어 린 시절에 대해 아내에게 이야기했는데, 그의 아내는 그 이야기를 책으로 쓰도록 격려했다. 결국 그 이야기는 맥코트가 66세에『안젤라의 재 Angela' s Ashes』라는 제목의 책으로 출판되었다. 이 회고록으로 맥코트는 1997년 에 퓰리처상을 수상했다.

역사적으로 많은 베스트셀러 작가들은 여러 번 출판사들로부터 거절 을 당한 끝에 꽃을 피웠다. 역사상 가장 빨리 팔려나간 책들 중 하나가 된『워터십 다운 Watership Down』은 출판 허가를 받기 전 네 군데 출판사와 세 곳의 출판 저작권 회사로부터 출판을 거부당했다. J. K. 롤링 Rowling 의 에이전시 역시 열두 곳의 출판사로부터 거절을 당했는데, 해리 포터 Harry Potter 라는 소년 마법사에 대한 책을 펴내려는 모험을 감당하려는 출판사 가 없었던 것이다. 스테판 킹 Stephen King 이나 존 그리샴 John Grisham 과 같 은 작가들도 자신들의 첫 데뷔 소설은 수십 군데의 출판사와 출판 저작권 회사로부터 거부당했다. 글쓰기를 계속했던 치과의사인 제인 그레이 Zane Grey 도 한때는 "작가가 될 일이 없으니, 글쓰기를 포기해야 된다."라는 말 을 들은 것으로 알려져 있다. 미국의 또 다른 작가인 루이스 라모르 Louis L'

Amour 도 자신의 책을 펴낼 출판사를 찾기 위해 200통의 거절 편지를 받아야만 했다. 그레이와 라모르 둘 다 서부 개척 시대에 관한 수십 편의 소설을 계속 출판했고, 수억 권의 책들이 팔려나갔다. 애거사 크리스티 Agatha Christie 역시 첫 번째 성공을 경험하기 전까지 5년간의 거절을 견디어야 했다. 결국 그녀는 역사상 최고의 베스트셀러 작가가 되었다. 그러나 순전히 투지만 놓고 보자면 잭 런던 Jack London 을 능가할 수 있는 작가는 없다. 샌프란시스코에 있는 그의 집에는 하나의 소설로 출판되기 전 무려 600회의 거절을 당했던 원고들 중 많은 부분들을 보존해오고 있다.[25]

마지막으로, 몇몇 작가들은 늦게 꽃피웠지만 엄청나게 많은 작품을 남겼다. 영국의 작가인 테드 올베리 Ted Allbeury 가 좋은 예일 것이다. 그의 삶 자체가 한 편의 소설, 아니 아마도 몇 편의 소설과도 같다. 그는 정보 장교로 복무하며 낙하산을 통해 2차 세계대전 중 독일의 나치 군대에 침투하였다. 이런 방식으로 독일군에 침투한 유일한 영국의 비밀 요원으로 여겨진다. 냉전 기간 동안에는 동독과 서독의 국경 주변에서 비밀 요원 관련 임무를 수행했고, 소련의 KGB에 잡혀 고문을 당했다. 냉전기가 끝난 후에는 자신의 광고 대행사를 경영하였으며, 그 후에는 무허가 라디오 방송국의 임원으로 일하기도 하였다.[26] 그래서 그가 글을 쓰기로 결심한 50대 초반에는 글로 표현할 수많은 글감들을 가지고 있었다. 비록 그가 자신과 동시대를 걸어간 작가들인 존 르 카레 John le Carré 나 잭 히긴스 Jack Higgins 와 같은 명성을 얻지는 못했지만, 오랜 시간 동안 올베리는 영국에서 가장 유명한 스파이 소설 작가들 중 하나로 기억되고 있다. 그의 첫 소설 『적들의 선택 A Choice of Enemies』이 1972년 출판된 후 21년간 올베리는 41편의 소설을 발표했다. 이중 대부분은 자신의 이름으로 펴냈고, 두 개의 필명으로 낸 작품도 있었다. 작품 활동이 가장 활발했던 1980년대 초기에는 일 년에 네 편의 소설을 출판했으며 80대 초반까지도 작품 활동을 계속하였다. 그의 마지막 작품은 2000년도에 나왔다. 올베리가 20대 초반부터 소설을 쓰기 시작했다고 해도 이토록 한 가지 장르에서 다작을 했을 가능성은 거의 없었을 것이다. 그가 글쓰기를 인생 후반부에 시작했기 때문에 자신의 풍부한 경험을 소설 창작에 녹여낼 수 있었다. 다작을 하는 것은 확실히 문학적 성공을 이루는 데 중요한 부분이다. 하지만 이것은 작가가 글감이 많을 때 가능한 일일 것이다.

글쓰기의 어려움, 집필자 장애

> 글쓰기는 쉽다. 당신이 할 일은 그저 백지 한 장 위에 이마에 맺힌 핏방울이 떨어지는 것을 지켜보는 것뿐이다.
>
> – 진 파울러Gene Fowler, 1890-1960

파울러가 지적한 바와 같이, 많은 작가들은 자신의 생각을 글로 옮기기 위해 사투를 벌인다. 글을 쉽게 쓰지 못하거나 지속적으로 쓰지 못하는 현상을 보통 "집필자 장애"라고 한다. 이 용어는 오스트리아의 정신과 의사인 에드먼드 버글러Edmund Bergler가 1947년에 만들었다. 이 장애가 구순기 피학증과 초자아의 처벌 요구에 뿌리를 두고 있다는 프로이드 이론에 기반한 버글러의 해석은 사람들에게 큰 환영을 받지는 못했다.[27] 그러나 이 용어 자체는 1970년대 대중의 심상에 확실히 자리 잡게 되었다. 집필자 장애를 정복하고, 치료하고, 돌파하기 위한 목적을 가진 자기개발서들을 쉽게 찾아볼 수 있다.

이 용어 자체는 잘 알려져 있을지 몰라도, 작가들은 글쓰기 과정의 많은 다른 지점에서 난관에 봉착할 수 있기 때문에 특히 그 정확한 개념은 부정확하게 이해되고 있을 수도 있다. 어떤 경우에는 단어나 아이디어가 떠오르지 않는 경우가 실제로 일어나기도 하지만, 글을 쓰지 못하는 이유는 참으로 다양하다. 미룸 행동, 완벽주의, 비판에 대한 두려움, 그리고 다양한 종류의 우울증 등이 모두 원인이 될 수 있다. 또 다른 경우에는 작가들이 너무 많은 생각이 떠올라 그중 하나를 선택하는 어려움 때문에 글쓰기 작업이 힘들어지기도 한다. 결과적으로 이러한 상태를 연구하는 일부 연구자들은 "글쓰기 불안"이라는 용어를 대신 사용하기도 한다. 어느 누구도 이에 대한 면역력이 있는 것 같지는 않다. 성공적인 학술 저자들을 대상으로 한 연구에서도 글쓰기 과정을 가장 일반적으로 묘사하는 단어는 바로 "좌절"이었다.[28] 그런데 어떤 저자들은 이러한 불안으로 인해 고통 속에 있다고 말하면서도 여전히 다작을 하기도 한다. 이 절의 시작에서 인용한 파울러조차도 자신의 경력 동안 수십 편의 소설, 전기, 그리고 할리우드 각본을 만들어냈다.

작가로서의 커리어 초기에 성공을 맛본 소설가들은 특히 이러한 상황에 놓이기 쉽다. 이것은 때로 "대학 2학년 슬럼프"라고 불리는 좀 더 일반

적인 현상의 한 예인데, 운동선수나 음악가뿐만 아니라 처음에 앞날이 창 창했던 대학생들에게도 적용될 수 있다. 멋진 시작을 한 후 많은 작가들 은 두 번째 작품이 첫 번째 작품의 수준에 도달하지 못할까봐 두려워한 다. 그리고 이 불안은 자신감을 상실하게 만들고 차기 작품의 탄생을 지 연시킬 수 있다. 사실 확률적으로 봤을 때는 많은 찬사를 받는 뛰어난 공 연 다음에는 조금 덜 주목받는 작품이 뒤따르는 경향이 크기 때문에 이러 한 불안을 느끼는 것은 당연한 일이다.

어떤 경우 이러한 집필 장애는 영구적일 수 있다. 이 운명을 겪은 작가 들의 명단은 길고도 다양하다. 사무엘 테일러 콜리지 Samuel Taylor Coleridge 는 자신의 작가 경력 초기에 잘 알려진 몇몇 진지한 시들을 출판한 뒤, 언 론인이자 문학평론가로 글을 계속 쓰긴 했어도 작가 초기의 천재성을 결 코 되찾을 수 없었다.[29] 더 최근의 예로는 『보이지 않는 인간 Invisible Man』을 쓴 랄프 엘리슨 Ralph Ellison 이나 『앵무새 죽이기 To Kill a Mockingbird』를 쓴 하퍼 리 Harper Lee 가 있다. 이들은 물론 사후에 출판된 원고를 남기긴 했으나 첫 번째 성공적인 작품들을 쓴 후 다른 소설을 결코 출판하지 않았다. 트루 먼 카포트 Truman Capote 도 자신의 인생의 마지막 20년 동안 『인 콜드 블러 드 In Cold Blood』를 잇는 또 다른 소설을 쓰지 못했다.[30] 아마도 가장 극단적 인 예는 잡지 〈뉴요커〉의 유명한 기고자인 조셉 미첼 Joseph Mitchell 일 것이 다. 그는 56세인 1965년 『조 굴드의 비밀 Joe Gould's Secret』을 출판했다. 이 후 30년 동안 그는 매일 사무실로 출근했지만 어떤 중요한 작품도 다시 출판하지 않았다.[31]

이러한 집필 장애를 해결하기 위해 전문 저자들이 고안해낸 방법을 고려하는 것이 도움이 될 수 있다. 영국의 소설가인 그래함 그린 Graham Greene 은 12권이 넘는 책을 쓴 후 50대가 되어 글쓰기가 막혀버렸다. 그 는 자신의 꿈을 기록하는 것이 도움이 된다는 것을 알게 되었다. 왜냐하면 그것은 자신 이외에는 아무도 읽을 수 없는 글이었기 때문이다.[32] 이러한 슬럼프를 극복한 뒤 그린은 12권의 책을 또 썼는데 그중 몇 권은 그의 대표작이다. 그의 마지막 소설은 80대 초반에 출판되었다.

미국의 신경학자 앨리스 위버 플래허티 Alice Weaver Flaherty 는 이런 집필자 장애를 신경과학적 관점에서 생각하면 더 잘 이해할 수 있다고 제안하였다. 그리고 그녀는 집필자 장애를 좀 덜 알려진 질환인 하이퍼그라피아 hypergraphia , 즉 쓰고자 하는 욕구가 압도적으로 강한 상태와 대조하여 설명한다. 그녀의 설명에 따르면 두 장애 모두 조증이나 뇌전증과 같은 기저 임상적 증후군에 의해 유발될 수 있다고 한다. 그녀는 집필자 장애가 나타나는 궁극적인 원인은 뇌의 전두엽의 감소된 활동이라고 말하면서 이러한 전두엽의 활동 저하는 우울증이나 불안 장애를 치료하는 데 사용하는 약물로 인해 발생할 수 있다고 제안하였다.[33] 그러나 모두가 알고 있듯이, 무엇이 원인이고 무엇이 결과인지는 명확하게 알기 어렵다. 집필자 장애는 불안과 우울에 의해 유발될 수도 있지만, 집필자 장애를 겪는 상태 자체가 불안과 우울을 갖도록 만들 수도 있다.

우리는 모든 작가들이 집필자 장애라는 상태를 믿는 것은 아니라는 점도 주목해야 한다. 앨런 거가너스 Allan Gurganus 나 마크 헬프린 Mark Helprin 과 같은 작가들은 집필자 장애가 다른 직업에서는 찾아볼 수 없음을 지적하며 이것이 순전히 게으름에 대한 핑계일 수 있다는 점을 제안하며 집필자 장애라는 개념 자체를 부인한다. 마치 배관공이나 전기기술자가 배관이나 회로 보수를 하는 능력을 갑자기 상실하지는 않는 것처럼 말이다.[34]

집필자 장애에 관한 자료를 수집하는 일은 꽤나 어려운 일이다. 많은 작가들은 자신의 창작에 대해 연구자들과 논의하는 것을 꺼려한다.[35] 그리고 자기 충족적 예언의 관점에서, 집필자 장애가 있다는 것을 단순히 인정하는 것만으로도 일시적인 슬럼프가 더 심각한 문제로 변할 수 있다는 두려움도 존재한다.[36] 결과적으로 집필자 장애에 대한 연구는 종종 대학생들을 대상으로 이루어진다. 이들은 연구자들에게는 연구에 편리한 표본일 수 있고 실제로 마감 기한에 맞춰 자주 글을 써야만 하는 집단이기도 하다.

미국의 교육학 연구자인 마이크 로즈 Mike Rose 는 대학생들을 대상으로 처음 집필자 장애를 연구한 학자들 중 한 사람이다. 그는 학생들이 글쓰기를 어떻게 해야 하는지에 대해 배운 융통성 없는 규칙들에 의해 지나치게 제약을 받는 경우가 많다는 점을 제안한다. 그는 또한 불완전한 편집, 작문 계획과 전략의 문제, 글쓰기 과정 자체에 대한 문제적 태도와 가정들을 지적한다. 비록 그가 이러한 결론을 소수 참가자들의 면접을 통해 얻긴 했지만, 이러한 점들은 추후 연구를 위한 중요한 시작점이 되었다.[37]

대학생 집단은 글쓰기 불안을 경감시키기 위해 고안된 연구들에도 참여하였다. 한 연구에서 치료집단은 글쓰기의 스트레스를 줄이기 위해 만들어진 인지 행동 치료와 더 잘 쓸 수 있는 방법에 대한 훈련을 결합한 치료를 받았다. 다른 집단은 글쓰기 훈련만을 받았다. 이 두 집단 모두 글쓰기로 인한 불안이 감소함을 보고하였는데, 치료와 훈련을 모두 받은 집단에서만 글쓰기 실력의 향상이 나타났다.[38] 이 연구의 결과는 바로 불안이 집필자 장애에서 중요한 역할을 한다는 것을 제안한다.

집필자 장애의 발생률은 나이가 들수록 늘어날까, 아니면 줄어들까? 지금까지 본 바와 같이 이 용어가 여러 종류의 글쓰기 어려움을 가리키는 데 사용될 수 있기 때문에 답하기가 쉽지 않다. 선택 편향도 나타날 수 있는데, 이러한 장애가 빈번하게 발생하는 사람들은 방대한 양의 글쓰기가 필요하지 않은 직업에 더 끌릴 수 있다. 마지막으로 나이 든 작가들은 동기부여나 에너지 수준의 변화에 직면할 수 있다. 작가는 집필자 장애 때문에 글쓰기를 그만 둘 수도 있지만, 글쓰기가 요구하는 지속된 인지적 노력을 들이는 데 필요한 체력이 부족하기 때문에 글쓰기를 그만둘 수도 있다. 필립 로스 Philip Roth 에게 글쓰기가 그리운 적은 없냐고 묻자, 그는 "내가 77세쯤 되자 소설 쓰기와 같이 어려운 복합 구조 위에 엄청난 창조적 열정을 일정 시간 동안 투입하고 유지하기 위해 필요한 정신적인 활력이나 언어적 에너지, 또는 신체적인 건강을 내가 가지고 있지 않다는 것을 느꼈습니다… 모든 사람이 영원히 생산적일 수는 없습니다."라고 대답했다.[39]

마음과 재능의 파괴자, 신경인지장애

20세기 말의 한 소설에 나온 다음 문단을 읽어보기 바란다.

베넷 Benet 은 자신의 집 앞에서 택시를 타고 슬로안 광장 근처의 애나 Anna 의 집으로 갔다. 여기서부터 그는 다시 택시를 타고 오웬 Owen 의 집으로 갔다. 다시 택시를 갈아 탄 베넷은 빅토리아 거리에 있는 로잘린드 Rosalind 의 작은 아파트로 가고 있었다. 그는 런던에서는 거의 운전을 하지 않았다. 그가 택시에 앉았을 때 고통스럽고 비참한 죄책감을 느꼈다.

비록 위 발췌 문단은 58개의 단어와 5개의 문장에 불과하지만, 반복으로 가득 차 있다. "택시를 탔다"라는 구는 첫 두 문장에서 두 번이나 나오고 세 번째 문장에서는 "택시를 갈아탔다"는 구가 나오고 다섯 번째 문장에서는 "택시에"라는 구가 나왔다. 집이라는 단어는 첫 두 문장에서 세 번이나 나왔다. 작문 선생님이라면 틀림없이 이러한 반복을 없애기 위해 빨간 펜으로 그 어구 위에 줄을 긋거나 적어도 대체 어휘들을 제안했을 것이다.

이 글을 쓴 작가가 찬사를 받은 영국의 소설가이자 철학자인 아이리스 머독Iris Murdoch, 1919-1999이라는 것을 알게 되면 놀랄지도 모른다. 그녀는 1950년대 중반부터 40년의 작가 경력 동안 26편의 소설을 출판했다. 여기 인용된 문장은 그녀의 마지막 소설인 『잭슨의 딜레마Jackson's Dilemma』에서 따온 것이다.[40] 작가 경력 초기에 이미 머독의 작품은 소설계에서 명성이 자자한 맨 부커Man Booker 상을 포함하여 여러 상을 받았고, 1987년 대영제국의 훈장을 받기도 하였다. 사실 머독은 2차 세계대전 이후 영국에서 가장 중요한 작가 중 한 사람으로 여겨졌다.

그러나 『잭슨의 딜레마Jackson's Dilemma』가 출판되었을 때 비평가들의 의견은 갈렸다. 예를 들어 〈뉴욕 타임스〉는 이 작품이 "심리적으로 풍성하다"는 평가도 있었지만, "곳곳에 쓰인 상투적인 표현들은 마치 독자의 길 위에 수많은 못들이 뿌려져 있는 것 같았고 부정확한 표현과 노골적인 반복만이 산재했다"는 지적도 있었다. 한마디로 평론가는 "글이 엉망"이라고 평가했다.[41]

평론가들이 몰랐던 점은 머독이 이미 인지장애로 고통받고 있었으며 1997년에는 알츠하이머성 치매로 진단받았다는 것이다. 그 후 2년 만에 79세의 나이로 그녀는 숨을 거뒀다.[42] 그녀가 치매 때문에 얼마나 고통받았는지는 그녀 남편의 회고록과 케이트 윈슬렛Kate Winslet과 주디 덴치Judi Dench가 머독을 연기한 2001년의 영화 〈아이리스〉덕분에 잘 알려졌다.[43]

앞의 장에서 언급하였듯이, 알츠하이머성 치매의 진단은 살아 있는 동안에는 확실히 이루어질 수 없으며, 머독의 경우 사망 후에야 확진되었다. 초기 진단을 내리고 부검을 실시한 신경과학자 피터 개라드Peter Garrard는 머독의 작품을 연구한 논문의 공동 저자로도 참여하였다. 연구자들은 『잭슨의 딜레마Jackson's Dilemma』에 나오는 산문의 샘플을 머독의 첫 소설 『그물을 헤치고 Under the Net』과 맨 부커 상 수상작이자 경력 중기에 쓴 작품『바다여, 바다여 The Sea, The Sea』의 샘플들과 비교하였다. 세 작품에 사용된 문법적 특징들은 크게 다르지 않았지만, 마지막 소설에서는 사용된 어휘의 수가 작았고, 사용된 단어들도 더 흔한 어휘들이었다.[44]

개라드의 연구 결과를 토대로 토론토 대학의 한 연구자 집단은 머독의 모든 소설의 전체 텍스트에 대한 전산화된 분석을 실시했고, 더 다양한 언어적 표지를 조사했다. 이들은 또한 머독이『잭슨의 딜레마 Jackson's Dilemma』에서 사용했던 어휘의 다양성 정도가 다른 소설들에 비해 갑자기 줄어든 것을 발견했다. 게다가, 이들은 이 소설 속에는 "음"이나 "어"와 같은 채움 단어의 사용이 증가했을 뿐만 아니라 위에서 인용한 문단에서 나타난 "택시"나 "집"과 같은 단어들처럼 구나 단어의 반복 역시 많아진 것을 발견했다. 중요한 것은, 그녀가 사망하기 20년도 더 전인 50대부터 그녀의 글에서 이러한 변화가 일어나기 시작했다는 것이다.[45]

물론 이 한 가지 사례만 가지고 일반화하는 것은 현명하지 못하다. 또한 토론토 대학의 연구자들은 엄청난 성공을 거두었던 영국의 범죄 추리 소설가인 애거사 크리스티 Agatha Christie, 1890–1976와 또 다른 범죄 추리 소설가인 P. D. 제임스 James, 1920–2014의 작품들을 분석하였다. 이 연구자들이 크리스티의 작품을 분석한 이유는, 비록 그녀가 사후에 확실히 치매라고 확인된 것은 아니지만, 말년에는 치매 증상이 나타났다는 의심이 있었기 때문이었다. 제임스의 작품은 일생 동안 어떤 인지 장애의 징후도 보이지 않았기에 통제 조건으로 선택되었다. 머독과 마찬가지로 연구자들은 크리스티의 말년 작품들에서 갑작스러운 어휘의 감소가 나타난다는 것을 발견하였다. 그리고 단어의 반복이나 채움 단어의 사용이 엄청나게 증가하였다. 반면에 제임스의 작품에서는 이러한 경향성이 나타나지 않았다. 전체 경력 동안의 작품에서 어휘나 문법적인 변화는 통계적으로 유의미한 차이를 나타내지 않았다.[46]

정교한 언어 분석 도구들의 개발되고 텍스트를 기계로 쉽게 읽을 수 있게 됨에 따라 이 분야의 연구가 더욱 촉진되었다. 토론토 대학의 연구자들 중 하나인 이안 랭커셔Ian Lancashire는 머독의 작품뿐만 아니라 치매를 앓았던 것으로 알려진 다른 두 명의 작가의 작품도 분석하였는데, 한 사람은 범죄 추리소설가인 로스 맥도날드Ross Macdonald, 1915~1983였고, 다른 한 사람은 수백 권의 아동 도서를 집필한 영국의 작가 에니드 블라이튼Enid Blyton, 1897~1968이었다. 랭커셔는 이 작가들의 작품을 생전에 인지 장애를 겪지 않았던 L. 프랑크 바움Frank Baum, 제임스 힐튼James Hilton, R. A. 프리만Freeman의 작품과 비교하였다. 인지 장애를 겪지 않았던 작가들은 시간에 따라 어휘의 양이 변하지 않거나 오히려 나이가 들수록 증가했다는 점에서, 그리고 반복구의 비율 역시 변하지 않았다는 점에서 공통점이 있었다. 하지만 맥도날드와 블라이튼은 나이가 들면서 반복구의 비율이 증가하였고, 맥도날드는 어휘의 양 역시 줄어드는 익숙한 양상을 보여주었다.[47]

안타깝게도, 많은 작가들은 자신의 정신적 능력에 아주 좋지 않은 변화가 나타나고 있다는 것을 인식하게 된다. 예를 들어 머독은『잭슨의 딜레마Jackson's Dilemma』를 출판한 다음 해의 인터뷰에서 자신이 안 좋아지고 있으며, "아주, 아주 나쁘고 침묵이 흐르는 장소"에 놓인 것 같다는 말을 했다.[48] 그리고 영국의 인기 있는 판타지 소설 작가였던 테리 프랫쳇Terry Pratchett, 1948~2015은 59세인 2007년에 자신이 조기 발생 알츠하이머병을 앓고 있다고 대중에게 알렸다. 그는 자신의 남은 생애 동안 의학 연구를 위한 더 많은 기금을 모아 달라고 호소했고, 알츠하이머라는 안개 속을 헤매면서도[49] 몇 편의 소설을 완성할 수 있었다. 그러나 자신의 자서전은 끝내 완성하지 못했다.

로널드 레이건Ronald Reagan과 마거릿 대처Margaret Thatcher와 같은 몇몇

저명한 정치인들도 치매 진단을 받았는데, 이것은 재임 중 인지 장애가 시작되었는지 여부에 대한 의문을 제기한다. 대부분의 정치인들이 소설가는 아니지만, 기자 회견과 같은 행사에서 언어활동을 한다. 대필이 가능한 연설과는 달리, 언론과의 만남은 대본이 없고 정치 지도자의 언어적 능력을 평가하는 자리이기도 하다. 비사르 베리샤Visar Berisha와 그의 동료들은 레이건 대통령과 건강하게 늙어간 조지 H. W. 부시George H. W. Bush 대통령의 기자 회견 내용을 분석했다. 앞의 내용을 읽었으면 예상할 수 있듯이, 연구자들은 레이건의 어휘의 양이 나이가 들수록 줄어들고, 채움 단어예: well, uh와 대명사들예: we, they, something, anything의 사용이 늘어나는 것을 발견했다. 연구자들은 부시 대통령의 기자 회견 발언에서는 이와 유사한 경향성을 발견하지 못했다.[50]

심지어 수백 년 전에 죽은 역사적 인물들조차도 인지 장애의 징후를 찾기 위해 이들이 남긴 글을 정밀하게 조사하고 있다. 제임스 6세King James VI/I, 1566–1625도 조사 대상이었다. 오랜 통치 기간 동안, 제임스 왕은 스코틀랜드와 잉글랜드를 통합했고, 자신의 이름을 딴 성경 번역을 후원했다. 그는 또한 자신의 인생 20년을 다룬 57통의 편지를 남겼다. 이 편지들을 통해 연구자들은 나이가 들수록 그의 글에서 문법적 복잡성이 감소하는 양상을 보았지만, 어휘의 양은 오히려 증가하는 것을 찾아냈다. 우리가 살펴본 것처럼 이러한 변화가 특이한 것은 아니지만, 그가 순환계통의 문제가 있었기 때문에 연구자들은 제임스 왕이 혈관성 치매를 앓지 않았을까 추측한다.[51]

대부분의 작가들이 치매를 앓는 것은 아니다. 그러나 치매의 악영향은 마틴 아미스Martin Amis가 한 말에 잘 나타난다. "작가는 두 번 죽는다. 몸이 죽는 것이 첫 죽음이요, 재능이 죽는 것이 두 번째 죽음이다."[52]

수녀들에게서 배우는 교훈: 언어적 요인과 치매의 관계

1930년대 미네소타 주의 만카토 Mankato 라는 도시에 사는 두 명의 젊은 여인들이 자신의 삶에 대한 짧은 글을 써달라는 요청을 받았다. 이들은 로마 가톨릭 수도원 소속 노트르담 수녀회에 막 입회한 수녀들이었다. 이들의 선배 수녀들은 모든 초임 수녀들이 서약 전에 간단한 자서전 성격의 글을 써야 한다고 정했다.

이 두 초임 수녀는 매우 다른 방식으로 글을 썼다. 헬렌 수녀 가명 가 쓴 글의 첫 문장을 살펴보자.

저는 1913년 5월 24일, 위스콘신 주의 오클레어 Eau Claire 에서 태어났습니다. 그리고 성 제임스 성당에서 세례를 받았습니다.[53]

자, 이제 엠마 수녀의 첫 문장을 보자.

윤년인 1912년, 2월 28일에서 2월 29일로 넘어가는 자정이 되기 30분 전쯤이었습니다. 바로 결혼 전 이름이 힐다 호프만 Hilda Hoffman 인 나의 어머니와 나의 아버지 오토 슈미트 Otto Schmitt 의 셋째 아이로 태어나 살게 된 날이죠.[54]

위의 글을 비롯하여 많은 글들이 만카토에 있는 수녀원 기록물 보관소에 쌓여 있었다. 수십 년 동안 이 기록들은 관심 받지 못한 채 내버려져 있었지만, 이 문서들이 다시 발견되었을 때는 인지 노화 분야에 엄청난 파급효과를 가져왔다.

미네소타 대학에서 연구하던 전염병학자였던 데이비드 스노든 David Snowdon 은 1986년에 미네소타 대학에서 일하고 있었는데, 노화 연구에 참여할 자원자를 모집하기 위해 그 수도원에 연락을 하였다. 수도원의 삶은 집단생활을 하기 때문에 수녀들이 같은 음식을 먹고 같은 종류의 일을 하는데, 이 집단은 노화 연구를 위한 이상적인 집단이었다. 이 연구에 참여하기로 동의한 수녀들은 매년 일련의 인지 기능 검사를 받았다. 그리고 중요한 것은, 이 수녀들은 자신들이 죽은 후 자신의 뇌를 부검하는 것에 동의하였다는 점이다. 이러한 동의 덕분에 이 수녀들이 알츠하이머병을 앓았었는지 여부를 정확하게 평가할 수 있게 되었다. 이 연구 프로젝트는 후에 다른 여섯 개의 노틀담 수도원으로 확장되었고, 이 연구에 참여한 인원은 678명이나 되었다.

그러던 어느 날, 스노든은 우연히 만카토 수녀원의 기록물들이 보관되어 있던 그 방을 발견하였다. 그 기록물 보관소 안에는 두 개의 올리브 빛 녹색을 띄는 문서 보관함이 있었는데, 그 보관함에서 스노든은 만카토 수녀원 입소 시 서약한 내용이 적힌 수녀들의 글들을 찾아냈다. 그가 찾아낸 것들은 그야말로 정보의 보고였다. 헬렌 수녀와 엠마 수녀뿐만 아니라 다른 수십 명의 수녀들의 생애사를 기술한 글들이 있었다. 이를 계기로 이 연구는 갑자기 연구를 시작한 시점을 거스를 수 있는 타임머신을 갖게 되었다. 바로 이 수녀들의 과거 수십 년 전으로 여행을 할 수 있게 된 것이다. 특히 그는 초임 수녀들이 자신에 대해서 50년도 더 전에 쓴 글의 스타일과 내용으로부터 여러 정보들을 찾을 수 있었고, 이를 지금 현재 수녀들의 정신 건강 상태와 연관 지어 분석할 수 있었다.[55]

수녀들의 자서전을 분석하기 위해 스노든은 제임스 모티머 James Mortimer 와 수잔 켐퍼 Susan Kemper 와 함께 연구하였다. 초기에 이들은 글의 분석에 있어 생각 밀도와 문법적 복잡성이라는 두 가지 측정치에 주목하였다. 생각 밀도는 매 10개의 단어당 표현된 생각의 수로 연구자들이 정의하였다. 앞의 인용문장을 예로 들면, 헬렌 수녀의 문장은 생각 밀도 값이 3.9

점인 반면, 엠마 수녀의 문장은 3.3점이었다. 두 수녀의 생각 밀도 값은 유사했지만 헬렌 수녀의 문장의 문법적 복잡성은 가장 낮은 단계로 평가된 반면, 엠마 수녀의 문장은 가장 높은 문법적 복잡성 점수를 받았다.

스노든 연구팀이 언어와 노화에 대해 연구한 첫 번째 논문을 발표했을 때 14명의 수녀들이 세상을 떠났고, 이들 중 7명은 알츠하이머병을 앓았던 것으로 확인되었다. 이 7명의 수녀들의 자서전을 분석한 결과 모두 생각 밀도가 낮은 것을 발견하였다. 생각 밀도가 높은 글을 썼던 수녀들은 한 사람도 알츠하이머병에 걸리지 않았다. 또한 아주 강하지는 않았지만, 낮은 문법적 복잡성과 알츠하이머병 역시 관련이 있었다.[56] 2000년까지 자서전을 남긴 수녀들 중 74명이 세상을 떠났다. 이들을 대상으로 한 분석에서도 자서전에 나타난 생각 밀도는 사후 알츠하이머병으로 진단되는 강력한 요인임이 밝혀졌다.[57] 추후 연구를 통해 이러한 언어적 요인과 노년기에 나타나는 경도인지장애를 비롯한 인지 기능의 감퇴 사이에 연관 관계가 있음이 밝혀졌다.[58]

수녀들의 글을 통해 또 다른 놀라운 점을 발견했다. 글 속에 긍정적 정서가 표현된 정도와 장수가 관련성이 있다는 점이었다. 이 수녀 연구팀의 한 심리학자인 데보라 대너 Deborah Danner 가 이끄는 연구팀은 수녀들의 에세이 180개를 분석하여 행복, 사랑, 희망과 같은 긍정적 정서와 연관된 단어들과 슬픈, 두려운, 불안한과 같은 부정적 정서를 나타내는 단어들이 얼마나 있는지 조사했다. 연구 결과, 긍정적인 정서를 나타내는 단어를 가장 많이 사용한 수녀들과 가장 적게 사용한 수녀들 사이에는 기대 수명이 무려 7년이나 차이가 났다.[59]

언어적 요인과 치매 사이의 연결을 부여주는 이러한 선구적인 연구들을 통해 다른 연구자들은 유사한 연구를 수행할 수 있는 영감을 얻었다. 유타 대학의 한 연구팀은 캐시 카운티 기억 연구 프로젝트의 일환으로 연구 참여자들의 일기와 편지를 분석하였다. 흥미롭게도, 일기를 꾸준하게 쓰는 것은 모든 형태의 치매에서 위험 수준이 53% 감소되는 것과 관련되어 있었다. 치매와 관련되어 있는 일기의 내용적 측면의 유일한 언어적 요인은 6글자 이상의 긴 단어의 사용 비율이었다. 긴 단어를 사용하는 것은 알츠하이머병으로 진단되는 위험의 감소와 관련되어 있었다.[60]

이 절의 처음에 인용했던 자서전의 주인공이었던 두 수녀의 경우는 어떨까? 스노든 연구팀에서 1992년에 수행한 표준 인지 검사 결과를 보면, 헬렌 수녀는 받을 수 있는 점수 중 가장 낮은 점수를 받았다. 30점 중 0점 그녀는 81세에 세상을 떠났는데, 사후에 알츠하이머병으로 확진되었다. 헬렌 수녀보다 15개월 먼저 태어난 엠마 수녀는 1992년 검사에서 만점을 받았다. 헬렌 수녀가 세상을 떠났던 그 해에도 엠마 수녀는 정신의 명민함을 여전히 유지하고 있었다.[61] 실제로 이 연구에 참여한 수녀들 중 몇몇은 90세 이상의 나이에도 높은 수준의 인지 기능을 유지하고 있었는데, 놀라운 것은 이들의 사후, 뇌를 부검했을 때 알츠하이머병의 전형적 증상인 신경 엉킴과 플라크가 뇌에서 발견되었다는 점이다.[62] 이러한 발견은 1장에서 우리가 논의한 인지적 저장고의 보호 기능의 예시이다. 2016년까지 이 수녀 연구에 등록된 678명의 수녀들 중 단지 8명만이 아직도 생존해 있는데, 가장 나이가 어린 분이 100세이다.[63] 자신의 삶을 수녀 교육에 헌신한 이 여성들의 삶이 사후에도 계속해서 사람들에게 가르침과 영감을 준다는 점은 정말로 주목할 만하다.

소설은 사실보다 강하다

소설은 진실을 말하기 위한 거짓말이다.

— 알베르 카뮈 Albert Camus, 1913–1960

좋은 소설은 마음이 혼란스러운 사람들을 편안하게 하고, 편안한 사람들의 마음에 파문을 일으킨다.

— 데이비드 포스터 월리스David Foster Wallace, 1962–2008, 래리 맥카프리Larry McCaffery와의 인터뷰에서

독서를 좋지 않다고 주장하는 사람은 아무도 없다. 사실 사람들이 세상에 대해 알아가기 위한 가장 좋은 방법 중 하나가 바로 독서이다. 책을 통해 우리가 얻는 정보의 양은 실로 엄청나다. 이뿐 아니라 특정 형태의 독서를 통해 우리는 역사적 지식이나 그날그날의 새로운 소식을 넘어서는 심리적인 이로움을 얻는다. 특히 소설을 읽음으로써 우리는 더 나은 사람이 될 수 있다.

먼저 이 주장은 언뜻 보기에는 믿기 어렵다. 어떻게 장편소설이나 짧은 이야기가 사건이나 생각을 사실적으로 기술하는 글들에 비해 우리에게 더 큰 진실을 말해준다는 말인가? 소설이 특별한 이유는 이것이 모든 사람에게 존재하는 심리적 심연을 드러내주기 때문이다. 소설 속의 인물을 통해서 우리는 다른 사람의 관점을 더 잘 이해할 수 있고, 이는 소설의 독자들을 사회적으로 더 통찰력 있게 만든다.[64] 소설을 읽으면 타인에 대한 공감 능력이 더 커진다고 주장하기도 한다. 게다가, 소설을 읽으면 심리학자들이 말하는 마음 이론Theory of Mind을 강화시킬 수 있다. 마음 이론이란 다른 사람의 의도, 신념, 욕망 등을 이해하는 한 사람의 능력을 말한다. 우리는 문학 작품의 등장인물들의 복잡한 동기와 행동에 대해 깊이 이해하게 되면서 자기 자신과는 다른 사람의 관점으로부터 세상을 보는 능력을 연마할 수 있다.

소설 읽기의 이로움 여부를 검증하기 위해 연구자들은 이러한 종류의 능력을 객관적으로 측정할 수 있는 방법을 찾아왔다. 공감 능력과 마음 이론의 구성요소를 측정할 수 있는 몇 가지 검사들이 있다. 그러나 사

람들이 얼마나 많은 소설을 읽는가를 측정하는 것은 까다로운 일이다. 응답자들의 응답이 사회적으로 바람직해 보이려는 욕구에 의해 영향을 받을 수 있기 때문에 사람들에게 직접 스스로의 독서 습관에 대해 묻는 것은 문제가 있다. 다시 말하면, 모든 사람들은 다른 사람들이 자신을 책 많이 있는 사람으로 봐주기를 원한다. 그래서 글 읽기를 연구하는 심리학자들은 인쇄물에 대한 노출 정도를 측정할 수 있는 방법을 개발하였다. 이 검사는 사람들에게 작가와 작가가 아닌 사람들의 이름이 적힌 목록에서 소설과 비소설의 작가의 이름을 골라 달라고 한다.[65] 많은 연구 결과 공감과 마음 이론에 대한 측정치와 인쇄물에 대한 노출 정도 사이에 정적인 상관관계가 있다는 것을 밝혀냈다. 심리학자인 미카 멈퍼 Micah Mumper 와 리처드 게릭 Richard Gerrig 은 이러한 연구들을 재분석한 결과, 그 효과가 아주 크지는 않지만 분명히 있다는 것을 확인하였다.[66] 이러한 연구 결과들은 재지 토드 Zazie Todd 의 연구 결과와도 일치한다. 이 연구에서 참가자들은 소설을 읽고 토론하는 독서모임을 가졌다. 이 토론에서 나누는 공통적인 주제는 소설 속 인물들에 대해 동정과 공감을 표현하는 것이었다.[67]

만약 인쇄물에 대한 누적 노출 빈도가 더 일반적인 인지 및 사회적 정보처리에 효과가 있다면 독서가 또 다른 특정 이점도 가져다줄 수 있을 것이라 기대할 수 있고, 실제로 그렇다. 한 연구에서 연구 참여자들은 3주 동안 역사 소설 한 작품을 읽었는데, 이들에게서 뇌 연결성의 변화가 나타났다. 이러한 이로운 변화는 연구가 진행되었던 기간뿐만 아니라 연구가 종료된 뒤 수일이 지나서도 지속되었다.[68]

심리학자인 미칭 린 Mei-Ching Lien 과 그녀의 동료들은 대학생들과 6, 70대 노인들의 단어 재인 능력을 비교하였다. 이 연구자들은 참가자들에게 시각 및 청각 과제를 수행하면서 동시에 단어 재인을 하도록 요구했다. 두 가지 일을 동시에 수행하는 것은 일반적으로 부가적인 인지 자원을 필요로 하며, 노인들은 이런 일을 수행하는 것이 문제가 될 수 있다. 그러나 이 연구에서 노인들은 대학생들보다 과제 수행을 더 잘했다. 연구자들은 노인들은 평생 동안 인쇄물을 더 많이 접했기 때문에 단어를 재인하는 데 더 적은 자원이 필요한 것이라고 설명하면서, 대학생들은 아직 이러한 수준에 도달하지는 못했다고 주장했다.[69] 다른 연구자들은 독서를 하는 동안 작업기억의 한계가 줄어드는 것과 같은, 책을 많이 읽는 것의 추가적인 이점이 노인들에게 나타난다는 것을 발견했다. 이것은 중요한 발견인데, 책을 꾸준하게 읽는 것이 다른 인지 정보처리의 감퇴를 보상해줄 수 있다는 점을 시사하기 때문이다.[70] 정리하면, 소설 읽기가 광범위한 방식으로 성인들에게 이로움을 줄 수 있다는 것은 명확하다.

놀랍게도, 소설 읽기는 장수와도 관련이 있다. 예일 대학교 공중보건 대학원의 연구자들이 수행한 대규모 연구에 따르면, 책을 읽는 사람들은 그렇지 않은 사람들에 비해 23개월의 "생존 이점"이 있다는 것을 발견했다. 한 가지 더 중요한 발견은 12년 동안의 연구 결과, 책을 읽는 사람들은 그렇지 않은 사람들에 비해 사망률이 20퍼센트 더 낮았다. 이 연구 결과들은 본질적으로 상관 연구이다. 즉, 연구자들이 임의로 사람들을 책을 읽거나 읽지 않는 조건에 배정하여 수년 동안 연구할 수 없다. 그러므로 우리가 책을 더 많이 읽어서 오래 살거나 오래 살아서 책을 더 많이 읽게 된다는 경쟁 가설 중 어느 것이 맞는지는 알 수 없다. 또한 연령, 성별, 교육 연한, 결혼 상태, 건강, 부 등의 잠재적인 변수들을 통제한 후에도 독서의 긍정적 효과가 여전히 나타나긴 하였지만, 많은 요인들이 독서와 수명의 관계에 관련되어 있다는 것은 의심의 여지가 없다. 독서의 이점은 주로 잡지나 신문보다는 책을 읽는 것에서 비롯되었다. 그리고 대부분의 독자들은 소설을 읽기 때문에 이는 앞에서 언급한 다른 이점들과도 연관되어 있다. 실제로 한 연구에 따르면 하루에 딱 30분씩만 책을 읽는 것도 유익하다는 것을 보여주었다. 이 연구의 저자들은 다른 간행물보다 책을 읽는 데는 더 큰 인지적 관여가 필요하고 이것이 장수의 효과와 관련되어 있다고 제안한다.[71]

사냥꾼이 늙어서 사냥을 가지 못하게 된다면, 그는 자신의 예전 무용담을 이야 기하면서 만족할 것이다.

– 서아프리카 밤바라Bambara의 속담

우리는 노화가 어떻게 언어에 영향을 미치는지에 논의하면서 이 책을 시작했다. 비록 우리가 일반적인 노화 과정에서 특정 언어 능력이 실제로 감퇴된다는 것을 발견했지만, 대부분의 감퇴는 언어 그 자체에서 비롯되지 않는다. 오히려 이는 인지 정보처리의 둔화, 작업기억 및 억제 통제 능력의 감소, 그리고 청력과 시력의 약화에 의해 주로 발생한다.

사실 이러한 감퇴조차도 보이는 것과는 다를 수 있다. 우리가 보아온 것처럼, 일부 노인들은 더 장황하고 주제에서 벗어난 이야기를 많이 하지만, 이는 이들의 담화 목표의 변화에 기인했을 수 있다. 언어 유창성과 적절한 단어 찾기의 어려움은 노인들이 단지 젊은 사람들보다 더 많은 지식을 갖고 있다는 사실 때문일 수도 있다.

기억, 지각 그리고 다른 인지 정보처리에서의 변화를 언어 자체의 변화와 구분하려는 우리의 시도가 연령에 따른 기능 감퇴의 영향을 최소화하려는 시도로 보이지 않기를 바란다. 이러한 감퇴는 노인들과 그 가족들에게 실질적인 부담을 준다. 우리가 주장하는 요점은 언어 능력 변화의 기원을 알면 더 효과적으로 인지 기능의 감퇴에 대응할 수 있다는 것이다.

마찬가지로, 인지적 이득과 손실을 계산하여 양 또는 음의 값을 매김으로써 노화에 대한 어떤 결론을 도출하는 것은 지나치게 단순한 것이다. 공정함의 척도는 이런 방식으로 작용할지 모르지만, 우리 모두가 알다시피, 노화는 그렇게 단순하지 않다.

그럼에도 불구하고, 일부 영역에서의 손실은 다른 영역에서의 이익에 의해 상쇄될 수 있다는 것을 보아왔다. 이것은 어휘력이 더 커지면 단어 찾기의 어려움을 보상해주는 것처럼 다분히 무의식적으로 일어날 수 있다. 그러나 이것은 한 사람이 자신에게 의미 있는 목표를 설정하고, 자신의 능력을 최적화하여 보상할 수 있는 방법을 찾을 때처럼 의식적 의사결정과정의 결과로 일어날 수도 있다.[1]

어떻게 언어가 노화에 영향을 미치는지를 살펴본 이 책의 마지막 장에서 우리는 아주 좋은 소식을 많이 발견했다. 의사 선생님들이 여러분에게 "계속 움직이세요."라고 조언하듯이, 우리도 여러분에게 계속해서 말하고, 듣고, 읽고, 쓰라고 조언하고 싶다. 언어 능력을 계속 갈고 닦는 것은 우리의 인지 기능을 최적화하고 인지 감퇴를 이기는 훌륭한 방법이라는 것이 밝혀졌다. 아마도 메건 레네한 Megan Lenehan 과 그녀의 동료들이 이를 가장 잘 표현했다. "여러분의 할아버지 할머니를 대학에 보내는 것은 이들의 인지적 예비능을 증가시킨다."[2]

우리는 어릴 때 우리를 둘러싸고 있는 세상을 배우고 우리가 누구이며 어떻게 이 세상에 적응할 것인가를 이해하기 위하여 언어를 사용한다. 언어는 우리의 내적인 삶을 들여다 볼 수 있는 창이며, 자아를 비춰볼 수 있는 거울이다. 언어가 없다면 우리는 친구를 사귈 수도 즐거움을 얻을 수도, 사랑에 빠질 수도 없다. 왜 이런 소중한 것들이 나이가 들면서 변해야 하는가? 이 책을 통해 본 것처럼, 전혀 그럴 필요가 없다.

미 주

책을 열며

1 Thomas R. Cole, The Journey of Life: A Cultural History of Aging in America (Cambridge: Cambridge University Press, 1992).

2 Meredith A. Shafto and Lorraine K. Tyler, "Language in the Aging Brain: The Network Dynamics of Cognitive Decline and Preservation," Science 346, no. 6209 (2014): 583-587.

3 David Sterrett et al., "Perceptions of Aging during Each Decade of Life after 30," West Health Institute/NORC Survey on Aging in America, 2017.

Chapter 1.

1 Camille L. Ryan and Kurt Bauman, "Educational Attainment in the United States," United States Census, March 2016, https://www.census.gov/content/dam/Census/library/publications/2016/demo/p20-578.pdf.

2 Marc Prensky, "Digital Natives, Digital Immigrants, Part 1," On the Horizon 9, no. 2 (2001): 1–6.

3 Lisa H. Trahan et al., "The Flynn Effect: A Meta-analysis," Psychological Bulletin 140, no. 5 (2014): 1332–1360.

4 James R. Flynn, "The Mean IQ of Americans: Massive Gains 1932 to 1978," Psychological Bulletin 95, no. 1 (1984): 29–51.

5 James R. Flynn, "Massive IQ Gains in 14 Nations: What IQ Tests Really Measure," Psychological Bulletin 101, no. 2 (1987): 171–191.

6 Tamara C. Daley et al., "IQ on the Rise: The Flynn Effect in Rural Kenyan Children," Psychological Science 14, no. 3 (2003): 215–219.

7 Jon Martin Sundet, Dag G. Barlaug, and Tore M. Torjussen, "The End of the Flynn Effect? A Study of Secular Trends in Mean Intelligence Test Scores of Norwegian Conscripts during Half a Century," Intelligence 32, no. 4 (2004): 349–362.

8 Thomas W. Teasdale and David R. Owen, "Secular Declines in Cognitive Test Scores: A Reversal of the Flynn Effect," Intelligence 36, no. 2 (2008): 121–126.

9 Wendy Johnson, Matt McGue, and Ian J. Deary, "Normative Cognitive Aging," in Behavior Genetics of Cognition across the Lifespan, ed. Deborah Finkel and Chandra A. Reynolds (New York: Springer, 2014), 135–167.

10 Claude M. Steele and Joshua Aronson, "Stereotype Threat and the Intellectual Test Performance of African Americans," Journal of Personality and Social Psychology 69, no. 5 (1995): 797–811.

11 Alison L. Chasteen et al., "How Feelings of Stereotype Threat Influence Older Adults' Memory Performance," Experimental Aging Research 31, no. 3 (2005): 235–260.

12 Thomas M. Hess, Joey T. Hinson, and Elizabeth A. Hodges, "Moderators of and Mechanisms Underlying Stereotype Threat Effects on Older Adults' Memory Performance," Experimental Aging Research 35, no. 2 (2009): 153–177.

13 Timothy A. Salthouse, "The Processing Speed Theory of Adult Age Differences in Cognition," Psychological Review 103, no. 3 (1996): 403–428.

14 Lori L. Veiel, Martha Storandt, and Richard A. Abrams, "Visual Search for Change in Older Adults," Psychology and Aging 21, no. 4 (2006): 754–762.

15 Kara L. Bopp and Paul Verhaeghen, "Aging and Verbal Memory Span: A Meta-analysis," Journals of Gerontology Series B: Psychological Sciences and Social Sciences 60, no. 5 (2005): P223–P233.

16 Robert West and Claude Alain, "Age-Related Decline in Inhibitory Control Contributes to the Increased Stroop Effect Observed in Older Adults," Psychophysiology 37, no. 2 (2000): 179–189.

17 Jutta Kray and Ulman Lindenberger, "Adult Age Differences in Task Switching," Psychology and Aging 15, no. 1 (2000): 126–147.

18 David F. Hultsch et al., Memory Change in the Aged(Cambridge: Cambridge University Press, 1998).

19 Brent J. Small, Roger A. Dixon, and John J. McArdle, "Tracking Cognition-Health Changes from 55 to 95 Years of Age," Journals of Gerontology Series B: Psychological Sciences and Social Sciences 66, suppl. 1 (2011): i153–i161.

20 Kristine N. Williams and Susan Kemper, "Interventions to Reduce Cognitive Decline in Aging," Journal of Psychosocial Nursing and Mental Health Services 48, no. 5 (2010): 42–51; Pamela Greenwood and Raja Parasuraman, Nurturing the Older Brain and Mind(Cambridge, MA: MIT Press, 2012).

21 Barbara Carretti et al., "Gains in Language Comprehension Relating to Working Memory Training in Healthy Older Adults," International Journal of Geriatric Psychiatry 28, no. 5 (2013): 539–546.

22 Rónán O'Caoimh, Suzanne Timmons, and D. William Molloy, "Screening for Mild Cognitive Impairment: Com parison of 'MCI Specific' Screening Instruments," Journal of Alzheimer's Disease 51, no. 2 (2016): 619–629.

23 Yaakov Stern, "Cognitive Reserve in Ageing and Alzheimer's Disease," Lancet Neurology 11, no. 11 (2012): 1006–1012.

24 John V. Hindle et al., "The Effects of Cognitive Reserve and Lifestyle on Cognition and Dementia in Parkinson's Disease—a Longitudinal Cohort Study," International Journal of Geriatric Psychiatry 31, no. 1 (2016): 13–23.

25 Eric B. Larson, Kristine Yaffe, and Kenneth M. Langa, "New Insights into the Dementia Epidemic," New England Journal of Medicine 369, no. 24 (2013): 2275–2277.

26 Christina Ianzito, "Elder Orphans: How to Plan for Aging without a Family Caregiver," AARP, 2017, https://www.aarp.org/caregiving/basics/info-2017/tips-aging-alone.html.

27 Maria T. Carney et al., "Elder Orphans Hiding in Plain Sight: A Growing Vulnerable Population," Current Gerontology and Geriatrics Research, article ID 4723250 (2016): 1.

28 Sara Z. Geber, "Are You Ready for Solo Agers and Elder Orphans?" American Society on Aging, December 27, 2017, http://www.asaging.org/blog/are-you-ready-solo-agers-and-elder-orphans.

29 Jed Montayre, Jasmine Montayre, and Sandra Thaggard, "The Elder Orphan in Healthcare Settings: An Integrative Review," Journal of Population Ageing 12, (2018): 515-532.

30 Paul B. Baltes and Margret M. Baltes, "Psychological Perspectives on Successful Aging: The Model of Selective Optimization with Compensation," in Successful Aging: Perspectives from the Behavioral Sciences, ed. Paul Baltes and Margret Baltes (Cambridge: Cambridge University Press, 1990), 27.

31 Margret M. Baltes and Laura L. Carstensen, "The Process of Successful Ageing," Ageing and Society 16, no. 4 (1996): 405.

32 Deb Amlen, "How to Solve the New York Times Cross word,"https://www.nytimes.com/guides/crosswords/how-to-solve-a-crossword-puzzle.

33 Stephen Katz and Toni Calasanti, "Critical Perspectives on Successful Aging: Does It 'Appeal More Than It Illuminates'?" Gerontologist 55, no. 1 (2014): 26–33.

34 Theodore D. Cosco et al., "Operational Definitions of Successful Aging: A Systematic Review," International Psychogeriatrics 26, no. 3 (2014): 373–381.

Chapter 2.

1 Alex Russell, Richard J. Stevenson, and Anina N. Rich, "Chocolate Smells Pink and Stripy: Exploring Olfactory-Visual Synesthesia," Cognitive Neuroscience 6, nos. 2–3 (2015): 77-88.

2 Julia Simner, "Defining Synaesthesia," British Journal of Psychology 103, no. 1 (2012): 1–15.

3 Julia Simner et al., "Synesthesia: The Prevalence of Atypical Cross-Modal Experiences," Perception 35, no. 8 (2006): 1024–1033.

4 Vladimir Nabokov, Speak, Memory: An Autobiography Revisited (New York: Putnam, 1966), 55.

5 Julia Simner, "Beyond Perception: Synesthesia as a Psycholinguistic Phenomenon," Trends in Cognitive Sciences11, no. 1 (2007): 23–29; Simner, "Defining Synesthesia."

6 Simner, "Beyond Perception," 23.

7 Joanna Atkinson et al., "Synesthesia for Manual Alphabet Letters and Numeral Signs in Second-Language Users of Signed Languages," Neurocase 22, no. 4 (2016): 379–386.

8 Marcus R. Watson et al., "The Prevalence of Synesthesia Depends on Early Language Learning," Consciousness and Cognition 48 (2017): 212–231.

9 Marcus R. Watson et al., "Synesthesia and Learning: A Critical Review and Novel Theory," Frontiers in Human Neuroscience 8, no. 98 (2014): 1–15.

10 Julia Simner et al., "Does Synesthesia Age? Changes in the Quality and Consistency of Synesthetic Associations," Neuropsychologia 106 (2017): 407–416.

11 Watson et al., "Synesthesia and Learning," 6, italics in original; see also Daniel Bor et al., "Adults Can Be Trained to Acquire Synesthetic Experiences," Scientific Reports 4, no. 7089 (2014): 1–8.

12 Patricia Grant and Rich Hogle, Safety and Efficacy of the BrainPort V100 Device in Individuals Blinded by Traumatic Injury (Middleton, WI: WICAB Inc., 2017); Amy C. Nau et al., "Acquisition of Visual Perception in Blind Adults Using the Brain Port Artificial Vision Device," American Journal of Occupational Therapy 69, no. 1 (2015): 1–8.

13 Joan T. Erber and Lenore T. Szuchman, Great Myths of Aging (Malden, MA: Wiley, 2015).

14 Qi Huang and Jianguo Tang, "Age-Related Hearing Loss or Presbycusis," European Archives of Oto-rhino-laryngology 267, no. 8 (2010): 1179–1191.

15 Sharon G. Curhan et al., "Body Mass Index, Waist Circumference, Physical Activity, and Risk of Hearing Loss in Women," American Journal of Medicine 126, no. 12 (2013): 1142.e1–1142.e8.

16 Karen J. Cruickshanks et al., "Prevalence of Hearing Loss in Older Adults in Beaver Dam, Wisconsin: The Epidemiology of Hearing Loss Study," American Journal of Epidemiology 148, no. 9 (1998): 879–886.

17 Richard A. Schmiedt, "The Physiology of Cochlear Presbycusis," in The Aging Auditory System, ed. Sandra Gordon-Salant et al. (New York: Springer, 2010), 9–38.

18 Susan L. Phillips et al., "Frequency and Temporal Resolution in Elderly Listeners with Good and Poor Word Recognition," Journal of Speech, Language, and Hearing Research 43, no. 1 (2000): 217–228.

19 M. Kathleen Pichora-Fuller and Harry Levitt, "Speech Comprehension Training and Auditory and Cognitive Processing in Older Adults," American Journal of Audiology 21, no. 2 (2012): 351–357.

20 M. Kathleen Pichora-Fuller, Bruce A. Schneider, and Meredyth Daneman, "How Young and Old Adults Listen to and Remember Speech in Noise," Journal of the Acoustical Society of America 97, no. 1 (1995): 593–608.

21 David M. Baguley, "Hyperacusis," Journal of the Royal Society of Medicine 96, no. 12 (2003): 582–585.

22 Katherine Bouton, Shouting Won't Help: Why I—and 50 Million Other Americans— Can't Hear You (New York: Farrar, Straus and Giroux, 2013).

23 Andrea Ciorba et al., "The Impact of Hearing Loss on the Quality of Life of Elderly Adults," Clinical Interventions in Aging 7, no. 6 (2012): 159–163.

24 Weihai Zhan et al., "Generational Differences in the Prevalence of Hearing Impairment in Older Adults," American Journal of Epidemiology 171, no. 2 (2009): 260–266.

25 Ineke Vogel et al., "Adolescents and MP3 Players: Too Many Risks, Too Few Precautions," Pediatrics 123, no. 6 (2009): e953–e958.

26 "How Reagan Copes with 1930s Ear Injury," Chicago Tribune, November 9, 1987, sec. 1, 16.

27 Leonard Maltin, Leonard Maltin's Classic Movie Guide: From the Silent Era through 1965, 2nd ed. (New York: Random House, 2010).

28 Harvard Health Publishing, "Tinnitus: Ringing in the Ears and What to Do about It," August 16, 2017, http://www.health.harvard.edu/diseases-and-conditions/tinnitus-ringing-in-the-ears-and-what-to-do-about-it.

29 Karen Klinka, "High-Pitched Ringing in Ears May Be Wake-Up Call," Oklahoman, August 9, 1994, http://newsok.com/article/2474010.

30 David M. Nondahl et al., "Prevalence and 5-Year Incidence of Tinnitus among Older Adults: The Epidemiology of Hearing Loss Study," Journal of the American Academy of Audiology 13, no. 6 (2002): 323–331.

31 Howard J. Hoffman and George W. Reed, "Epidemiology of Tinnitus," in Tinnitus: Theory and Management, ed. James B. Snow (Hamilton, Ontario: B. C. Decker, 2004), 16–41.

32 Sarah M. Theodoroff et al., "Hearing Impairment and Tinnitus: Prevalence, Risk Factors, and Outcomes in US Service Members and Veterans Deployed to the Iraq and Afghanistan Wars," Epidemiologic Reviews 37, no. 1 (2015): 71–85.

33 Chrissy Hughes, "Celebrities with Tinnitus," Restored Hearing, July 1, 2015, https://restoredhearing.com/2015/07/01/celebrities-with-tinnitus.

34 Chris Harnick, "Liza Minnelli on 'Cabaret' Memories, 'Arrested Development' Return and More," Huffpost, January 29, 2013, http://www.huffingtonpost.com/2013/01/28/liza-minnelli-cabaret-arrested development_n_2566747.html.

35 I. Kaufman Arenberg et al., "Van Gogh Had Meniere's Disease and Not Epilepsy," JAMA 264, no. 4 (1990): 491–493.

36 Lawrence K. Altman, "A Tube Implant Corrected Shepard's Ear Disease, New York Times, February 2, 1971, https://www.nytimes.com/1971/02/02/archives/a-tube-implant-corrected-shepards-ear-disease.html.

37 Hearing Solution Centers, "Tinnitus and Star Trek," 2015, https://www.heartulsa.com/blog/tinnitus-star-trek.

38 STR Staff, "Fame Won't Stop the Ringing—20 Celebrities with Tinnitus," January 28, 2018, http://www.stoptheringing.org/fame-wont-stop-the-ringing-20-celebrities-with-tinnitus.

39 David M. Nondahl et al., "The Impact of Tinnitus on Quality of Life in Older Adults," Journal of the American Academy of Audiology 18, no. 3 (2007): 257–266.

40 Jordan T. Glicksman, Sharon G. Curhan, and Gary C. Curhan, "A Prospective Study of Caffeine Intake and Risk of Incident Tinnitus," American Journal of Medicine 127, no. 8 (2014): 739–743.

41 Steven R. Weisman, "Reagan Begins to Wear a Hearing Aid in Public," New York Times, September 8, 1983, http://www.nytimes.com/1983/09/08/us/reagan-begins-to-wear-a-hearing-aid-in-public.html.

42 Sarah Evans et al., "The Relationship between Testosterone and Vocal Frequencies in Human Males," Physiology and Behavior 93, no. 4 (2008): 783–788.

43 Donna S. Lundy et al., "Cause of Hoarseness in Elderly Patients," Otolaryngology—Head and Neck Surgery 118, no. 4 (1998): 481–485.

44 Koichi Omori et al., "Influence of Size and Etiology of Glottal Gap in Glottic Incompetence Dysphonia," Laryngoscope 108, no. 4 (1998): 514–518.

45 Chang Hwan Ryu et al., "Voice Changes in Elderly Adults: Prevalence and the Effect of Social, Behavioral, and Health Status on Voice Quality," Journal of the American Geriatrics Society 63, no. 8: (2015): 1608–1614.

46 Ryu et al., "Voice Changes."

47 Irma M. Verdonck–de Leeuw and Hans F. Mahieu, "Vocal Aging and the Impact on Daily Life: A Longitudinal Study," Journal of Voice 18, no. 2 (2004): 193–202.

48 Daniel R. Boone et al., The Voice and Voice Therapy (New York: Allyn & Bacon, 2005).

49 Regina Helena Garcia Martins et al., "Aging Voice: Presbyphonia," Aging Clinical and Experimental Research 26, no. 1 (2014): 1–5.

50 Peter B. Mueller, "Voice Ageism," Contemporary Issues in Communication Science and Disorders 25 (1998): 62–64.

51 Verdonck–de Leeuw et al., "Vocal Aging."

52 Nicole M. Etter, Joseph C. Stemple, and Dana M. Howell, "Defining the Lived Experience of Older Adults with Voice Disorders," Journal of Voice 27, no. 1 (2013): 61–67.

53 Nicholas R. Nicholson, "A Review of Social Isolation: An Important but Underassessed Condition in Older Adults," Journal of Primary Prevention 33, nos. 2–3 (2012): 137–152.

54 Joseph P. Bradley, Edie Hapner, and Michael M. Johns, "What Is the Optimal Treatment for Presbyphonia?" Laryngoscope 124, no. 11 (2014): 2439–2440.

55 Eric E. Berg et al., "Voice Therapy Improves Quality of Life in Age-Related Dysphonia: A Case-Control Study," Journal of Voice 22, no. 1 (2008): 70–74.

56 Gullapalli N. Rao, Rohit Khanna, and Abhishek Payal, "The Global Burden of Cataract," Current Opinion in Ophthalmology 22, no. 1 (2011): 4–9.

57 Mikhail Linetsky et al., "UVA Light-Excited Kynurenines Oxidize Ascorbate and Modify Lens Proteins through the Formation of Advanced Glycation End Products: Implications for Human Lens Aging and Cataract Formation," Journal of Biological Chemistry 289, no. 24 (2014): 17111–17123.

58 F. J. Ascaso and V. Huerva, "The History of Cataract Surgery," in Cataract Surgery, ed. Farhan Zaidi (Rijeka, Croatia: InTech, 2013), 75–90.

59 Sonia Mehta, "Age-Related Macular Degeneration,"Primary Care: Clinics in Office Practice 42, no. 3 (2015): 377–391.

60 Gordon J. Johnson et al., The Epidemiology of Eye Disease, 2nd ed. (London: Taylor & Francis, 2003).

61 "Fewer Blind Americans Learning to Use Braille," NBC News, March 26, 2009.

62 Andy Brown et al., "The Uptake of Web 2.0 Technologies, and Its Impact on Visually Disabled Users," Universal Access in the Information Society 11, no. 2 (2012): 185–199.

63 Susan A. Strenk, Lawrence M. Strenk, and Jane F. Koretz, "The Mechanism of Presbyopia," Progress in Retinal and Eye Research 24, no. 3 (2005): 379–393.

64 Roger J. W. Truscott and Xiangjia Zhu, "Presbyopia and Cataract: A Question of Heat and Time," Progress in Retinal and Eye Research 29, no. 6 (2010): 487–499.

65 W. Neil Charman, "Developments in the Correction of Presbyopia I: Spectacle and Contact Lenses," Ophthalmic and Physiological Optics 34, no. 1 (2014): 8–29.

66 이중 초점 렌즈가 다른 사람들에 의해 독립적으로 개발되었다는 주장에 대해서는 다음의 논문을 참조하시오. John R. Levene, "Benjamin Franklin, FRS, Sir Joshua Reynolds, FRS, PRA, Benjamin West, PRA, and the Invention of Bifocals," Notes and Records of the Royal Society of London 27, no. 1 (1972): 141–163.

67 Tony Adams, "Multiple Presbyopic Corrections across Multiple Centuries," Optometry and Vision Science 90, no. 5 (2013): 409–410.

68 J. Kevin Belville and Ronald J. Smith, eds., Presbyopia Surgery: Pearls and Pitfalls (Thorofare, NJ: Slack, 2006).

69 Cynthia Owsley, Robert Sekuler, and Dennis Siemsen, "Contrast Sensitivity throughout Adulthood," Vision Research 23, no. 7 (1983): 689–699.

70 Denton J. DeLoss, Takeo Watanabe, and George J. Andersen, "Improving Vision among Older Adults: Behavioral Training to Improve Sight," Psychological Science 26, no. 4 (2015): 456–466.

71 Uri Polat et al., "Training the Brain to Over come the Effect of Aging on the Human Eye," Scientific Reports 2 (2012): 1–6.

72 Daniel J. Simons et al., "Do 'Brain Training' Programs Work?" Psychological Science in the Public Interest 17, no. 3 (2016): 103–186.

73 Austin Frakt, "Training Your Brain So That You Don't Need Reading Glasses," New York Times, March 27, 2017, https://nyti.ms/2nEi3iR.

74 Carmen María Sarabia-Cobo et al., "Skilful Communication: Emotional Facial Expressions Recognition in Very Old Adults," International Journal of Nursing Studies 54 (2016): 104–111.

75 Jennifer Tehan Stanley and Fredda Blanchard-Fields, "Challenges Older Adults Face in Detecting Deceit: The Role of Emotion Recognition," Psychology and Aging 23, no. 1 (2008): 24–32.

76 Naomi Cocks, Gary Morgan, and Sotaro Kita, "Iconic Gesture and Speech Integration in Younger and Older Adults," Gesture 11, no. 1 (2011): 24–39.

77 Joann Montepare et al., "The Use of Body Movements and Gestures as Cues to Emotions in Younger and Older Adults," Journal of Nonverbal Behavior 23, no. 2 (1999): 133–152.

78 César F. Lima et al., "In the Ear of the Beholder: How Age Shapes Emotion Processing in Nonverbal Vocalizations," Emotion 14, no. 1 (2014): 145–160.

79 Kate Dupuis and M. Kathleen Pichora-Fuller, "Use of Affective Prosody by Young and Older Adults," Psychology and Aging 25, no. 1 (2010): 16–29.

80 Louise H. Phillips et al., "Older Adults Have Difficulty in Decoding Sarcasm," Developmental Psychology 51, no. 12 (2015): 1840–1852.

81 Ted Ruffman et al., "A Meta-analytic Review of Emotion Recognition and Aging: Implications for Neuropsychological Models of Aging," Neuroscience and Biobehavioral Reviews 32, no. 4 (2008): 863–881.

82 Andrew E. Reed, Larry Chan, and Joseph A. Mikels, "Meta-analysis of the Age-Related Positivity Effect: Age Differences in Preferences for Positive over Negative Information," Psychology and Aging 29, no. 1 (2014): 1–15.

83 Mara Mather and Laura L. Carstensen, "Aging and Attentional Biases for Emotional Faces," Psychological Science 14, no. 5 (2003): 409–415.

84 Atsunobu Suzuki et al., "Decline or Improvement? Age-Related Differences in Facial Expression Recognition," Biological Psychology 74, no. 1 (2007): 75–84.

85 Peter Salovey and John D. Mayer, "Emotional Intelligence," Imagination, Cognition and Personality 9, no. 3 (1990): 185–211.

86 Romola S. Bucks and Shirley A. Radford, "Emotion Processing in Alzheimer's Disease," Aging and Mental Health 8, no. 3 (2004): 222–232.

87 Baltes and Baltes, Successful Aging.

Chapter 3.

1 Deborah M. Burke and Meredith A. Shafto, "Aging and Language Production," Current Directions in Psychological Science 13, no. 1 (2004): 21–24.

2 Deborah M. Burke and Meredith A. Shafto, "Language and Aging," in The Handbook of Aging and Cognition, 3rd ed., ed. Fergus I. Craik and Timothy A. Salthouse (New York: Psychology Press, 2008), 373–443.

3 Marilyn K. Heine, Beth A. Ober, and Gregory K. Shenaut, "Naturally Occurring and Experimentally Induced Tip-of-the Tongue Experiences in Three Adult Age Groups," Psychology and Aging 14, no. 3 (1999): 445–457.

4 Bennett L. Schwartz, Tip-of-the-Tongue States: Phenomenology, Mechanism, and Lexical Retrieval (Mahwah, NJ: Erlbaum, 2002).

5 Alan S. Brown, The Tip of the Tongue State (New York: Psychology Press, 2012).

6 Roger Brown and David McNeill, "The 'Tip of the Tongue' Phenomenon," Journal of Verbal Learning and Verbal Behavior 5, no. 4 (1966): 333.

7 Alan S. Brown and Lori A. Nix, "Age-Related Changes in the Tip-of-the-Tongue Experience," American Journal of Psychology 109, no. 1 (1996): 79–91.

8 Bennett L. Schwartz and Leslie D. Frazier, "Tip of-the-Tongue States and Aging: Contrasting Psycholinguistic and Meta cognitive Perspectives," Journal of General Psychology 132, no. 4 (2005): 377–391.

9 Donna J. Dahlgren, "Impact of Knowledge and Age on Tip-of-the-Tongue Rates," Experimental Aging Research 24, no. 2 (1998): 139–153.

10 Bennett L. Schwartz and Janet Metcalfe, "Tip-of-the-Tongue (TOT) States: Retrieval, Behavior, and Experience," Memory and Cognition 39, no. 5 (2011): 737–749.

11 Anne M. Cleary and Alexander B. Claxton, "The Tip-of-the-Tongue Heuristic: How Tip-of-the-Tongue States Confer Perceptibility on Inaccessible Words," Journal of Experimental Psychology: Learning, Memory, and Cognition 41, no. 5 (2015): 1533–1539.

12 Katrien Segaert et al., "Higher Physical Fitness Levels Are Associated with Less Language Decline in Healthy Ageing," Scientific Reports 8, 6715 (2018): 1–10.

13 Edith Kaplan, Harold Goodglass, and Sandra Weintraub, Boston Naming Test (Philadelphia: Lea & Febiger, 1983).

14 Pierre Goulet, Bernadette Ska, and Helen J. Kahn, "Is There a Decline in Picture Naming with Advancing Age?" Journal of Speech, Language, and Hearing Research 37, no. 3 (1994): 629–644.

15 Pierre Feyereisen, "A Meta-analytic Procedure Shows an Age-Related Decline in Picture Naming: Comments on Goulet, Ska, and Kahn (1994)," Journal of Speech, Language, and Hearing Research 40, no. 6 (1997): 1328–1333.

16 Lisa Tabor Connor et al., "Change in Object Naming Ability during Adulthood," Journals of Gerontology Series B: Psychological Sciences and Social Sciences 59, no. 5 (2004): P203–P209.

17 Rhoda Au et al., "Naming Ability across the Adult Life Span," Aging, Neuropsychology, and Cognition 2, no. 4 (1995): 303.

18 Linda Mortensen, Antje S. Meyer, and Glyn W. Humphreys, "Age-Related Effects on Speech Production: A Review," Language and Cognitive Processes 21, nos. 1–3 (2006): 238–290.

19 Christopher Randolph et al., "Determinants of Confrontation Naming Performance," Archives of Clinical Neuropsychology 14, no. 6 (1999): 489–496; Ronald F. Zec et al., "A Cross-Sectional Study of the Effects of Age, Education, and Gender on the Boston Naming Test," Clinical Neuropsychologist 21, no. 4 (2007): 587–616.

20 Randolph et al., "Determinants of Confrontation."

21 Maureen Schmitter-Edgecombe, M. Vesneski, and D. W. R. Jones, "Aging and Word-Finding: A Comparison of Spontaneous and Constrained Naming Tests," Archives of Clinical Neuropsychology 15, no. 6 (2000): 479–493.

22 Martin L. Albert et al., "Effects of Health Status on Word Finding in Aging," Journal of the American Geriatrics Society 57, no. 12 (2009): 2300–2305.

23 Victoria Tumanova et al., "Speech Disfluencies of Preschool-Age Children Who Do and Do Not Stutter," Journal of Communication Disorders 49 (2014): 25–41.

24 Stanley Schachter et al., "Speech Disfluency and the Structure of Knowledge," Journal of Personality and Social Psychology 60, no. 3 (1991): 362–367.

25 Heather Bortfeld et al., "Disfluency Rates in Conversation: Effects of Age, Relationship, Topic, Role, and Gender," Language and Speech 44, no. 2 (2001): 123–147.

26 David Zielinski, ed., Master Presenter: Lessons from the World's Top Experts on Becoming a More Influential Speaker (San Francisco: Wiley, 2013).

27 Jean E. Fox Tree, "Folk Notions of Um and Uh, You Know, and Like," Text and Talk 27, no. 3 (2007): 297–314.

28 Herbert H. Clark and Jean E. Fox Tree, "Using Uh and Um in Spontaneous Speaking," Cognition 84, no. 1 (2002): 73–111.

29 Eric K. Acton, "On Gender Differences in the Distribution of Um and Uh," University of Pennsylvania Working Papers in Linguistics 17, no. 2 (2011): 1–9.

30 Mark Liberman, "Language Log: Young Men Talk like Old Women," November 6, 2005, http://itre.cis.upenn.edu/~myl/languagelog/archives/002629.html.

31 Patricia V. Cooper, "Discourse Production and Normal Aging: Performance on Oral Picture Description Tasks," Journal of Gerontology 45, no. 5 (1990): 210–214; Sandra W. Duchin and Edward D. Mysak, "Disfluency and Rate Characteristics of Young Adult, Middle-Aged, and Older Males," Journal of Communication Disorders 20, no. 3 (1987): 245–257.

32 Nichol Castro and Lori E. James, "Differences between Young and Older Adults' Spoken Language Production in Descriptions of Negative versus Neutral Pictures," Aging, Neuropsychology, and Cognition 21, no. 2 (2014): 222–238.

33 Barbara B. Shadden, "Discourse Behaviors in Older Adults," Seminars in Speech and Language 18, no. 2 (1997): 143–157.

34 Jeffrey P. Searl, Rodney M. Gabel, and J. Steven Fulks, "Speech Disfluency in Centenarians," Journal of Communication Disorders 35, no. 5 (2002): 383–392.

35 Frederique Gayraud, Hye-Ran Lee, and Melissa Barkat-Defradas, "Syntactic and Lexical Context of Pauses and Hesitations in the Discourse of Alzheimer Patients and Healthy Elderly Subjects," Clinical Linguistics and Phonetics 25, no. 3 (2011): 198–209.

36 Allison Wray, Formulaic Language and the Lexicon (Cambridge: Cambridge University Press, 2002).

37 Diana Van Lancker-Sidtis and Gail Rallon, "Tracking the Incidence of Formulaic Expressions in Everyday Speech: Methods for Classification and Verification," Language and Communication 24, no. 3 (2004): 207–240.

38 Kelly Ann Bridges and Diana Van Lancker Sidtis, "Formulaic Language in Alzheimer's Disease," Aphasiology 27, no. 7 (2013): 799–810.

39 Boyd H. Davis and Margaret Maclagan, "Pauses, Fillers, Placeholders, and Formulaicity in Alzheimer's Discourse," in Fillers, Pauses and Placeholders, ed. Nino Amiridze, Boyd H. Davis, and Margaret Maclagan (Amsterdam: John Benjamins, 2010), 189–216.

40 Steve Luxemberg, "'The King's Speech': Brilliant Filmmaking, Less-than-Brilliant History," Washington Post, January 28, 2011.

41 Jeffrey K. Johnson, "The Visualization of the Twisted Tongue: Portrayals of Stuttering in Film, Television, and Comic Books," Journal of Popular Culture 41, no. 2 (2008): 245–261.

42 Dennis McLellan, "Stutter Group Pickets over 'Wanda' Role," Los Angeles Times, March 29, 1989, http://articles.latimes.com/1989-03-29/entertainment/ca-716_1_wanda-insults-people.

43 Carlos Frigerio-Domingues and Dennis Drayna, "Genetic Contributions to Stuttering: The Current Evidence," Molecular Genetics and Genomic Medicine 5, no. 2 (2017): 95–102.

44 Ashley Craig and Yvonne Tran, "Trait and Social Anxiety in Adults with Chronic Stuttering: Conclusions following Meta-analysis," Journal of Fluency Disorders 40 (2014): 35–43.

45 Corrado Fagnani et al., "Heritability and Environmental Effects for Self-Reported Periods with Stuttering: A Twin Study from Denmark," Logopedics Phoniatrics Vocology 36, no. 3 (2011): 114–120.

46 Roger J. Ingham et al., "Stuttering Treatment and Brain Research in Adults: A Still Unfolding Relationship," Journal of Fluency Disorders 55 (2018): 106–119.

47 David Owens, "The Yips: What's behind the Condition That Every Golfer Dreads?" New Yorker, May 26, 2014, https://www.newyorker.com/magazine/2014/05/26/the-yips.

48 G. Kiziltan and M. A. Akalin, "Stuttering May Be a Type of Action Dystonia," Movement Disorders 11, no. 3 (1996): 278–282.

49 Eric S. Jackson et al., "Responses of Adults Who Stutter to the Anticipation of Stuttering," Journal of Fluency Disorders 45 (2015): 38–51.

50 Christopher D. Constantino et al., "A Preliminary Investigation of Daily Variability of Stuttering in Adults," Journal of Communication Disorders 60 (2016): 39–50.

51 Michelle Klompas and Eleanor Ross, "Life Experiences of People Who Stutter, and the Perceived Impact of Stuttering on Quality of Life: Personal Accounts of South African Individuals," Journal of Fluency Disorders 29, no. 4 (2004): 275–305.

52 Debora Freud et al., "The Relationship between the Experience of Stuttering and Demographic Characteristics of Adults Who Stutter," Journal of Fluency Disorders 52 (2017): 53–63.

53 Travis M. Andrews, "Annie Glenn: 'When I Called John, He Cried. People Just Couldn't Believe That I Could Really Talk.'" Washington Post, December 9, 2016, https://www.washingtonpost.com/news/morning-mix/wp/2016/12/09/to-john-glenn-the-real-hero-was-his-wife-annie-conqueror-of-disability/?noredirect=on&utm_term=.c02f21305c42.

54 The Stuttering Foundation, "Annie Glenn," June 17, 2015, https://www.stutteringhelp.org/content/annie-glenn.

55 Klompas and Ross, "Life Experiences of People Who Stutter."

56 Walther H. Manning, Deborah Dailey, and Sue Wallace, "Attitude and Personality Characteristics of Older Stutterers," Journal of Fluency Disorders 9 (1984): 213.

57 Geraldine Bricker-Katz, Michelle Lincoln, and Patricia McCabe, "A Life-Time of Stuttering: How Emotional Reactions to Stuttering Impact Activities and Participation in Older People," Disability and Rehabilitation 31, no. 21 (2009): 1742–1752.

58 Jonathan D. Rohrer, Martin N. Rossor, and Jason D. Warren, "Neologistic Jargon Aphasia and Agraphia in Primary Progressive Aphasia," Journal of the Neurological Sciences 277, no. 1 (2009): 155–159.

59 Zac Lane et al., "Differentiating Psychosis versus Fluent Aphasia," Clinical Schizophrenia and Related Psychoses 4, no. 4 (2010): 258–261.

60 Maarten G. Lansberg, Erich Bluhmki, and Vincent N. Thijs, "Efficacy and Safety of Tissue Plasminogen Activator 3 to 4.5 Hours after Acute Ischemic Stroke: A Meta-analysis," Stroke 40, no. 7 (2009): 2438–2441.

61 Ruth Campbell, Mairéad MacSweeney, and Dafydd Waters, "Sign Language and the Brain: A Review," Journal of Deaf Studies and Deaf Education 13, no. 1 (2008): 3–20.

62 Norman Geschwind, "The Organization of Language and the Brain," Science 170, no. 3961 (1970): 940–944.

63 Randi Starrfelt and Marlene Behrmann, "Number Reading in Pure Alexia—a Review," Neuropsychologia 49, no. 9 (2011): 2283–2298.

64 E. H. Lacey et al., "Transcranial Direct Current Stimulation for Pure Alexia: Effects on Brain and Behavior," Brain Stimulation: Basic, Translational, and Clinical Research in Neuromodulation 8, no. 2 (2015): 305–307.

65 M. M. Watila and S. A. Balarabe, "Factors Predicting Post-stroke Aphasia Recovery," Journal of the Neurological Sciences 352, no. 1 (2015): 12–18.

66 Marian C. Brady et al., "Speech and Language Therapy for Aphasia following Stroke," Cochrane Database of Systematic Reviews, no. 6, article number CD000425 (2016).

67 Andrea Gomez Palacio Schjetnan et al., "Transcranial Direct Current Stimulation in Stroke Rehabilitation: A Review of Recent Advancements," Stroke Research and Treatment, article ID 170256 (2013).

68 Michael Pugliese et al., "Mobile Tablet Based Therapies following Stroke: A Systematic Scoping Review of Administrative Methods and Patient Experiences," PloS One 13, no. 1 (2018): e0191566; Sarel Van Vuuren and Leora R. Cherney, "A Virtual Therapist for Speech and Language Therapy," in Intelligent Virtual Agents, ed. T. Bickmore, S. Marsella, and C. Sidner (New York: Springer, 2014), 438–448.

69 Anna J. Wilson et al., "Dyscalculia and Dyslexia in Adults: Cognitive Bases of Comorbidity," Learning and Individual Differences 37 (2015): 118–132.

70 Robin L. Peterson and Bruce F. Pennington, "Developmental Dyslexia," Annual Review of Clinical Psychology 11 (2015): 283–307.

71 Suzanne C. Swagerman et al., "Genetic Transmission of Reading Ability," Brain and Language 172 (2015): 3–8.

72 Johannes C. Ziegler et al., "Developmental Dyslexia in Different Languages: Language-Specific or Universal?" Journal of Experimental Child Psychology 86, no. 3 (2003): 169–193.

73 Kathleen Tanner, "Adult Dyslexia and the 'Conundrum of Failure,'" Disability and Society 24, no. 6 (2009): 785–797.

74 Gail Sheehy, "The Accidental Candidate," Vanity Fair, October 2000.

75 Andrew Cohen, "Bush's Mangling of Language Points to Dyslexia: Writer," Globe and Mail, September 13, 2000.

76 Trude Nergård-Nilssen and Charles Hulme, "Developmental Dyslexia in Adults: Behavioural Manifestations and Cognitive Correlates," Dyslexia 20, no. 3 (2014): 191–207.

77 James H. Smith-Spark, Adam P. Zięcik, and Christopher Sterling, "Self-Reports of Increased Prospective and Retrospective Memory Problems in Adults with Developmental Dyslexia," Dyslexia 22, no. 3 (2016): 245–262.

78 Claudia Metzler-Baddeley, Amanda Salter, and Roy W. Jones, "The Significance of Dyslexia Screening for the Assessment of Dementia in Older People," International Journal of Geriatric Psychiatry 23, no. 7 (2008): 766–768.

79 Eddy Cavalli et al., "Vocabulary Skills Are Well Developed in University Students with Dyslexia: Evidence from Multiple Case Studies," Research in Developmental Disabilities 51 (2016): 89–102.

80 Jessica J. Wery and Jennifer A. Diliberto, "The Effect of a Specialized Dyslexia Font, OpenDyslexic, on Reading Rate and Accuracy," Annals of Dyslexia 67, no. 2 (2017): 114–127.

81 Eva Marinus et al., "A Special Font for People with Dyslexia: Does It Work and, If So, Why?" Dyslexia 22, no. 3 (2016): 233–244.

82 Brock L. Eide and Fernette F. Eide, The Dyslexic Advantage: Unlocking the Hidden Potential of the Dyslexic Brain (New York: Plume, 2012).

83 Georg Herman Monrad-Krohn, "Dysprosody or Altered 'Melody of Language,'" Brain 70 (1947): 405–415; J. Ryalls and I. Reinvang, "Some Further Notes on Monrad-Krohn's Case Study of Foreign Accent Syndrome," Folia Phoniatrica et Logopaedica 37, nos. 3–4 (1985): 160–162.

84 Inger Moen, "Monrad-Krohn's Foreign Accent Syndrome Case," in Classic Cases in Neuropsychology, ed. Chris Code et al. (Hove, UK: Psychology Press, 1996), 145–156.

85 Ryan Jaslow, "George Michael Wakes from Coma with New Accent: What's Foreign Accent Syndrome?" CBS News, July 19, 2012, https://www.cbsnews.com/news/george-michael-wakes from-coma-with-new-accent-whats-foreign-accent-syndrome.

86 Sheila E. Blumstein and Kathleen Kurowski, "The Foreign Accent Syndrome: A Perspective," Journal of Neurolinguistics 19, no. 5 (2006): 346–355.

87 Stefanie Keulen et al., "Foreign Accent Syndrome as a Psychogenic Disorder: A Review," Frontiers in Human Neuroscience 10, no. 168 (2016).

88 Barbara Bradford, "Upspeak in British English," English Today 13, no. 3 (1997): 29–36.

89 Moen, "Monrad-Krohn's Foreign Accent Syndrome."

90 BBC News, "Stroke Gives Woman a Foreign Accent," July 4, 2006, http://news.bbc.co.uk/2/hi/uk_news/england/tyne/5144300.stm.

91 Cinzia Di Dio, Joerg Schulz, and Jennifer Gurd, "Foreign Accent Syndrome: In the Ear of the Beholder?" Aphasiology 20, no. 9 (2006): 951–962.

92 Jo Verhoeven et al., "Accent Attribution in Speakers with Foreign Accent Syndrome," Journal of Communication Disorders 46, no. 2 (2013): 156–168.

93 BBC News, July 4, 2006.

94 Anthony DiLollo, Julie Scherz, and Robert A. Neimeyer, "Psychosocial Implications of Foreign Accent Syndrome: Two Case Examples," Journal of Constructivist Psychology 27, no. 1 (2014): 24.

Chapter 4.

1 Margaret M. Kjelgaard, Debra A. Titone, and Arthur Wingfield, "The Influence of Prosodic Structure on the Interpretation of Temporary Syntactic Ambiguity by Young and Elderly Listeners," Experimental Aging Research 25, no. 3 (1999): 187–207.

2 Ken J. Hoyte, Hiram Brownell, and Arthur Wingfield, "Components of Speech Prosody and Their Use in Detection of Syntactic Structure by Older Adults," Experimental Aging Research 35, no. 1 (2009): 129–151.

3 Angela N. Burda et al., "Age and Under standing Speakers with Spanish or Taiwanese Accents," Perceptual and Motor Skills 97, no. 1 (2003): 11–20.

4 Sandra Gordon-Salant et al., "Perception of Contrastive Bi-syllabic Lexical Stress in Unaccented and Accented Words by Younger and Older Listeners," Journal of the Acoustical Society of America 139, no. 3 (2016): 1132–1148.

5 Alejandrina Cristia et al., "Linguistic Processing of Accented Speech across the Lifespan," Frontiers in Psychology 3, no. 479 (2012): 1–15.

6 Alexandra Jesse and Esther Janse, "Audiovisual Benefit for Recognition of Speech Presented with Single-Talker Noise in Older Listeners," Language and Cognitive Processes 27, nos. 7–8 (2012): 1167–1191.

7 Raymond S. Nickerson and Marilyn Jager Adams, "Long-Term Memory for a Common Object," Cognitive Psychology 11, no. 3 (1979): 288.

8 Alan D. Castel, Meenely Nazarian, and Adam B. Blake, "Attention and Incidental Memory in Everyday Settings," in The Handbook of Attention, ed. Jonathan M. Fawcett, Evan F. Risko, and Alan Kingstone (Cambridge, MA: MIT Press), 463–483.

9 Larry L. Jacoby and Ann Hollingshead, "Reading Student Essays May Be Hazardous to Your Spelling: Effects of Reading Incorrectly and Correctly Spelled Words," Canadian Journal of Psychology 44, no. 3 (1990): 345–358.

10 Larry L. Jacoby, "Memory Observed and Memory Unobserved," in Remembering Reconsidered: Ecological and Traditional Approaches to the Study of Memory, ed. Ulric Neisser and Eugene Winograd (Cambridge: Cambridge University Press, 1988), 145–192.

11 Jacoby and Hollingshead, "Reading Student Essays May Be Hazardous."

12 Donald G. MacKay, Lise Abrams, and Manissa J. Pedroza, "Aging on the Input versus Output Side: Theoretical Implications of Age-Linked Asymmetries between Detecting versus Retrieving Orthographic Information," Psychology and Aging 14, no. 1 (1999): 3–17.

13 Lise Abrams, Meagan T. Farrell, and Sara J. Margolin, "Older Adults' Detection of Misspellings during Reading," Journals of Gerontology Series B: Psychological Sciences and Social Sciences 65B, no. 6 (2010): 680–683.

14 Francis T. Durso and Wendelyn J. Shore, "Partial Knowledge of Word Meanings," Journal of Experimental Psychology: General 120, no. 2 (1991): 190–202.

15 Robin Goulden, Paul Nation, and John Read, "How Large Can a Receptive Vocabulary Be?" Applied Linguistics 11, no. 4 (1990): 356.

16 Kathryn Zickuhr et al., "Younger Americans' Reading and Library Habits," Pew Internet and American Life Project, October 23, 2012, http://libraries.pewinternet.org/2012/10/23/younger-americans-reading-and-library-habits.

17 Ryan P. Bowles and Timothy A. Salthouse, "Vocabulary Test Format and Differential Relations to Age," Psychology and Aging 23, no. 2 (2008): 366–376.

18 Eugene B. Zechmeister et al., "Growth of a Functionally Important Lexicon," Journal of Reading Behavior 27, no. 2 (1995): 201–212.

19 Gitit Kavé and Vered Halamish, "Doubly Blessed: Older Adults Know More Vocabulary and Know Better What They Know," Psychology and Aging 30, no. 1 (2015): 72.

20 Joshua K. Hartshorne and Laura T. Germine, "When Does Cognitive Functioning Peak? The Asynchronous Rise and Fall of Different Cognitive Abilities across the Life Span," Psychological Science 26, no. 4 (2015): 433–443.

21 Meredith A. Shafto et al., "Age-Related Increases in Verbal Knowledge Are Not Associated with Word Finding Problems in the Cam-CAN Cohort: What You Know Won't Hurt You," Journals of Gerontology Series B: Psychological Sciences and Social Sciences 72, no. 1 (2018): 100–106.

22 Eiji Aramaki et al., "Vocabulary Size in Speech May Be an Early Indicator of Cognitive Impairment," PloS One 11, no. 5 (2016): 1–13.

23 Tom N. Tombaugh, Jean Kozak, and Laura Rees, "Normative Data Stratified by Age and Education for Two Measures of Verbal Fluency: FAS and Animal Naming," Archives of Clinical Neuropsychology 14, no. 2 (1999): 167–177.

24 Janet Patterson, "Verbal Fluency," in Encyclopedia of Clinical Neuropsychology, vol. 4, ed. Jeffrey S. Kreutzer, John DeLuca, and Bruce Caplan (New York: Springer, 2011), 2603–2605.

25 Julie D. Henry and John R. Crawford, "A Meta-analytic Review of Verbal Fluency Performance following Focal Cortical Lesions," Neuropsychology 18, no. 2 (2004): 284–295.

26 Joan McDowd et al., "Understanding Verbal Fluency in Healthy Aging, Alzheimer's Disease, and Parkinson's Disease," Neuropsychology 25, no. 2 (2011): 210–225.

27 Douglas M. Whiteside et al., "Verbal Fluency: Language or Executive Function Measure?" Applied Neuropsychology: Adult 23, no. 1 (2016): 29–34.

28 Tombaugh et al., "Normative Data Stratified by Age."

29 Karen I. Bolla et al., "Predictors of Verbal Fluency (FAS) in the Healthy Elderly," Journal of Clinical Psychology 46, no. 5 (1990): 623–628.

30 Adam M. Brickman et al., "Category and Letter Verbal Fluency across the Adult Lifespan: Relationship to EEG Theta Power," Archives of Clinical Neuropsychology 20, no. 5 (2005): 561–573.

31 Sara J. Czaja et al., "Examining Age Differences in Performance of a Complex Information Search and Retrieval Task," Psychology and Aging 16, no. 4 (2001): 564–579.

32 Danielle Barry, Marsha E. Bates, and Erich Labouvie, "FAS and CFL Forms of Verbal Fluency Differ in Difficulty: A Meta-analytic Study," Applied Neuropsychology 15, no. 2 (2008): 97–106.

33 Brickman et al., "Category and letter Verbal Fluency."

34 Ian S. Hargreaves et al., "How a Hobby Can Shape Cognition: Visual Word Recognition in Competitive Scrabble Players," Memory and Cognition 40, no. 1 (2012): 1–7.

35 Michael Ramscar et al., "The Myth of Cognitive Decline: Non-linear Dynamics of Lifelong Learning," Topics in Cognitive Science 6, no. 1 (2014): 5–42.

36 Susan Kemper and Aaron Sumner, "The Structure of Verbal Abilities in Young and Older Adults," Psychology and Aging 16, no. 2 (2001): 312–322.

37 Susan Kemper, Ruth E. Herman, and Chiung-Ju Liu, "Sentence Production by Young and Older Adults in Controlled Contexts," Journals of Gerontology Series B: Psychological Sciences and Social Sciences 59, no. 5 (2004): P220–P224.

38 Susan Kemper, Marilyn Thompson, and Janet Marquis, "Longitudinal Change in Language Production: Effects of Aging and Dementia on Grammatical Complexity and Semantic Content," Psychology and Aging 16, no. 4 (2001): 600–614.

39 Marilyn A. Nippold, Paige M. Cramond, and Christine Hayward-Mayhew, "Spoken Language Production in Adults: Examining Age-Related Differences in Syntactic Complexity," Clinical Linguistics and Phonetics 28, no. 3 (2014): 195–207.

40 Fermín Moscoso del Prado Martín, "Vocabulary, Grammar, Sex, and Aging," Cognitive Science 41, no. 4 (2017): 950–975.

41 Susan Kemper, "Memory and Executive Function: Language Production in Late Life," in Language Development: The Lifespan Perspective, ed. Annette Gerstenberg and Anja Voeste (Amsterdam: John Benjamins, 2015), 59–76.

42 Moscoso del Prado Martín, "Vocabulary, Grammar, Sex."

43 Alan D. Baddeley et al., "The Decline of Working Memory in Alzheimer's Disease: A Longitudinal Study," Brain 114, no. 6 (1991): 2521–2542.

44 Kemper et al., "Longitudinal Change."

45 Kelly Lyons et al., "Oral Language and Alzheimer's Disease: A Reduction in Syntactic Complexity," Aging, Neuropsychology, and Cognition 1, no. 4 (1994): 271–281.

46 Susan Kemper et al., "On the Preservation of Syntax in Alzheimer's Disease: Evidence from Written Sentences," Archives of Neurology 50, no. 1 (1993): 81–86.

47 Kemper, "Memory and Executive Function," 63.

48 Dolores Gold et al., "Measurement and Correlates of Verbosity in Elderly People," Journal of Gerontology: Psychological Sciences 43, no. 2 (1988): 27.

49 Dolores Pushkar Gold et al., "Off-Target Verbosity and Talkativeness in Elderly People," Canadian Journal on Aging 12, no. 1 (1993): 67–77.

50 Guila Glosser and Toni Deser, "A Comparison of Changes in Macrolinguistic and Microlinguistic Aspects of Discourse Production in Normal Aging," Journal of Gerontology 47, no. 4 (1992): 266–272.

51 Dolores Pushkar Gold and Tannis Y. Arbuckle, "A Longitudinal Study of Off-Target Verbosity," Journals of Gerontology Series B: Psychological Sciences and Social Sciences 50, no. 6 (1995): 307–315.

52 Tannis Y. Arbuckle and Dolores Pushkar Gold, "Aging, Inhibition, and Verbosity," Journal of Gerontology 48, no. 5 (1993): 225–232.

53 Lori E. James et al., "Production and Perception of 'Verbosity' in Younger and Older Adults," Psychology and Aging 13, no. 3 (1998): 355–367.

54 C. A. Brimacombe et al., "Perceptions of Older Adult Eyewitnesses: Will You Believe Me When I'm 64?" Law and Human Behavior 27, no. 5 (2003): 507–522.

55 C. A. Brimacombe et al., "Is Age Irrelevant? Perceptions of Young and Old Adult Eyewitnesses," Law and Human Behavior 21, no. 6 (1997): 619–634; Sheree T. Kwong See, Hunter G. Hoffman, and Tammy L. Wood, "Perceptions of an Old Female Eyewitness: Is the Older Eyewitness Believable?" Psychology and Aging 16, no. 2 (2001): 346–350.

56 James et al., "Production and Perception," 355.

57 Elizabeth A. L. Stine-Morrow, Matthew C. Shake, and Soo Rim Noh, "Language and Communication," in Aging in America, vol. 1, ed. John C. Cavanaugh and Christine K. Cavanaugh (Santa Barbara, CA: Praeger Perspectives, 2010), 56–78.

58 Dunja L. Trunk and Lise Abrams, "Do Younger and Older Adults' Communicative Goals Influence Off-Topic Speech in Autobiographical Narratives?" Psychology and Aging 24, no. 2 (2009): 324–377.

59 Katinka Dijkstra et al., "Conversational Coherence: Discourse Analysis of Older Adults with and without Dementia," Journal of Neurolinguistics 17, no. 4 (2004): 276.

60 Janet B. Ruscher and Megan M. Hurley, "Off-Target Verbosity Evokes Negative Stereotypes of Older Adults," Journal of Language and Social Psychology 19, no. 1 (2000): 141–149.

61 Richard M. Roberts and Roger J. Kreuz, "Non standard Discourse and Its Coherence," Discourse Processes 16, no. 4 (1993): 451–464.

62 Susan Kemper et al., "Telling Stories: The Structure of Adults' Narratives," European Journal of Cognitive Psychology 2, no. 3 (1991): 208.

63 Kemper et al., "Telling Stories."

64 Cynthia Adams et al., "Adult Age Group Differences in Story Recall Style," Journal of Gerontology 45, no. 1 (1990): P17–P27.

65 Danielle K. Davis, Nicole Alea, and Susan Bluck, "The Difference between Right and Wrong: Accuracy of Older and Younger Adults' Story Recall," International Journal of Environmental Research and Public Health 12, no. 9 (2015): 10861–10885.

66 Jacqueline M. Baron and Susan Bluck, "That Was a Good Story! Preliminary Construction of the Perceived Story Quality Index," Discourse Processes 48, no. 2 (2011): 93–118.

67 Susan Kemper et al., "Life-Span Changes to Adults' Language: Effects of Memory and Genre," Applied Psycholinguistics 10, no. 1 (1989): 49–66.

68 Michael W. Pratt and Susan L. Robins, "That's the Way It Was: Age Differences in the Structure and Quality of Adults' Personal Narratives," Discourse Processes 14, no. 1 (1991): 73–85.

69 Nancy L. Mergler, Marion Faust, and Michael D. Goldstein, "Storytelling as an Age-Dependent Skill: Oral Recall of Orally Presented Stories," International Journal of Aging and Human Development 20, no. 3 (1985): 205.

70 Arthur A. Wingfield and Elizabeth A. L. Stine Morrow, "Language and Speech," in Handbook of Cognitive Aging, 2nd ed., ed. Fergus I. M. Craik and Timothy A. Salthouse (Mahwah, NJ: Erlbaum, 2000), 359–416.

71 Roger A. Dixon and Odette N. Gould, "Adults Telling and Retelling Stories Collaboratively," in Interactive Minds: Life-Span Perspectives on the Social Foundation of Cognition, ed. Paul B. Baltes and Ursula M. Staudinger (Cambridge: Cambridge University Press, 1996), 221–241.

72 Odette N. Gould et al., "Collaborative Recall in Married and Unacquainted Dyads," International Journal of Behavioral Development 26, no. 1 (2002): 36–44.

73 Odette N. Gould and Roger A. Dixon, "How We Spent Our Vacation: Collaborative Storytelling by Young and Old Adults," Psychology and Aging 8, no. 1 (1993): 10–17.

74 Cynthia A. Berg et al., "Task Control and Cognitive Abilities of Self and Spouse in Collaboration in Middle-Aged and Older Couples," Psychology and Aging 22, no. 3 (2007): 420–427.

75 Dixon and Gould, "Adults Telling and Retelling Stories"; Gould and Dixon, "How We Spent Our Vacation"; Gould, Osborn, et al., "Collaborative Recall."

Chapter 5.

1 Roger Kreuz and Richard Roberts, Getting Through: The Pleasures and Perils of Cross-Cultural Communication (Cambridge, MA: MIT Press, 2017).

2 Louise Schubotz, Judith Holler, and Asli Özyürek, "Age-Related Differences in Multi-modal Audience Design: Young, but Not Old Speakers, Adapt Speech and Gestures to Their Addressee's Knowledge," in Proceedings of the 4th GESPIN—Gesture and Speech in Interaction (Nantes, France, September 2015), 211–216.

3 Dana R. Murphy, Meredyth Daneman, and Bruce A. Schneider, "Why Do Older Adults Have Difficulty Following Conversations?" Psychology and Aging 21, no. 1 (2006): 49–61.

4 Alfredo Ardila and Monica Rosselli, "Spontaneous Language Production and Aging: Sex and Educational Effects," International Journal of Neuroscience 87, nos. 1–2 (1996): 71–78.

5 Gillian Slessor, Louise H. Phillips, and Rebecca Bull, "Age-Related Declines in Basic Social Perception: Evidence from Tasks Assessing Eye-Gaze Processing," Psychology and Aging 23, no. 4 (2008): 812–842.

6 Thomas Holtgraves and Patrick McNamara, "Parkinson's Disease and Politeness," Journal of Language and Social Psychology 29, no. 2 (2010): 178–193.

7 Antonio Carotenuto et al., "Communication in Multiple Sclerosis: Pragmatic Deficit and Its Relation with Cognition and Social Cognition," Archives of Clinical Neuropsychology 33, no. 2 (2018): 1–12.

8 Valentina Bambini et al., "Communication and Pragmatic Breakdowns in Amyotrophic Lateral Sclerosis Patients," Brain and Language 153 (2016): 1–12.

9 Rachel H. Messer, "Pragmatic Language Changes during Normal Aging: Implications for Health Care," Healthy Aging and Clinical Care in the Elderly 7 (2015): 1–7.

10 Richard M. Roberts and Roger J. Kreuz, "Why Do People Use Figurative Language?" Psychological Science 5, no. 3 (1994): 159–163.

11 Isabella Morrone et al., "Aging and Inhibition Processes: The Case of Metaphor Treatment," Psychology and Aging 25, no. 3 (2010): 697–701.

12 Mary R. Newsome and Sam Glucksberg, "Older Adults Filter Irrelevant Information during Metaphor Comprehension," Experimental Aging Research 28, no. 3 (2002): 253–267.

13 Pei-Fang Hung and Marilyn A. Nippold, "Idiom Understanding in Adulthood: Examining Age-Related Differences," Clinical Linguistics and Phonetics 28, no. 3 (2014): 208–221.

14 Chris Westbury and Debra Titone, "Idiom Literality Judgments in Younger and Older Adults: Age-Related Effects in Resolving Semantic Interference," Psychology and Aging 26, no. 2 (2011): 467–474.

15 Phillips et al., "Older Adults Have Difficulty."

16 G. Gaudreau et al., "Mental State Inferences Abilities Contribution to Verbal Irony Comprehension in Older Adults with Mild Cognitive Impairment," Behavioural Neurology, article ID 685613 (2015).

17 Marilyn A. Nippold, Linda D. Uhden, and Ilsa E. Schwarz, "Proverb Explanation through the Lifespan: A Developmental Study of Adolescents and Adults," Journal of Speech, Language, and Hearing Research 40, no. 2 (1997): 245–253.

18 Hanna K. Ulatowska et al., "Discourse in Healthy Old-Elderly Adults: A Longitudinal Study," Aphasiology 12, nos. 7–8 (1998): 619–633.

19 Jennifer Uekermann, Patrizia Thoma, and Irene Daum, "Proverb Interpretation Changes in Aging," Brain and Cognition 67, no. 1 (2008): 51–57.

20 Olivier Morin and Alberto Acerbi, "Birth of the Cool: A Two-Centuries Decline in Emotional Expression in Anglophone Fiction," Cognition and Emotion 31, no. 8 (2017): 1663–1675.

21 James W. Pennebaker and Lori D. Stone, "Words of Wisdom: Language Use over the Life Span," Journal of Personality and Social Psychology 85, no. 2 (2003): 291–301.

22 Margaret L. Kern et al., "From 'Sooo Excited!!!' to 'So Proud': Using Language to Study Development," Developmental Psychology 50, no. 1 (2013): 178–188.

23 Gillian Sankoff, "Language Change across the Lifespan," Annual Review of Linguistics 4 (2018): 297–316.

24 Judith Rich Harris, The Nurture Assumption: Why Children Turn Out the Way They Do (New York: Free Press, 1998).

25 Caroline Floccia et al., "Parent or Community: Where Do 20-Month-Olds Exposed to Two Accents Acquire Their Representation of Words?" Cognition 124, no. 1 (2012): 95–100.

26 Angie Williams and Howard Giles, "Intergenerational Conversations: Young Adults' Retrospective Accounts," Human Communication Research 23, no. 2 (1996): 220–250.

27 Anne White et al., "Mind the Generation Gap: Differences between Young and Old in Everyday Lexical Categories," Journal of Memory and Language 98 (2018): 12–25.

28 Linnda R. Caporael, "The Paralanguage of Caregiving: Baby Talk to the Institutionalized Aged," Journal of Personality and Social Psychology 40, no. 5 (1981): 876–884.

29 Gillian Cohen and Dorothy Faulkner, "Does 'Elderspeak' Work? The Effect of Intonation and Stress on Comprehension and Recall of Spoken Discourse in Old Age," Language and Communication 6, nos. 1–2 (1986): 91–98.

30 Nikolas Coupland et al., "Accommodating the Elderly: Invoking and Extending a Theory," Language in Society 17, no. 1 (1988): 1–41.

31 Helen Edwards and Patricia Noller, "Perceptions of Overaccommodation Used by Nurses in Communication with the Elderly," Journal of Language and Social Psychology 12, no. 3 (1993): 207–223.

32 Sik Hung Ng, "Power: An Essay in Honour of Henri Tajfel," in Social Groups and Identities: Developing the Legacy of Henri Tajfel, ed. W. Peter Robinson (Oxford: Butterworth Heinemann, 1996), 191–214.

33 Anna I. Corwin, "Overcoming Elderspeak: A Qualitative Study of Three Alternatives," Gerontologist 58, no. 4 (2018): 724–729.

34 Mary Lee Hummert et al., "Communication with Older Adults: The Influence of Age Stereotypes, Context, and Communicator Age," Human Communication Research 25, no. 1 (1988): 124–151.

35 Kristine N. Williams et al., "Elder speak Communication: Impact on Dementia Care," American Journal of Alzheimer's Disease and Other Dementias 24, no. 1 (2009): 11–20.

36 John Leland, "In 'Sweetie' and 'Dear,' a Hurt for the Elderly," New York Times, October 6, 2008, http://www.nytimes.com/2008/10/07/us/07aging.html.

37 Becca R. Levy, "Mind Matters: Cognitive and Physical Effects of Aging Self-Stereotypes," Journals of Gerontology Series B: Psychological Sciences and Social Sciences 58, no. 4 (2003): P203–P211; Becca R. Levy et al., "Longevity Increased by Positive Self-Perceptions of Aging," Journal of Personality and Social Psychology 83, no. 2 (2002): 261–270.

38 Odette N. Gould, Cybil Saum, and Jennifer Belter, "Recall and Subjective Reactions to Speaking Styles: Does Age Matter?" Experimental Aging Research 28, no. 2 (2002): 199–213.

39 Susan Kemper and Tamara Harden, "Experimentally Disentangling What's Beneficial about Elderspeak from What's Not," Psychology and Aging 14, no. 4 (1999): 656–670.

40 Williams and Giles, "Intergenerational Conversations.".

41 Kristine Williams, Susan Kemper, and Mary L. Hummert, "Improving Nursing Home Communication: An Intervention to Reduce Elderspeak," Gerontologist 43, no. 2 (2003): 242–247.

42 US Census Bureau, "Table 53: Languages Spoken at Home by Language, 2008," Statistical Abstract of the United States, https://www2.census.gov/library/publications/2010/compendia/statab/130ed/tables/11s0053.pdf.

43 Harry P. Bahrick, "Semantic Memory Content in Permastore: Fifty Years of Memory for Spanish Learned in School," Journal of Experimental Psychology: General 113, no. 1 (1984): 1–29.

44 Michael Erard, Babel No More: The Search for the World's Most Extraordinary Language Learners (New York: Free Press, 2012).

45 Stephanie M. Carlson and Andrew N. Meltzoff, "Bilingual Experience and Executive Functioning in Young Children," Developmental Science 11, no. 2 (2008): 282–298.

46 D. Kimbrough Oller and Rebecca E. Eilers, eds., Language and Literacy in Bilingual Children, vol. 2 (Clevedon, UK: Multilingual Matters, 2002).

47 Becca L. Stilwell et al., "Language Changes in Bilingual Individuals with Alzheimer's Disease," International Journal of Language and Communication Disorders 51, no. 2 (2016): 113–127.

48 Marco Calabria et al., "Language Deterioration in Bilingual Alzheimer's Disease Patients: A Longitudinal Study," Journal of Neurolinguistics 43 (2017): 59–74.

49 See also Barbara Lust et al., "Reversing Ribot: Does Regression Hold in Language of Prodromal Alzheimer's Disease?" Brain and Language 143 (2015): 1–10.

50 François Grosjean, Life with Two Languages: An Introduction to Bilingualism (Cambridge, MA: Harvard University Press, 1982), 279.

51 J. Bruce Morton and Sarah N. Harper, "What Did Simon Say? Revisiting the Bilingual Advantage," Developmental Science 10, no. 6 (2007): 719–726.

52 Kenneth R. Paap, Hunter A. Johnson, and Oliver Sawi, "Bilingual Advantages in Executive Functioning Either Do Not Exist or Are Restricted to Very Specific and Undetermined Circumstances," Cortex 69 (2015): 265–278.

53 Kenneth R. Paap and Zachary I. Greenberg, "There Is No Coherent Evidence for a Bilingual Advantage in Executive Processing," Cognitive Psychology 66, no. 2 (2013): 232–258.

54 Shanna Kousaie and Natalie A. Phillips, "Ageing and Bilingualism: Absence of a 'Bilingual Advantage' in Stroop Interference in a Nonimmigrant Sample," Quarterly Journal of Experimental Psychology 65, no. 2 (2012): 356–369.

55 Angela De Bruin, Barbara Treccani, and Sergio Della Sala, "Cognitive Advantage in Bilingualism: An Example of Publication Bias?" Psychological Science 26, no. 1 (2015): 99–107.

56 Ellen Bialystok et al., "Publication Bias and the Validity of Evidence: What's the Connection?" Psychological Science 26, no. 6 (2015): 944–946.

57 Brooke N. Macnamara and Andrew R. A. Conway, "Novel Evidence in Support of the Bilingual Advantage: Influences of Task Demands and Experience on Cognitive Control and Working Memory," Psychonomic Bulletin and Review 21, no. 2 (2014): 520–525.

58 Margarita Kaushanskaya and Viorica Marian, "The Bilingual Advantage in Novel Word Learning," Psychonomic Bulletin and Review 16, no. 4 (2009): 705–710.

59 Simons et al., "Do 'Brain-Training' Programs Work?".

60 Ellen Bialystok, "Reshaping the Mind: The Benefits of Bilingualism," Canadian Journal of Experimental Psychology 65, no. 4 (2011): 229–235.

61 Richard Roberts and Roger Kreuz, Becoming Fluent: How Cognitive Science Can Help Adults Learn a Foreign Language (Cambridge, MA: MIT Press, 2015).

62 Rebecca M. Callahan and Patricia C. Gándara, eds., The Bilingual Advantage: Language, Literacy and the US Labor Market (Bristol, UK: Multilingual Matters, 2014).

63 Samantha P. Fan et al., "The Exposure Advantage: Early Exposure to a Multilingual Environment Promotes Effective Communication," Psychological Science 26, no. 7 (2015): 1090–1097.

Chapter 6.

1 James W. Pennebaker, Janice K. Kiecolt Glaser, and Ronald Glaser, "Disclosure of Traumas and Immune Function: Health Implications for Psychotherapy," Journal of Consulting and Clinical Psychology 56, no. 2 (1988): 239–245.

2 James W. Pennebaker, "Writing about Emotional Experiences as a Therapeutic Process," Psychological Science 8, no. 3 (1997): 162–166.

3 Joshua M. Smyth et al., "Effects of Writing about Stressful Experiences on Symptom Reduction in Patients with Asthma or Rheumatoid Arthritis: A Randomized Trial," JAMA 281, no. 14 (1999): 1304–1309.

4 James W. Pennebaker, Opening Up: The Healing Power of Expressing Emotions, 2nd ed. (New York: Guilford Press, 1997); James W. Pennebaker, Steven D. Barger, and John Tiebout, Disclosure of Traumas and Health among Holocaust Survivors," Psychosomatic Medicine 51, no. 5 (1989): 577–589.

5 James W. Pennebaker, Tracy J. Mayne, and Martha E. Francis, "Linguistic Predictors of Adaptive Bereavement," Journal of Personality and Social Psychology 72, no. 4 (1997): 863–871.

6 Joshua Smyth, Nicole True, and Joy Souto, "Effects of Writing about Traumatic Experiences: The Necessity for Narrative Structuring," Journal of Social and Clinical Psychology 20, no. 2 (2001): 161–172.

7 Timothy D. Wilson, Strangers to Ourselves: Discovering the Adaptive Unconscious (Cambridge, MA: Belknap Press, 2002).

8 James W. Pennebaker, The Secret Life of Pronouns: What Our Words Say about Us (New York: Bloomsbury Press, 2011).

9 Stanford News, "'You've Got to Find What You Love,' Jobs Says," June 14, 2005, https://news.stanford.edu/2005/06/14/jobs-061505.

10 어떤 연구자들은 이 가정에 의문을 제기하기도 한다는 점을 주목하기 바란다. 이에 대한 논의는 다음을 참조하기 바란다. Sharan B. Merriam, "Butler's Life Review: How Universal Is It?" International Journal of Aging and Human Development 37, no. 3 (1993): 163–175.

11 Erik H. Erikson, "The Problem of Ego Identity," in Identity and the Life Cycle, by Erik H. Erikson (New York: Norton, 1959/1980), 57; italics in original.

12 Erikson, in Daniel Goleman, "Erikson, in His Own Old Age, Expands His View of Life," New York Times, June 14, 1988, C1–C14.

13 Robert N. Butler, "The Life Review: An Interpretation of Reminiscence in the Aged," Psychiatry 26, no. 1 (1963): 65–76.

14 Ernst Bohlmeijer et al., "The Effects of Reminiscence on Psychological Well-Being in Older Adults: A Meta-analysis," Aging and Mental Health 11, no. 3 (2007): 291–300.

15 Graham J. McDougall, Carol E. Blixen, and Lee Jen Suen, "The Process and Outcome of Life Review Psychotherapy with Depressed Homebound Older Adults," Nursing Research 46, no. 5 (1997): 277–283.

16 James E. Birren and Betty A. Birren, "Autobiography: Exploring the Self and Encouraging Development," in Aging and Biography: Explorations in Adult Development, ed. James E. Birren et al. (New York: Springer, 1996), 283–299.

17 Gary T. Reker, James E. Birren, and Cheryl Svensson, "Self-Aspect Reconstruction through Guided Autobiography: Exploring Underlying Processes," International Journal of Reminiscence and Life Review 2, no. 1 (2014): 10.

18 Lisa M. Watt and Paul T. Wong, "A Taxonomy of Reminiscence and Therapeutic Implications," Journal of Gerontological Social Work 16, nos. 1–2 (1991): 37–57; Paul T. Wong and Lisa M. Watt, "What Types of Reminiscence Are Associated with Successful Aging?" Psychology and Aging 6, no. 2 (1991): 272–279.

19 Gerben J. Westerhof, Ernst Bohlmeijer, and Jeffrey Dean Webster, "Reminiscence and Mental Health: A Review of Recent Progress in Theory, Research and Interventions," Ageing and Society 30, no. 4 (2010): 697–721.

20 Watt and Wong, "A Taxonomy of Reminiscence," 44.

21 Watt and Wong, "A Taxonomy of Reminiscence,", 51.

22 Erik H. Erikson and Joan M. Erikson, The Life Cycle Completed (Extended Version) (New York: Norton, 1997).

23 Debra P. Kong, "How Old Are Traditionally Published First-Time Authors?" The Write Type: Multi-author Musings, December 5, 2010, http://writetype.blogspot.com/2010/12/how-old-are-traditionally-published.html.

24 Anders Ericsson and Robert Pool, Peak: Secrets from the New Science of Expertise (Boston: Houghton Mifflin Harcourt, 2016).

25 LitRejections, "Best-Sellers Initially Rejected,"http://www.litrejections.com/best-sellers-initially-rejected.

26 Michael Johnson, "Ted Allbeury: Respected Spy Writer Who Had Served as a Secret Agent in the War and the Cold War," Guardian, January 2, 2006, https://www.theguardian.com/news/2006/jan/03/guardianobituaries.booksobituaries.

27 Salman Akhtar, Comprehensive Dictionary of Psychoanalysis (London: Karnac Books, 2009), 310.

28 Helen Sword, Air and Light and Time and Space: How Successful Academics Write (Cambridge, MA: Harvard University Press, 2017).

29 "Blocked: Why Do Writers Stop Writing?" New Yorker, June 14, 2004.

30 Azeen Ghorayshi, "A Trip around the Writer's Block," Full Stop, May 29, 2012, http://www.full-stop.net/2012/05/29/blog/azeen/a-trip-around-the-writers-block.

31 Thomas Kunkel, "What Exactly Was Joseph Mitchell Doing All Those Years at the New Yorker?" Publishers Weekly, April 3, 2015, http://www.publishersweekly.com/pw/by-topic/industrynews/tip-sheet/article/66086-what-exactly-was-joseph-mitchell-doing-all-those-years-at-the-new-yorker.html; Ben Lazarus, "Why Joseph Mitchell Stopped Writing," New Republic, May 1, 2015, https://newrepublic.com/article/121690/thomas-kunkels-man-profile-joseph-mitchell-new-yorker.

32 Maria Konnikova, "How to Beat Writer's Block," New Yorker, March 11, 2016.

33 Alice W. Flaherty, The Midnight Disease: The Drive to Write, Writer's Block, and the Creative Brain (Boston: Houghton Mifflin, 2004).

34 Harry Bruce, Page Fright: Foibles and Fetishes of Famous Writers (Toronto: McClelland & Stewart, 2009).

35 Mihaly Csikszentmihalyi, "Review of 'The Midnight Disease,'" Perspectives in Biology and Medicine 48, no. 1 (2005): 148–150.

36 Andra L. Cole, "Writer's Block, Procrastination, and the Creative Process: It's All a Matter of Perspective," in The Art of Writing Inquiry, ed. Lorri Neilsen, Ardra L. Cole, and J. Gary Knowles (Halifax, Nova Scotia: Backalong Books, 2001), 292–301.

37 Mike Rose, Writer's Block: The Cognitive Dimension (Carbondale: Southern Illinois University Press, 1984).

38 Peter Salovey and Matthew D. Haar, "The Efficacy of Cognitive-Behavior Therapy and Writing Process Training for Alleviating Writing Anxiety," Cognitive Therapy and Research 14, no. 5 (1990): 515–528.

39 Charles McGrath, "No Longer Writing, Philip Roth Still Has Plenty to Say," New York Times, January 16, 2018.

40 Iris Murdoch, Jackson's Dilemma (London: Penguin Books, 1995), 58.

41 Brad Leithauser, "The Good Servant," New York Times, January 7, 1996, http://www.nytimes.com/books/98/12/20/specials/murdoch-dilemma.html.

42 Richard Nichols, "Iris Murdoch, Novelist and Philosopher, Is Dead," New York Times, February 9, 1999, http://www.nytimes.com/learning/general/onthisday/bday/0715.html.

43 Adrienne Day, "Alzheimer's Early Tell: The Language of Authors Who Suffered from Dementia Has a Story for the Rest of Us," Nautilus, September 29, 2016, http://nautil.us/issue/40/learning/alzheimers-early-tell.

44 Peter Garrard et al., "The Effects of Very Early Alzheimer's Disease on the Characteristics of Writing by a Renowned Author," Brain 128, no. 2 (2005): 250–260.

45 Xuan Le et al., "Longitudinal Detection of Dementia through Lexical and Syntactic Changes in Writing: A Case Study of Three British Novelists," Literary and Linguistic Computing 26, no. 4 (2011): 435–461.

46 Le et al., "Longitudinal Detection of Dementia.".

47 Ian Lancashire, "Vocabulary and Dementia in Six Novelists," in Language Development: The Lifespan Perspective, ed. Annette Gerstenberg and Anja Voeste (Amsterdam: John Benjamins, 2015), 77–107.

48 Joanna Coles, "Duet in Perfect Harmony," Guardian, September 21, 1996, https://www.theguardian.com/books/1996/sep/21/fiction.joannacoles.

49 Martin Robinson, "'The Moment I Died': Discworld Author Terry Pratchett Revealed His Struggles with a 'Haze of Alzheimer's' in His Unfinished Autobiography," Daily Mail, February 3, 2017, http://www.dailymail.co.uk/news/article-4187146/Terry-Pratchett-reveals-struggles-haze-Alzheimer-s.html.

50 Visar Berisha et al., "Tracking Discourse Complexity Preceding Alzheimer's Disease Diagnosis: A Case Study Comparing the Press Conferences of Presidents Ronald Reagan and George Herbert Walker Bush," Journal of Alzheimer's Disease 45, no. 3 (2015): 959–963.

51 Kristine Williams et al., "Written Language Clues to Cognitive Changes of Aging: An Analysis of the Letters of King James VI/I," Journals of Gerontology Series B: Psychological Sciences and Social Sciences 58, no. 1 (2003): P42–P44.

52 다음 기사에서 인용함. Camilla Long, "Martin Amis and the Sex War," Sunday Times, January 24, 2010.

53 David Snowdon, Aging with Grace: What the Nun Study Teaches Us about Leading Longer, Healthier, and More Meaningful Lives (New York: Bantam Books, 2001), 110.

54 Snowdon, Aging with Grace, 110.

55 Michael D. Lemonick and Alice Park, "The Nun Study: How One Scientist and 678 Sisters Are Helping Unlock the Secrets of Alzheimer's," Time, May 14, 2001, 54–59, 62, 64.

56 David A. Snowdon et al., "Linguistic Ability in Early Life and Cognitive Function and Alzheimer's Disease in Late Life: Findings from the Nun Study," JAMA 275, no. 7 (1996): 528–532.

57 David A. Snowdon, Lydia H. Greiner, and William R. Markesbery, "Linguistic Ability in Early Life and the Neuropathology of Alzheimer's Disease and Cerebrovascular Disease: Findings from the Nun Study," Annals of the New York Academy of Sciences 903, no. 1 (2000): 34–38.

58 Kathryn P. Riley et al., "Early Life Linguistic Ability, Late Life Cognitive Function, and Neuropathology: Findings from the Nun Study," Neurobiology of Aging 26, no. 3 (2005): 341–347.

59 Deborah D. Danner, David A. Snowdon, and Wallace V. Friesen, "Positive Emotions in Early Life and Longevity: Findings from the Nun Study," Journal of Personality and Social Psychology 80, no. 5 (2001): 804–813.

60 Jessica J. Weyerman, Cassidy Rose, and Maria C. Norton, "Personal Journal Keeping and Linguistic Complexity Predict Late-Life Dementia Risk: The Cache County Journal Pilot Study," Journals of Gerontology Series B: Psychological Sciences and Social Sciences 72, no. 6 (2017): 991–995.

61 Snowdon Aging with Grace.

62 David A. Snowdon, "Aging and Alzheimer's Disease: Lessons from the Nun Study," Gerontologist 37, no. 2 (1997): 150–156.

63 Natalie Zarrelli, "The Neurologists Who Fought Alzheimer's by Studying Nuns' Brains," Atlas Obscura, March 24, 2016, http://www.atlasobscura.com/articles/the-neurologists-who-fought-alzheimers-by-studying-nuns-brains.

64 Raymond A. Mar and Keith Oatley, "The Function of Fiction Is the Abstraction and Simulation of Social Experience," Perspectives on Psychological Science 3, no. 3 (2008): 173–192.

65 Raymond A. Mar et al., "Bookworms versus Nerds: Exposure to Fiction versus Non-fiction, Divergent Associations with Social Ability, and the Simulation of Fictional Social Worlds," Journal of Research in Personality 40, no. 5 (2006): 694–712.

66 Micah L. Mumper and Richard J. Gerrig, "Leisure Reading and Social Cognition: A Meta-analysis," Psychology of Aesthetics, Creativity, and the Arts 11, no. 1 (2017): 109–120.

67 Zazie Todd, "Talking about Books: A Reading Group Study," Psychology of Aesthetics, Creativity, and the Arts 2, no. 4 (2008): 256–263.

68 Gregory S. Berns et al., "Short- and Long-Term Effects of a Novel on Connectivity in the Brain," Brain Connectivity 3, no. 6 (2013): 590–600.

69 Mei-Ching Lien et al., "Visual Word Recognition without Central Attention: Evidence for Greater Automaticity with Advancing Age," Psychology and Aging 21, no. 3 (2006): 431–447.

70 Brennan R. Payne et al., "The Effects of Print Exposure on Sentence Processing and Memory in Older Adults: Evidence for Efficiency and Reserve," Aging, Neuropsychology, and Cognition 19, nos. 1–2 (2012): 122–149.

71 Avni Bavishi, Martin D. Slade, and Becca R. Levy, "A Chapter a Day: Association of Book Reading with Longevity," Social Science and Medicine 164 (2016): 44–48.

책을 닫으며

1 Baltes and Baltes, "Psychological Perspectives on Successful Aging."

2 Megan E. Lenehan et al., "Sending Your Grandparents to University Increases Cognitive Reserve: The Tasmanian Healthy Brain Project," Neuropsychology 30, no. 5 (2016): 525.

참 고 문 헌

- Abrams, Lise, Meagan T. Farrell, and Sara J. Margolin. 2010. Older adults' detection of misspellings during reading. *Journals of Gerontology Series B:Psychological Sciences* and Social Sciences 65B (6): 680–683.
- Acton, Eric K. 2011. On gender differences in the distribution of um and uh. *University of Pennsylvania Working Papers in Linguistics* 17 (2): 1–9.
- Adams, Cynthia, Gisela Labouvie-Vief, Cathy J. Hobart, and Mary Dorosz. 1990. Adult age group differences in story recall style. *Journal of Gerontology* 45 (1): P17–P27.
- Adams, Tony. 2013. Multiple presbyopic corrections across multiple centuries. *Optometry and Vision Science* 90 (5): 409–410.
- Akhtar, Salman. 2009. *Comprehensive Dictionary of Psychoanalysis*. London: Karnac Books.
- Albert, Martin L., Avron Spiro, Keely J. Sayers, Jason A. Cohen, Christopher B. Brady, Mira Goral, and Loraine K. Obler. 2009. Effects of health status on word finding in aging. *Journal of the American Geriatrics Society* 57 (12): 2300–2305.
- Altman, Lawrence K. 1971. A tube implant corrected Shepard's ear disease. *New York Times*, February 2, 1971. https://www.nytimes.com/1971/02/02/archives/a-tube-implant-corrected-shepards-ear-disease.html.
- Amlen, Deb. n.d. How to solve the *New York Times* crossword. *New York Times*. https://www.nytimes.com/guides/crosswords/how-to-solve-a-crossword-puzzle.
- Andrews, Travis M. 2016. Annie Glenn: "When I called John, he cried. People just couldn't believe that I could really talk." *Washington Post*, December 9, 2016. https://www.washingtonpost.com/news/morning-mix/wp/2016/12/09/to-john-glenn-the-real-hero-was-his-wife-annie-conqueror-of-disability/?noredirect=on&utm_term=.c02f21305c42.
- Aramaki, Eiji, Shuko Shikata, Mai Miyabe, and Ayae Kinoshita. 2016. Vocabulary size in speech may be an early indicator of cognitive impairment. *PloS One* 11 (5): 1–13.
- Arbuckle, Tannis Y., and Dolores Pushkar Gold. 1993. Aging, inhibition, and verbosity. *Journal of Gerontology* 48 (5): 225–232.
- Ardila, Alfredo, and Monica Rosselli. 1996. Spontaneous language production and aging: Sex and educational effects. *International Journal of Neuroscience* 87 (1–2): 71–78.
- Arenberg, I. Kaufman, Lynn Flieger Countryman, Lawrence H. Bernstein, and George E. Shambaugh. 1990. Van Gogh had Meniere's disease and not epilepsy. *JAMA* 264 (4): 491–493.
- Ascaso, F. J., and V. Huerva. 2013. The history of cataract surgery. In *Cataract Surgery*, ed. Farhan Zaidi, 75–90. Rijeka, Croatia: InTech.
- Atkinson, Joanna, Tanya Lyons, David Eagleman, Bencie Woll, and Jamie Ward. 2016. Synesthesia for manual alphabet letters and numeral signs in second-language users of signed languages. *Neurocase* 22 (4): 379–386.
- Au, Rhoda, Philip Joung, Marjorie Nicholas, Loraine K. Obler, Robin Kass, and Martin L. Albert. 1995. Naming ability across the adult life span. *Aging, Neuropsychology, and Cognition* 2 (4): 300–311.

- Baddeley, A. D., S. Bressi, Sergio Della Sala, Robert Logie, and H. Spinnler. 1991. The decline of working memory in Alzheimer's disease: A longitudinal study. *Brain* 114 (6): 2521–2542.
- Baguley, David M. 2003. Hyperacusis. *Journal of the Royal Society of Medicine* 96 (12): 582–585.
- Bahrick, Harry P. 1984. Semantic memory content in permastore: Fifty years of memory for Spanish learned in school. *Journal of Experimental Psychology: General* 113 (1): 1–29.
- Baltes, Margret M., and Laura L. Carstensen. 1996. The process of successful ageing. *Ageing and Society* 16 (4): 397–422.
- Baltes, Paul B., and Margret M. Baltes. 1990. Psychological perspectives on successful aging: The model of selective optimization with compensation. In *Successful Aging: Perspectives from the Behavioral Sciences*, ed. Paul Baltes and Margret Baltes, 1–34. Cambridge: Cambridge University Press.
- Bambini, Valentina, Giorgio Arcara, Ilaria Martinelli, Sara Bernini, Elena Alvisi, Andrea Moro, Stefano F. Cappa, and Mauro Ceroni. 2016. Communication and pragmatic breakdowns in amyotrophic lateral sclerosis patients. *Brain and Language* 153:1–12.
- Baron, Jacqueline M., and Susan Bluck. 2011. That was a good story! Preliminary construction of the perceived story quality index. *Discourse Processes* 48 (2): 93–118.
- Barry, Danielle, Marsha E. Bates, and Erich Labouvie. 2008. FAS and CFL forms of verbal fluency differ in difficulty: A meta-analytic study. *Applied Neuropsychology* 15 (2): 97–106.
- Bavishi, Avni, Martin D. Slade, and Becca R. Levy. 2016. A chapter a day: Association of book reading with longevity. *Social Science and Medicine* 164:44–48.
- BBC News. 2006. Stroke gives woman a foreign accent. July 4, 2006. http://news.bbc.co.uk/2/hi/uk_news/england/tyne/5144300.stm.
- Belville, J. Kevin, and Ronald J. Smith, eds. 2006. *Presbyopia Surgery: Pearls and Pitfalls.* Thorofare, NJ: Slack.
- Berg, Cynthia A., Timothy W. Smith, Kelly J. Ko, Nancy J. M. Henry, Paul Florsheim, Gale Pearce, Bert N. Uchino, et al. 2007. Task control and cognitive abilities of self and spouse in collaboration in middle-aged and older couples. *Psychology and Aging* 22 (3): 420–427.
- Berg, Eric E., Edie Hapner, Adam Klein, and Michael M. Johns. 2008. Voice therapy improves quality of life in age-related dysphonia: A case-control study. *Journal of Voice* 22 (1): 70–74.
- Berisha, Visar, Shuai Wang, Amy LaCross, and Julie Liss. 2015. Tracking discourse complexity preceding Alzheimer's disease diagnosis: A case study comparing the press conferences of presidents Ronald Reagan and George Herbert Walker Bush. *Journal of Alzheimer's Disease* 45 (3): 959–963.
- Berns, Gregory S., Kristina Blaine, Michael J. Prietula, and Brandon E. Pye. 2013. Short- and long-term effects of a novel on connectivity in the brain. *Brain Connectivity* 3 (6): 590–600.
- Bialystok, Ellen. 2011. Reshaping the mind: The benefits of bilingualism. *Canadian Journal of Experimental Psychology* 65 (4): 229–235.

- Bialystok, Ellen, Judith F. Kroll, David W. Green, Brian MacWhinney, and Fergus I. M. Craik. 2015. Publication bias and the validity of evidence: What's the connection? *Psychological Science* 26 (6): 944–946.

- Birren, James E., and Birren, Betty A. 1996. Autobiography: Exploring the self and encouraging development. In *Aging and Biography: Explorations in Adult Development*, ed. James E. Birren, Gary M. Kenyon, Jan-Erik Ruth, Johannes J. F. Schroots, and Torbjorn Svensson, 283–299. New York: Springer.

- Blumstein, Sheila E., and Kathleen Kurowski. 2006. The foreign accent syndrome: A perspective. *Journal of Neurolinguistics* 19 (5): 346–355.

- Bohlmeijer, Ernst, Marte Roemer, Pim Cuijpers, and Filip Smit. 2007. The effects of reminiscence on psychological well-being in older adults: A meta-analysis. *Aging and Mental Health* 11 (3): 291–300.

- Bolla, Karen I., Karen N. Lindgren, Cathy Bonaccorsy, and Margit L. Bleecker. 1990. Predictors of verbal fluency (FAS) in the healthy elderly. *Journal of Clinical Psychology* 46 (5): 623–628.

- Boone, Daniel R., Stephen C. McFarlane, Shelley L. Von Berg, and Richard I. Zraick. 2005. *The Voice and Voice Therapy*. New York: Allyn & Bacon.

- Bopp, Kara L., and Paul Verhaeghen. Aging and verbal memory span: A meta-analysis. 2005. *Journals of Gerontology Series B: Psychological Sciences and Social Sciences* 60 (5): P223–P233.

- Bor, Daniel, Nicolas Rothen, David J. Schwartzman, Stephanie Clayton, and Anil K. Seth. 2014. Adults can be trained to acquire synesthetic experiences. *Scientific Reports* 4 (7089): 1–8.

- Bortfeld, Heather, Silvia D. Leon, Jonathan E. Bloom, Michael F. Schober, and Susan E. Brennan. 2001. Disfluency rates in conversation: Effects of age, relationship, topic, role, and gender. *Language and Speech* 44 (2): 123–147.

- Bouton, Katherine. 2013. *Shouting Won't Help: Why I—and 50 Million Other Americans—Can't Hear You*. New York: Farrar, Straus and Giroux.

- Bowles, Ryan P., and Timothy A. Salthouse. 2008. Vocabulary test format and differential relations to age. *Psychology and Aging* 23 (2): 366–376.

- Bradford, Barbara. 1997. Upspeak in British English. *English Today* 13 (3): 29–36.

- Bradley, Joseph P., Edie Hapner, and Michael M. Johns. 2014. What is the optimal treatment for presbyphonia? *Laryngoscope* 124 (11): 2439–2440.

- Brady, Marian C., Helen Kelly, Jon Godwin, Pam Enderby, and Pauline Campbell. 2016. Speech and language therapy for aphasia following stroke. *Cochrane Database of Systematic Reviews* 6 (CD000425).

- Bricker-Katz, Geraldine, Michelle Lincoln, and Patricia McCabe. 2009. A life-time of stuttering: How emotional reactions to stuttering impact activities and participation in older people. *Disability and Rehabilitation* 31 (21): 1742–1752.

- Brickman, Adam M., Robert H. Paul, Ronald A. Cohen, Leanne M. Williams, Kristin L. MacGregor, Angela L. Jefferson, David F. Tate, John Gunstad, and Evian Gordon. 2005. Category and letter verbal fluency across the adult lifespan: relationship to EEG theta power. *Archives of Clinical Neuropsychology* 20 (5): 561–573.

- Bridges, Kelly Ann, and Diana Van Lancker Sidtis. 2013. Formulaic language in Alzheimer's disease. *Aphasiology* 27 (7): 799–810.

- Brimacombe, C. A., Sandy Jung, Lynn Garrioch, and Meredith Allison. 2003. Perceptions of older adult eyewitnesses: Will you believe me when I'm 64? *Law and Human Behavior* 27 (5): 507–522.

- Brimacombe, C. A., Nyla Quinton, Natalie Nance, and Lynn Garrioch. 1997. Is age irrelevant? Perceptions of young and old adult eyewitnesses. *Law and Human Behavior* 21 (6): 619–634.

- Brown, Alan S. 2012. *The Tip of the Tongue State*. New York: Psychology Press.

- Brown, Alan S., and Lori A. Nix. 1996. Age-related changes in the tip-of-the-tongue experience. *American Journal of Psychology* 109 (1): 79–91.

- Brown, Andy, Caroline Jay, Alex Q. Chen, and Simon Harper. 2012. The uptake of Web 2.0 technologies, and its impact on visually disabled users. *Universal Access in the Information Society* 11 (2): 185–199.

- Brown, Roger, and David McNeill. 1966. The "tip of the tongue" phenomenon. *Journal of Verbal Learning and Verbal Behavior* 5 (4): 325–337.

- Bruce, Harry. 2009. *Page Fright: Foibles and Fetishes of Famous Writers*. Toronto: McClelland & Stewart.

- Bucks, Romola S., and Shirley A. Radford. 2004. Emotion processing in Alzheimer's disease. *Aging and Mental Health* 8 (3): 222–232.

- Burda, Angela N., Carlin F. Hageman, Julie A. Scherz, and Harold T. Edwards. 2003. Age and understanding speakers with Spanish or Taiwanese accents. *Perceptual and Motor Skills* 97 (1): 11–20.

- Burke, Deborah M., and Meredith A. Shafto. 2004. Aging and language production. *Current Directions in Psychological Science* 13 (1): 21–24.

- Burke, Deborah M., and Meredith A. Shafto. 2008. Language and aging. In *The Handbook of Aging and Cognition*, 3rd ed., ed. Fergus I. Craik and Timothy A. Salthouse, 373–443. New York: Psychology Press.

- Butler, Robert N. 1963. The life review: An interpretation of reminiscence in the aged. *Psychiatry* 26 (1): 65–76.

- Calabria, Marco, Gabriele Cattaneo, Paula Marne, Mireia Hernández, Montserrat Juncadella, Jordi Gascón-Bayarri, Isabel Sala, et al. 2017. Language deterioration in bilingual Alzheimer's disease patients: A longitudinal study. *Journal of Neurolinguistics* 43:59–74.

- Callahan, Rebecca M., and Patricia C. Gándara, eds. 2014. The Bilingual Advantage: *Language, Literacy and the US Labor Market*. Bristol, UK: Multilingual Matters.

- Campbell, Ruth, Mairéad MacSweeney, and Dafydd Waters. 2008. Sign language and the brain: A review. *Journal of Deaf Studies and Deaf Education* 13 (1): 3–20.

- Caporael, Linnda R. 1981. The paralanguage of caregiving: Baby talk to the institutionalized aged. *Journal of Personality and Social Psychology* 40 (5): 876–884.

- Carlson, Stephanie M., and Andrew N. Meltzoff. 2008. Bilingual experience and executive functioning in young children. *Developmental Science* 11 (2): 282–298.

- Carney, Maria T., Janice Fujiwara, Brian E. Emmert, Tara A. Liberman, and Barbara Paris. 2016. Elder orphans hiding in plain sight: A growing vulnerable population. *Current Gerontology and Geriatrics Research*, article ID 4723250.

- Carotenuto, Antonio, Giorgio Arcara, Giuseppe Orefice, Ilaria Cerillo, Valentina Giannino, Mario Rasulo, Rosa Iodice, and Valentina Bambini. 2018. Communication in multiple sclerosis: Pragmatic deficit and its relation with cognition and social cognition. *Archives of Clinical Neuropsychology* 33 (2): 1–12.

- Carretti, Barbara, Erika Borella, Michela Zavagnin, and Rossana Beni. 2013. Gains in language comprehension relating to working memory training in healthy older adults. *International Journal of Geriatric Psychiatry* 28 (5): 539–546.

- Castel, Alan D., Meenely Nazarian, and Adam B. Blake. 2015. Attention and incidental memory in everyday settings. In *The Handbook of Attention*, ed. Jonathan M. Fawcett, Evan F. Risko, and Alan Kingstone, 463–483. Cambridge, MA: MIT Press.

- Castro, Nichol, and Lori E. James. 2014. Differences between young and older adults' spoken language production in descriptions of negative versus neutral pictures. *Aging, Neuropsychology, and Cognition* 21 (2): 222–238.

- Cavalli, Eddy, Séverine Casalis, Abdessadek El Ahmadi, Melody Zira, Florence Poracchia-George, and Pascale Cole. 2016. Vocabulary skills are well developed in university students with dyslexia: Evidence from multiple case studies. *Research in Developmental Disabilities* 51:89–102.

- Charman, W. Neil. 2014. Developments in the correction of presbyopia I: Spectacle and contact lenses. *Ophthalmic and Physiological Optics* 34 (1): 8–29.

- Chasteen, Alison L., Sudipa Bhattacharyya, Michelle Horhota, Raymond Tam, and Lynn Hasher. 2005. How feelings of stereotype threat influence older adults' memory performance. *Experimental Aging Research* 31 (3): 235–260.

- *Chicago Tribune*. 1987. How Reagan copes with 1930s ear injury. November 9, 1987, sec. 1, 16.

- Ciorba, Andrea, Chiara Bianchini, Stefano Pelucchi, and Antonio Pastore. 2012. The impact of hearing loss on the quality of life of elderly adults. *Clinical Interventions in Aging* 7 (6): 159–163.

- Clark, Herbert H., and Jean E. Fox Tree. 2002. Using *uh* and *um* in spontaneous speaking. *Cognition* 84 (1): 73–111.

- Cleary, Anne M., and Alexander B. Claxton. 2015. The tip-of-the-tongue heuristic: How tip-of-the-tongue states confer perceptibility on inaccessible words. *Journal of Experimental Psychology: Learning, Memory, and Cognition* 41 (5): 1533–1539.

- Cocks, Naomi, Gary Morgan, and Sotaro Kita. 2011. Iconic gesture and speech integration in younger and older adults. *Gesture* 11 (1): 24–39.

- Cohen, Andrew. 2000. Bush's mangling of language points to dyslexia: Writer. *Globe and Mail*, September 13, 2000.

- Cohen, Gillian, and Dorothy Faulkner. 1986. Does "elderspeak" work? The effect of intonation and stress on comprehension and recall of spoken discourse in old age. *Language and Communication* 6 (1–2): 91–98.

- Cole, Ardra L. 2001. Writer's block, procrastination, and the creative process: It's all a matter of perspective. In *The Art of Writing Inquiry*, ed. Lorri Neilsen, Ardra L. Cole, and J. Gary Knowles, 292–301. Halifax, Nova Scotia: Backalong Books.

· Cole, Thomas R. 1992. *The Journey of Life: A Cultural History of Aging in America.* Cambridge: Cambridge University Press.

· Coles, Joanna. 1996. Duet in perfect harmony. *Guardian,* September 21, 1996. https://www.theguardian.com/books/1996/sep/21/fiction.joannacoles.

· Connor, Lisa Tabor, Avron Spiro III, Loraine K. Obler, and Martin L. Albert. 2004. Change in object naming ability during adulthood. *Journals of Gerontology Series B: Psychological Sciences and Social Sciences* 59 (5): P203–P209.

· Constantino, Christopher D., Paula Leslie, Robert W. Quesal, and J. Scott Yaruss. 2016. A preliminary investigation of daily variability of stuttering in adults. *Journal of Communication Disorders* 60:39–50.

· Cooper, Patricia V. 1990. Discourse production and normal aging: Performance on oral picture description tasks. *Journal of Gerontology* 45 (5): 210–214.

· Corwin, Anna I. 2018. Overcoming elderspeak: A qualitative study of three alternatives. *Gerontologist* 58 (4): 724–729.

· Cosco, Theodore D., A. Matthew Prina, Jaime Perales, Blossom C. M. Stephan, and Carol Brayne. 2014. Operational definitions of successful aging: A systematic review. *International Psychogeriatrics* 26 (3): 373–381.

· Coupland, Nikolas, Justine Coupland, Howard Giles, and Karen Henwood. 1988. Accommodating the elderly: Invoking and extending a theory. *Language in Society* 17 (1): 1–41.

· Craig, Ashley, and Yvonne Tran. 2014. Trait and social anxiety in adults with chronic stuttering: Conclusions following meta-analysis. *Journal of Fluency Disorders* 40:35–43.

· Cristia, Alejandrina, Amanda Seidl, Charlotte Vaughn, Rachel Schmale, Ann Bradlow, and Caroline Floccia. 2012. Linguistic processing of accented speech across the lifespan. *Frontiers in Psychology* 3:479.

· Cruickshanks, Karen J., Terry L. Wiley, Theodore S. Tweed, Barbara E. K. Klein, Ronald Klein, Julie A. Mares-Perlman, and David M. Nondahl. 1998. Prevalence of hearing loss in older adults in Beaver Dam, Wisconsin: The epidemiology of hearing loss study. *American Journal of Epidemiology* 148 (9): 879–886.

· Csikszentmihalyi, Mihaly. 2005. Review of "The Midnight Disease." *Perspectives in Biology and Medicine* 48 (1): 148–150.

· Curhan, Sharon G., Roland Eavey, Molin Wang, Meir J. Stampfer, and Gary C. Curhan. 2013. Body mass index, waist circumference, physical activity, and risk of hearing loss in women. *American Journal of Medicine* 126 (12): 1142.e1–1142.e8.

· Czaja, Sara J., Joseph Sharit, Raymond Ownby, David L. Roth, and Sankaran Nair. 2001. Examining age differences in performance of a complex information search and retrieval task. *Psychology and Aging* 16 (4): 564–579.

· Dahlgren, Donna J. 1998. Impact of knowledge and age on tip-of-the-tongue rates. *Experimental Aging Research* 24 (2): 139–153.

· Daley, Tamara C., Shannon E. Whaley, Marian D. Sigman, Michael P. Espinosa, and Charlotte Neumann. 2003. IQ on the rise: The Flynn effect in rural Kenyan children. *Psychological Science* 14 (3): 215–219.

· Danner, Deborah D., David A. Snowdon, and Wallace V. Friesen. 2001. Positive emotions in early life and longevity: Findings from the Nun Study. *Journal of Personality and Social Psychology* 80 (5): 804–813.

- Davis, Boyd H., and Margaret Maclagan. 2010. Pauses, fillers, placeholders, and formulaicity in Alzheimer's discourse. In *Fillers, Pauses and Placeholders*, ed. Nino Amiridze, Boyd H. Davis, and Margaret Maclagan, 189–216. Amsterdam: John Benjamins.
- Davis, Danielle K., Nicole Alea, and Susan Bluck. 2015. The difference between right and wrong: Accuracy of older and younger adults' story recall. *International Journal of Environmental Research and Public Health* 12 (9): 10861–10885.
- Day, Adrienne. 2016. Alzheimer's early tell: The language of authors who suffered from dementia has a story for the rest of us. *Nautilus*, September 29, 2016. http://nautil.us/issue/40/learning/alzheimers-early-tell.
- De Bruin, Angela, Barbara Treccani, and Sergio Della Sala. 2015. Cognitive advantage in bilingualism: An example of publication bias? *Psychological Science* 26 (1): 99–107.
- DeLoss, Denton J., Takeo Watanabe, and George J. Andersen. 2015. Improving vision among older adults: Behavioral training to improve sight. *Psychological Science* 26 (4): 456–466.
- Di Dio, Cinzia, Joerg Schulz, and Jennifer Gurd. 2006. Foreign accent syndrome: In the ear of the beholder? *Aphasiology* 20 (9): 951–962.
- Dijkstra, Katinka, Michelle S. Bourgeois, Rebecca S. Allen, and Louis D. Burgio. 2004. Conversational coherence: Discourse analysis of older adults with and without dementia. *Journal of Neurolinguistics* 17 (4): 263–283.
- DiLollo, Anthony, Julie Scherz, and Robert A. Neimeyer. 2014. Psychosocial implications of foreign accent syndrome: Two case examples. *Journal of Constructivist Psychology* 27 (1): 14–30.
- Dixon, Roger A., and Odette N. Gould. 1996. Adults telling and retelling stories collaboratively. In *Interactive Minds: Life-Span Perspectives on the Social Foundation of Cognition*, ed. Paul B. Baltes and Ursula M. Staudinger, 221–241. Cambridge: Cambridge University Press.
- Duchin, Sandra W., and Edward D. Mysak. 1987. Disfluency and rate characteristics of young adult, middle-aged, and older males. *Journal of Communication Disorders* 20 (3): 245–257.
- Dupuis, Kate, and M. Kathleen Pichora-Fuller. 2010. Use of affective prosody by young and older adults. *Psychology and Aging* 25 (1): 16–29.
- Durso, Francis T., and Wendelyn J. Shore. 1991. Partial knowledge of word meanings. *Journal of Experimental Psychology: General* 120 (2): 190–202.
- Edwards, Helen, and Patricia Noller. 1993. Perceptions of overaccommodation used by nurses in communication with the elderly. *Journal of Language and Social Psychology* 12 (3): 207–223.
- Eide, Brock L., and Fernette F. Eide. 2012. *The Dyslexic Advantage: Unlocking the Hidden Potential of the Dyslexic Brain*. New York: Plume.
- Erard, Michael. 2012. *Babel No More: The Search for the World's Most Extraordinary Language Learners*. New York: Free Press.
- Erber, Joan T., and Lenore T. Szuchman. 2015. *Great Myths of Aging*. Malden, MA: John Wiley & Sons.
- Ericsson, Anders, and Robert Pool. 2016. *Peak: Secrets from the New Science of Expertise*. Boston: Houghton Mifflin Harcourt.

- Erikson, Erik H. 1959/1980. The problem of ego identity. In *Identity and the Life Cycle*, by Erik H. Erikson. New York: Norton.
- Erikson, Erik H., and Joan M. Erikson. 1997. *The Life Cycle Completed (Extended Version)*. New York: Norton.
- Etter, Nicole M., Joseph C. Stemple, and Dana M. Howell. 2013. Defining the lived experience of older adults with voice disorders. *Journal of Voice* 27 (1): 61–67.
- Evans, Sarah, Nick Neave, Delia Wakelin, and Colin Hamilton. 2008. The relationship between testosterone and vocal frequencies in human males. *Physiology and Behavior* 93 (4): 783–788.
- Fagnani, Corrado, Steen Fibiger, Axel Skytthe, and Jacob V. B. Hjelmborg. 2011. Heritability and environmental effects for self-reported periods with stuttering: A twin study from Denmark. *Logopedics Phoniatrics Vocology* 36 (3): 114–120.
- Fan, Samantha P., Zoe Liberman, Boaz Keysar, and Katherine D. Kinzler. 2015. The exposure advantage: Early exposure to a multilingual environment promotes effective communication. *Psychological Science* 26 (7): 1090–1097.
- Feyereisen, Pierre. 1997. A meta-analytic procedure shows an age-related decline in picture naming: Comments on Goulet, Ska, and Kahn (1994). *Journal of Speech, Language, and Hearing Research* 40 (6): 1328–1333.
- Flaherty, Alice W. 2004. *The Midnight Disease: The Drive to Write, Writer's Block, and the Creative Brain*. Boston: Houghton Mifflin.
- Floccia, Caroline, Claire Delle Luche, Samantha Durrant, Joseph Butler, and Jeremy Goslin. 2012. Parent or community: Where do 20-month-olds exposed to two accents acquire their representation of words? *Cognition* 124 (1): 95–100.
- Flynn, James R. 1984. The mean IQ of Americans: Massive gains 1932 to 1978. *Psychological Bulletin* 95 (1): 29–51.
- Flynn, James R. 1987. Massive IQ gains in 14 nations: What IQ tests really measure. *Psychological Bulletin* 101 (2): 171–191.
- Fox Tree, Jean E. 2007. Folk notions of *um* and *uh, you know*, and *like*. *Text and Talk* 27 (3): 297–314.
- Frakt, Austin. 2017. Training your brain so that you don't need reading glasses. *New York Times*, March 27, 2017. https://nyti.ms/2nEi3iR.
- Freud, Debora, Marina Kichin-Brin, Ruth Ezrati-Vinacour, Ilan Roziner, and Ofer Amir. 2017. The relationship between the experience of stuttering and demographic characteristics of adults who stutter. *Journal of Fluency Disorders* 52:53–63.
- Frigerio-Domingues, Carlos, and Dennis Drayna. 2017. Genetic contributions to stuttering: The current evidence. *Molecular Genetics and Genomic Medicine* 5 (2): 95–102.
- Gardner, Howard. 1975. *The Shattered Mind: The Person after Brain Damage*. New York: Knopf.
- Garrard, Peter, Lisa M. Maloney, John R. Hodges, and Karalyn Patterson. 2005. The effects of very early Alzheimer's disease on the characteristics of writing by a renowned author. *Brain* 128 (2): 250–260.
- Gaudreau, G., L. Monetta, J. Macoir, S. Poulin, R. Laforce Jr., and C. Hudon. 2015. Mental state inferences abilities contribution to verbal irony comprehension in older adults with mild cognitive impairment. *Behavioural Neurology*, article ID 685613.

- Gayraud, Frederique, Hye-Ran Lee, and Melissa Barkat-Defradas. 2011. Syntactic and lexical context of pauses and hesitations in the discourse of Alzheimer patients and healthy elderly subjects. *Clinical Linguistics and Phonetics* 25 (3): 198–209.
- Geber, Sara Z. 2017. Are you ready for solo agers and elder orphans? *American Society on Aging*, December 27, 2017. http://www.asaging.org/blog/are-you-ready-solo-agers-and-elder-orphans.
- Geschwind, Norman. 1970. The organization of language and the brain. *Science* 170 (3961): 940–944.
- Ghorayshi, Azeen. 2012. A trip around the writer's block. *Full Stop*, May 29, 2012. http://www.full-stop.net/2012/05/29/blog/azeen/a-trip-around-the-writers-block.
- Glicksman, Jordan T., Sharon G. Curhan, and Gary C. Curhan. 2014. A prospective study of caffeine intake and risk of incident tinnitus. *American Journal of Medicine* 127 (8): 739–743.
- Glosser, Guila, and Toni Deser. 1992. A comparison of changes in macrolinguistic and microlinguistic aspects of discourse production in normal aging. *Journal of Gerontology* 47 (4): 266–272.
- Gold, Dolores, David Andres, Tannis Arbuckle, and Alex Schwartzman. 1988. Measurement and correlates of verbosity in elderly people. *Journal of Gerontology: Psychological Sciences* 43 (2): 27–33.
- Goleman, Daniel. 1988. Erikson, in his own old age, expands his view of life. *New York Times*, June 14, 1988, C1, C14.
- Gordon-Salant, Sandra, Grace H. Yeni-Komshian, Erin J. Pickett, and Peter J. Fitzgibbons. 2016. Perception of contrastive bi-syllabic lexical stress in unaccented and accented words by younger and older listeners. *Journal of the Acoustical Society of America* 139 (3): 1132–1148.
- Gould, Odette N., and Roger A. Dixon. 1993. How we spent our vacation: Collaborative storytelling by young and old adults. *Psychology and Aging* 8 (1): 10–17.
- Gould, Odette N., Christopher Osborn, Heather Krein, and Michelle Mortenson. 2002. Collaborative recall in married and unacquainted dyads. *International Journal of Behavioral Development* 26 (1): 36–44.
- Gould, Odette N., Cybil Saum, and Jennifer Belter. 2002. Recall and subjective reactions to speaking styles: Does age matter? *Experimental Aging Research* 28 (2): 199–213.
- Goulden, Robin, Paul Nation, and John Read. 1990. How large can a receptive vocabulary be? *Applied Linguistics* 11 (4): 341–363.
- Goulet, Pierre, Bernadette Ska, and Helen J. Kahn. 1994. Is there a decline in picture naming with advancing age? *Journal of Speech, Language, and Hearing Research* 37 (3): 629–644.
- Grant, Patricia, and Rich Hogle. 2017. *Safety and Efficacy of the BrainPort V100 Device in Individuals Blinded by Traumatic Injury*. December 2017. Middleton, WI: WICAB, Inc.
- Greenwood, Pamela, and Raja Parasuraman. 2012. *Nurturing the Older Brain and Mind*. Cambridge, MA: MIT Press.
- Grosjean, François. 1982. *Life with Two Languages: An Introduction to Bilingualism*. Cambridge, MA: Harvard University Press.

- Hargreaves, Ian S., Penny M. Pexman, Lenka Zdrazilova, and Peter Sargious. 2012. How a hobby can shape cognition: Visual word recognition in competitive Scrabble players. *Memory and Cognition* 40 (1): 1–7.
- Harnick, Chris. 2013. Liza Minnelli on *Cabaret* memories, *Arrested Development* return and more. *Huffpost*, January 29, 2013. http://www.huffingtonpost.com/2013/01/28/liza-minnelli-cabaret-arrested-development_n_2566747.html.
- Harris, Judith Rich. 1998. *The Nurture Assumption: Why Children Turn Out the Way They Do*. New York: Free Press.
- Hartshorne, Joshua K., and Laura T. Germine. 2015. When does cognitive functioning peak? The asynchronous rise and fall of different cognitive abilities across the life span. *Psychological Science* 26 (4): 433–443.
- Harvard Health Publishing. 2017. Tinnitus: Ringing in the ears and what to do about it. August 16, 2017. http://www . health .harvard.edu/diseases-and-conditions/tinnitus -ringing-in- the-ears-and-what-to-do-about-it.
- Hearing Solution Centers. 2015. Tinnitus and Star *Trek*. https://www.heartulsa.com/ blog/tinnitus-star-trek.
- Heine, Marilyn K., Beth A. Ober, and Gregory K. Shenaut. 1999. Naturally occurring and experimentally induced tip-of-the-tongue experiences in three adult age groups. *Psychology and Aging* 14 (3): 445–457.
- Henry, Julie D., and John R. Crawford. 2004. A meta-analytic review of verbal fluency performance following focal cortical lesions. *Neuropsychology* 18 (2): 284–295.
- Hess, Thomas M., Joey T. Hinson, and Elizabeth A. Hodges. 2009. Moderators of and mechanisms underlying stereotype threat effects on older adults' memory performance. *Experimental Aging Research* 35 (2): 153–177.
- Hindle, John V., Catherine S. Hurt, David J. Burn, Richard G. Brown, Mike Samuel, Kenneth C. Wilson, and Linda Clare. 2016. The effects of cognitive reserve and lifestyle on cognition and dementia in Parkinson's disease—a longitudinal cohort study. *International Journal of Geriatric Psychiatry* 31 (1): 13–23.
- Hoffman, Howard J., and George W. Reed. 2004. Epidemiology of tinnitus. In *Tinnitus: Theory and Management*, ed. James B. Snow, 16–41. Hamilton, Ontario: B. C. Decker.
- Holtgraves, Thomas, and Patrick McNamara. 2010. Parkinson's disease and politeness. *Journal of Language and Social Psychology* 29 (2): 178–193.
- Hoyte, Ken J., Hiram Brownell, and Arthur Wingfield. 2009. Components of speech prosody and their use in detection of syntactic structure by older adults. *Experimental Aging Research* 35 (1): 129–151.
- Huang, Qi, and Jianguo Tang. 2010. Age-related hearing loss or presbycusis. *European Archives of Oto-rhino-laryngology* 267 (8): 1179–1191.
- Hughes, Chrissy. 2015. Celebrities with tinnitus. Restored hearing, July 1, 2015. https:// restoredhearing.com/2015/07/01/celebrities-with-tinnitus.
- Hultsch, David F., Christopher Hertzog, Roger A. Dixon, and Brent J. Small. 1998. *Memory Change in the Aged*. Cambridge: Cambridge University Press.
- Hummert, Mary Lee, Jaye L. Shaner, Teri A. Garstka, and Clark Henry. 1988. Communication with older adults: The influence of age stereotypes, context, and communicator age. *Human Communication Research* 25 (1): 124–151.

- Hung, Pei-Fang, and Marilyn A. Nippold. 2014. Idiom understanding in adulthood: Examining age-related differences. *Clinical Linguistics and Phonetics* 28 (3): 208–221.
- Ianzito, Christina. n.d. Elder orphans: How to plan for aging without a family caregiver. AARP. https://www.aarp.org/caregiving/basics/info-2017/tips-aging-alone.html.
- Ingham, Roger J., Janis C. Ingham, Harald A. Euler, and Katrin Neumann. 2018. Stuttering treatment and brain research in adults: A still unfolding relationship. *Journal of Fluency Disorders* 55:106–119.
- Jackson, Eric S., J. Scott Yaruss, Robert W. Quesal, Valerie Terranova, and D. H. Whalen. 2015. Responses of adults who stutter to the anticipation of stuttering. *Journal of Fluency Disorders* 45:38–51.
- Jacoby, Larry L. 1988. Memory observed and memory unobserved. In *Remembering Reconsidered: Ecological and Traditional Approaches to the Study of Memory*, ed. Ulric Neisser and Eugene Winograd, 145–192. Cambridge: Cambridge University Press.
- Jacoby, Larry L., and Ann Hollingshead. 1990. Reading student essays may be hazardous to your spelling: Effects of reading incorrectly and correctly spelled words. *Canadian Journal of Psychology* 44 (3): 345–358.
- James, Lori E., Deborah M. Burke, Ayda Austin, and Erika Hulme. 1998. Production and perception of "verbosity" in younger and older adults. *Psychology and Aging* 13 (3): 355–367.
- Jaslow, Ryan. 2012. George Michael wakes from coma with new accent: What's foreign accent syndrome? CBS News, July 19, 2012. https://www.cbsnews.com/news/george-michael-wakes-from-coma-with-new-accent-whats-foreign-accent-syndrome.
- Jesse, Alexandra, and Esther Janse. 2012. Audiovisual benefit for recognition of speech presented with single-talker noise in older listeners. *Language and Cognitive Processes* 27 (7–8): 1167–1191.
- Johnson, Gordon J., Darwin C. Minassian, Robert Alexander Weale, and Sheila K. West. 2003. *The Epidemiology of Eye Disease*. 2nd ed. London: Taylor & Francis.
- Johnson, Jeffrey K. 2008. The visualization of the twisted tongue: Portrayals of stuttering in film, television, and comic books. *Journal of Popular Culture* 41 (2): 245–261.
- Johnson, Michael. 2006. Ted Allbeury: Respected spy writer who had served as a secret agent in the war and the cold war. *Guardian*, January 2, 2006. https://www.theguardian.com/news/2006/jan/03/guardian obituaries.booksobituaries.
- Johnson, Wendy, Matt McGue, and Ian J. Deary. 2014. Normative cognitive aging. In *Behavior Genetics of Cognition across the Lifespan*, ed. Deborah Finkel and Chandra A. Reynolds, 135–167. New York: Springer.
- Kaplan, Edith, Harold Goodglass, and Sandra Weintraub. 1983. *Boston Naming Test*. Philadelphia: Lea & Febiger.
- Katz, Stephen, and Toni Calasanti. 2014. Critical perspectives on successful aging: Does it "appeal more than it illuminates"? *Gerontologist* 55 (1): 26–33.
- Kaushanskaya, Margarita, and Viorica Marian. 2009. The bilingual advantage in novel word learning. *Psychonomic Bulletin and Review* 16 (4): 705–710.
- Kavé, Gitit, and Vered Halamish. 2015. Doubly blessed: Older adults know more vocabulary and know better what they know. *Psychology and Aging* 30 (1): 68–73.

- Kemper, Susan. 2015. Memory and executive function: Language production in late life. In *Language Development: The Lifespan Perspective*, ed. Annette Gerstenberg and Anja Voeste, 59–76. Amsterdam: John Benjamins.
- Kemper, Susan, and Tamara Harden. 1999. Experimentally disentangling what's beneficial about elderspeak from what's not. *Psychology and Aging* 14 (4): 656–670.
- Kemper, Susan, Ruth E. Herman, and Chiung-Ju Liu. 2004. Sentence production by young and older adults in controlled contexts. *Journals of Gerontology Series B: Psychological Sciences and Social Sciences* 59 (5): P220–P224.
- Kemper, Susan, Donna Kynette, Shannon Rash, Kevin O'Brien, and Richard Sprott. 1989. Life-span changes to adults' language: Effects of memory and genre. *Applied Psycholinguistics* 10 (1): 49–66.
- Kemper, Susan, Emily LaBarge, F. Richard Ferraro, Hintat Cheung, Him Cheung, and Martha Storandt. 1993. On the preservation of syntax in Alzheimer's disease: Evidence from written sentences. *Archives of Neurology* 50 (1): 81–86.
- Kemper, Susan, Shannon Rash, Donna Kynette, and Suzanne Norman. 1991. Telling stories: The structure of adults' narratives. *European Journal of Cognitive Psychology* 2 (3): 205–228.
- Kemper, Susan, and Aaron Sumner. 2001. The structure of verbal abilities in young and older adults. *Psychology and Aging* 16 (2): 312–322.
- Kemper, Susan, Marilyn Thompson, and Janet Marquis. 2001. Longitudinal change in language production: Effects of aging and dementia on grammatical complexity and semantic content. *Psychology and Aging* 16 (4): 600–614.
- Kern, Margaret L., Johannes C. Eichstaedt, H. Andrew Schwartz, Gregory Park, Lyle H. Ungar, David J. Stillwell, Michal Kosinski, Lukasz Dziurzynski, and Martin E. P. Seligman. 2013. From "Sooo excited!!!" to "So proud": Using language to study development. *Developmental Psychology* 50 (1): 178–188.
- Keulen, Stefanie, Jo Verhoeven, Elke De Witte, Louis De Page, Roelien Bastiaanse, and Peter Mariën. 2016. Foreign accent syndrome as a psychogenic disorder: A review. *Frontiers in Human Neuroscience* 10 (168).
- Kiziltan, G., and M. A. Akalin. 1996. Stuttering may be a type of action dystonia. *Movement Disorders* 11 (3): 278–282.
- Kjelgaard, Margaret M., Debra A. Titone, and Arthur Wingfield. 1999. The influence of prosodic structure on the interpretation of temporary syntactic ambiguity by young and elderly listeners. *Experimental Aging Research* 25 (3): 187–207.
- Klinka, Karen. 1994. High-pitched ringing in ears may be wake-up call. *Oklahoman*, August 9, 1994. http://newsok.com/article/2474010.
- Klompas, Michelle, and Eleanor Ross. 2004. Life experiences of people who stutter, and the perceived impact of stuttering on quality of life: Personal accounts of South African individuals. *Journal of Fluency Disorders* 29 (4): 275–305.
- Kong, Debra P. 2010. How old are traditionally published first-time authors? *The Write Type: Multi-author Musings,* December 5, 2010. http://writetype.blogspot.com/2010/12/how-old-are-traditionally-published.html.
- Konnikova, Maria. 2016. How to beat writer's block. *New Yorker*, March 11, 2016.

- Kousaie, Shanna, and Natalie A. Phillips. 2012. Ageing and bilingualism: Absence of a "bilingual advantage" in Stroop interference in a nonimmigrant sample. *Quarterly Journal of Experimental Psychology* 65 (2): 356–369.
- Kray, Jutta, and Ulman Lindenberger. Adult age differences in task switching. 2000. *Psychology and Aging* 15 (1): 126–147.
- Kreuz, Roger, and Richard Roberts. 2017. *Getting Through: The Pleasures and Perils of Cross-Cultural Communication*. Cambridge, MA: MIT Press.
- Kunkel, Thomas. 2015. What exactly was Joseph Mitchell doing all those years at the *New Yorker*? *Publishers Weekly*, April 3, 2015. http://www.publishersweekly.com/pw/by-topic/industry-news/tip-sheet /article/66086-what-exactly-was-joseph-mitchell-doing-all-those-years -at-the-new-yorker.html.
- Kwong See, Sheree T., Hunter G. Hoffman, and Tammy L. Wood. 2001. Perceptions of an old female eyewitness: Is the older eyewitness believable? *Psychology and Aging* 16 (2): 346–350.
- Lacey, E. H., X. Jiang, R. B. Friedman, S. F. Snider, L. C. Parra, Y. Huang, and P. E. Turkeltaub. 2015. Transcranial direct current stimulation for pure alexia: Effects on brain and behavior. *Brain Stimulation: Basic, Translational, and Clinical Research in Neuromodulation* 8 (2): 305–307.
- Lancashire, Ian. 2015. Vocabulary and dementia in six novelists. In *Language Development: The Lifespan Perspective*, ed. Annette Gerstenberg and Anja Voeste, 7–107. Amsterdam: John Benjamins.
- Lane, Zac, Adam Singer, David Roffwarg, and Erick Messias. 2010. Differentiating psychosis versus fluent aphasia. *Clinical Schizophrenia and Related Psychoses* 4 (4): 258–261.
- Lansberg, Maarten G., Erich Bluhmki, and Vincent N. Thijs. 2009. Efficacy and safety of tissue plasminogen activator 3 to 4.5 hours after acute ischemic stroke: A meta-analysis. *Stroke* 40 (7): 2438–2441.
- Larson, Eric B., Kristine Yaffe, and Kenneth M. Langa. 2013. New insights into the dementia epidemic. *New England Journal of Medicine* 369 (24): 2275–2277.
- Lazarus, Ben. 2015. Why Joseph Mitchell stopped writing. *New Republic*, May 1, 2015. https://newrepublic.com/article/121690/thomas-kunkels-man -profile-joseph-mitchell-new-yorker.
- Le, Xuan, Ian Lancashire, Graeme Hirst, and Regina Jokel. 2011. Longitudinal detection of dementia through lexical and syntactic changes in writing: A case study of three British novelists. *Literary and Linguistic Computing* 26 (4): 435–461.
- Leithauser, Brad. 1996. The good servant. *New York Times*, January 7, 1996. http://www.nytimes.com/books/98/12/20/specials/murdoch-dilemma.html.
- Leland, John. 2008. In "Sweetie" and "Dear," a hurt for the elderly. *New York Times*, October 6, 2008. http://www.nytimes.com/2008/10/07 /us/ 07aging.html.
- Lemonick, Michael D., and Alice Park. 2001. The Nun Study: How one scientist and 678 sisters are helping unlock the secrets of Alzheimer's. *Time* 157 (19): 54–59, 62, 64.
- Lenehan, Megan E., Mathew J. Summers, Nichole L. Saunders, Jeffery J. Summers, David D. Ward, Karen Ritchie, and James C. Vickers. 2016. Sending your grandparents to university increases cognitive reserve: The Tasmanian Healthy Brain Project. *Neuropsychology* 30 (5): 525–531.

- Levene, John R. 1972. Benjamin Franklin, FRS, Sir Joshua Reynolds, FRS, PRA, Benjamin West, PRA, and the invention of bifocals. *Notes and Records of the Royal Society of London* 27 (1): 141–163.

- Levy, Becca R. 2003. Mind matters: Cognitive and physical effects of aging self-stereotypes. *Journals of Gerontology Series B: Psychological Sciences and Social Sciences* 58 (4): P203–P211.

- Levy, Becca R., Martin D. Slade, Suzanne R. Kunkel, and Stanislav V. Kasl. 2002. Longevity increased by positive self-perceptions of aging. *Journal of Personality and Social Psychology* 83 (2): 261–270.

- Liberman, Mark. 2005. Young men talk like old women. *Language Log*, November 6, 2005. http://itre.cis.upenn.edu/~myl/languagelog /archives/002629.html.

- Lien, Mei-Ching, Philip A. Allen, Eric Ruthruff, Jeremy Grabbe, Robert S. McCann, and Roger W. Remington. 2006. Visual word recognition without central attention: Evidence for greater automaticity with advancing age. *Psychology and Aging* 21 (3): 431–447.

- Lima, César F., Tiago Alves, Sophie K. Scott, and São Luís Castro. 2014. In the ear of the beholder: How age shapes emotion processing in nonverbal vocalizations. *Emotion* 14 (1): 145–160.

- Linetsky, Mikhail, Cibin T. Raghavan, Kaid Johar, Xingjun Fan, Vincent M. Monnier, Abhay R. Vasavada, and Ram H. Nagaraj. 2014. UVA light-excited kynurenines oxidize ascorbate and modify lens proteins through the formation of advanced glycation end products: Implications for human lens aging and cataract formation. *Journal of Biological Chemistry* 289 (24): 17111–17123.

- LitRejections. n.d. Best-sellers initially rejected. http://www.litrejections .com/best-sellers-initially-rejected.

- Long, Camilla. 2010. Martin Amis and the sex war. *Sunday Times*, January 24, 2010.

- Lundy, Donna S., Carlos Silva, Roy R. Casiano, F. Ling Lu, and Jun Wu Xue. 1998. Cause of hoarseness in elderly patients. *Otolaryngology—Head and Neck Surgery* 118 (4): 481–485.

- Lust, Barbara, Suzanne Flynn, Janet Cohen Sherman, James Gair, Charles R. Henderson, Claire Cordella, Jordan Whitlock, et al. 2015. Reversing Ribot: Does regression hold in language of prodromal Alzheimer's disease? *Brain and Language* 143:1–10.

- Luxemberg, Steve. 2011. "The King's Speech": Brilliant filmmaking, less-than-brilliant history. *Washington Post*, January 28, 2011.

- Lyons, Kelly, Susan Kemper, Emily LaBarge, F. Richard Ferraro, David Balota, and Martha Storandt. 1994. Oral language and Alzheimer's disease: A reduction in syntactic complexity. *Aging, Neuropsychology, and Cognition* 1 (4): 271–281.

- MacKay, Donald G., Lise Abrams, and Manissa J. Pedroza. 1999. Aging on the input versus output side: Theoretical implications of age-linked asymmetries between detecting versus retrieving orthographic information. *Psychology and Aging* 14 (1): 3–17.

- Macnamara, Brooke N., and Andrew R. A. Conway. 2014. Novel evidence in support of the bilingual advantage: Influences of task demands and experience on cognitive control and working memory. *Psychonomic Bulletin and Review* 21 (2): 520–525.

- Maltin, Leonard. 2010. *Leonard Maltin's Classic Movie Guide: From the Silent Era through 1965.* 2nd ed. New York: Random House.

- Manning, Walter H., Deborah Daily, and Sue Wallace. 1984. Attitude and personality characteristics of older stutterers. *Journal of Fluency Disorders* 9:207–215.
- Mar, Raymond A., and Keith Oatley. 2008. The function of fiction is the abstraction and simulation of social experience. *Perspectives on Psychological Science* 3 (3): 173–192.
- Mar, Raymond A., Keith Oatley, Jacob Hirsh, Jennifer dela Paz, and Jordan B. Peterson. 2006. Bookworms versus nerds: Exposure to fiction versus non-fiction, divergent associations with social ability, and the simulation of fictional social worlds. *Journal of Research in Personality* 40 (5): 694–712.
- Marinus, Eva, Michelle Mostard, Eliane Segers, Teresa M. Schubert, Alison Madelaine, and Kevin Wheldall. 2016. A special font for people with dyslexia: Does it work and, if so, why? *Dyslexia* 22 (3): 233–244.
- Martins, Regina Helena Garcia, Tatiana Maria Gonçalvez, Adriana Bueno Benito Pessin, and Anete Branco. 2014. *Aging voice: Presbyphonia. Aging Clinical and Experimental Research* 26 (1): 1–5.
- Mather, Mara, and Laura L. Carstensen. 2003. Aging and attentional biases for emotional faces. *Psychological Science* 14 (5): 409–415.
- McDougall, Graham J., Carol E. Blixen, and Lee-Jen Suen. 1997. The process and outcome of life review psychotherapy with depressed homebound older adults. *Nursing Research* 46 (5): 277–283.
- McDowd, Joan, Lesa Hoffman, Ellen Rozek, Kelly E. Lyons, Rajesh Pahwa, Jeffrey Burns, and Susan Kemper. 2011. Understanding verbal fluency in healthy aging, Alzheimer's disease, and Parkinson's disease. *Neuropsychology* 25 (2): 210–225.
- McGrath, Charles. 2018. No longer writing, Philip Roth still has plenty to say. *New York Times*, January 16, 2018.
- McLellan, Dennis. 1989. Stutter group pickets over "Wanda" role. *Los Angeles Times*, March 29, 1989. http://articles.latimes.com/1989-03-29/entertainment/ca-716_1_ wanda-insults-people.
- Mehta, Sonia. Age-related macular degeneration. 2015. *Primary Care: Clinics in Office Practice* 42 (3): 377–391.
- Mergler, Nancy L., Marion Faust, and Michael D. Goldstein. 1985. Storytelling as an age-dependent skill: Oral recall of orally presented stories. *International Journal of Aging and Human Development* 20 (3): 205–228.
- Merriam, Sharan B. 1993. Butler's life review: How universal is it? *International Journal of Aging and Human Development* 37 (3): 163–175.
- Messer, Rachel H. 2015. Pragmatic language changes during normal aging: Implications for health care. *Healthy Aging and Clinical Care in the Elderly* 7:1–7.
- Metzler-Baddeley, Claudia, Amanda Salter, and Roy W. Jones. 2008. The significance of dyslexia screening for the assessment of dementia in older people. *International Journal of Geriatric Psychiatry* 23 (7): 766–768.
- Moen, Inger. 1996. Monrad-Krohn's foreign accent syndrome case. In *Classic Cases* in *Neuropsychology*, ed. Chris Code, Claus-W. Wallesch, Yves Joanette, and André Roch Lecours, 145–156. Hove, UK: Psychology Press.
- Monrad-Krohn, Georg Herman. 1947. Dysprosody or altered "melody of language." *Brain* 70:405–415.

- Montayre, Jed, Jasmine Montayre, and Sandra Thaggard. 2018. The elder orphan in healthcare settings: An integrative review. *Journal of Population Ageing.* https://doi.org/10.1007/s12062-018-9222-x.
- Montepare, Joann, Elissa Koff, Deborah Zaitchik, and Marilyn Albert. 1999. The use of body movements and gestures as cues to emotions in younger and older adults. *Journal of Nonverbal Behavior* 23 (2): 133–152.
- Morin, Olivier, and Alberto Acerbi. 2017. Birth of the cool: A two-centuries decline in emotional expression in Anglophone fiction. *Cognition and Emotion* 8:1663–1675.
- Morrone, Isabella, Christelle Declercq, Jean-Luc Novella, and Chrystel Besche. 2010. Aging and inhibition processes: The case of metaphor treatment. *Psychology and Aging* 25 (3): 697–701.
- Mortensen, Linda, Antje S. Meyer, and Glyn W. Humphreys. 2006. Age-related effects on speech production: A review. *Language and Cognitive Processes* 21 (1–3): 238–290.
- Morton, J. Bruce, and Sarah N. Harper. 2007. What did Simon say? Revisiting the bilingual advantage. *Developmental Science* 10 (6): 719–726.
- Moscoso del Prado Martín, Fermín. 2017. Vocabulary, grammar, sex, and aging. *Cognitive Science* 41 (4): 950–975.
- Mueller, Peter B. 1998. Voice ageism. *Contemporary Issues in Communication Science and Disorders* 25:62–64.
- Mumper, Micah L., and Richard J. Gerrig. 2017. Leisure reading and social cognition: A meta-analysis. *Psychology of Aesthetics, Creativity, and the Arts* 11 (1): 109–120.
- Murdoch, Iris. 1995. *Jackson's Dilemma.* London: Penguin Books.
- Murphy, Dana R., Meredyth Daneman, and Bruce A. Schneider. 2006. Why do older adults have difficulty following conversations? *Psychology and Aging* 21 (1): 49–61.
- Nabokov, Vladimir. 1966. *Speak, Memory: An Autobiography Revisited.* New York: Putnam.
- Nau, Amy C., Christine Pintar, Aimee Arnoldussen, and Christopher Fisher. 2015. Acquisition of visual perception in blind adults using the BrainPort artificial vision device. *American Journal of Occupational Therapy* 69 (1): 1–8.
- NBC News. 2009. Fewer blind Americans learning to use Braille. March 26, 2009. http://www.nbcnews.com/id/29882719/ns/us_news-life/t/fewer-blind-americans-learning-use-braille/#.W0DZuC3GzOY.
- Nergård-Nilssen, Trude, and Charles Hulme. 2014. Developmental dyslexia in adults: Behavioural manifestations and cognitive correlates. *Dyslexia* 20 (3): 191–207.
- Newsome, Mary R., and Sam Glucksberg. 2002. Older adults filter irrelevant information during metaphor comprehension. *Experimental Aging Research* 28 (3): 253–267.
- *New Yorker.* 2004. Blocked: Why do writers stop writing? June 14, 2004.
- Ng, Sik Hung. 1996. Power: An essay in honour of Henri Tajfel. In *Social Groups and Identities: Developing the Legacy of Henri Tajfel*, ed. W. Peter Robinson, 191–214. Oxford: Butterworth-Heinemann.
- Nichols, Richard. 1999. Iris Murdoch, novelist and philosopher, is dead. *New York Times*, February 9, 1999. http://www.nytimes.com/learning/general/onthisday/bday/0715.html.

· Nicholson, Nicholas R. 2012. A review of social isolation: An important but underassessed condition in older adults. *Journal of Primary Prevention* 33 (2–3): 137–152.

· Nickerson, Raymond S., and Marilyn Jager Adams. 1979. Long-term memory for a common object. *Cognitive Psychology* 11 (3): 287–307.

· Nippold, Marilyn A., Paige M. Cramond, and Christine Hayward-Mayhew. 2014. Spoken language production in adults: Examining age-related differences in syntactic complexity. *Clinical Linguistics and Phonetics* 28 (3): 195–207.

· Nippold, Marilyn A., Linda D. Uhden, and Ilsa E. Schwarz. 1997. Proverb explanation through the lifespan: A developmental study of adolescents and adults. *Journal of Speech, Language, and Hearing Research* 40 (2): 245–253.

· Nondahl, David M., Karen J. Cruickshanks, Dayna S. Dalton, Barbara E. K. Klein, Ronald Klein, Carla R. Schubert, Ted S. Tweed, and Terry L. Wiley. 2007. The impact of tinnitus on quality of life in older adults. *Journal of the American Academy of Audiology* 18 (3): 257–266.

· Nondahl, David M., Karen J. Cruickshanks, Terry L. Wiley, Ronald Klein, Barbara E. K. Klein, and Ted S. Tweed. 2002. Prevalence and 5-year incidence of tinnitus among older adults: The epidemiology of hearing loss study. *Journal of the American Academy of Audiology* 13 (6): 323–331.

· O'Caoimh, Rónán, Suzanne Timmons, and D. William Molloy. 2016. Screening for mild cognitive impairment: Comparison of "MCI specific" screening instruments. *Journal of Alzheimer's Disease* 51 (2): 619–629.

· Oller, D. Kimbrough, and Rebecca E. Eilers, eds. 2002. *Language and Literacy in Bilingual Children*. Vol. 2. Clevedon, UK: Multilingual Matters.

· Omori, Koichi, David H. Slavit, Ashutosh Kacker, and Stanley M. Blaugrund. 1998. Influence of size and etiology of glottal gap in glottic incompetence dysphonia. *Laryngoscope* 108 (4): 514–518.

· Owens, David. 2014. The yips: What's behind the condition that every golfer dreads? *New Yorker*, May 26, 2014. https://www.newyorker.com/magazine/2014/05/26/the-yips.

· Owsley, Cynthia, Robert Sekuler, and Dennis Siemsen. 1983. Contrast sensitivity throughout adulthood. *Vision Research* 23 (7): 689–699.

· Paap, Kenneth R., and Zachary I. Greenberg. 2013. There is no coherent evidence for a bilingual advantage in executive processing. *Cognitive Psychology* 66 (2): 232–258.

· Paap, Kenneth R., Hunter A. Johnson, and Oliver Sawi. 2015. Bilingual advantages in executive functioning either do not exist or are restricted to very specific and undetermined circumstances. *Cortex* 69:265–278.

· Patterson, Janet. 2011. Verbal fluency. In *Encyclopedia of Clinical Neuropsychology*, vol. 4, ed. Jeffrey S. Kreutzer, John DeLuca, and Bruce Caplan, 2603–2605. New York: Springer.

· Payne, Brennan R., Xuefei Gao, Soo Rim Noh, Carolyn J. Anderson, and Elizabeth A. L. Stine-Morrow. 2012. The effects of print exposure on sentence processing and memory in older adults: Evidence for efficiency and reserve. *Aging, Neuropsychology, and Cognition* 19 (1–2): 122–149.

· Pennebaker, James W. 1997a. *Opening Up: The Healing Power of Expressing Emotions*. 2nd ed. New York: Guilford Press.

· Pennebaker, James W. 1997b. Writing about emotional experiences as a therapeutic process. *Psychological Science* 8 (3): 162–166.

· Pennebaker, James W. 2011. *The Secret Life of Pronouns: What Our Words Say about Us.* New York: Bloomsbury Press.

· Pennebaker, James W., Steven D. Barger, and John Tiebout. 1989. Disclosure of traumas and health among Holocaust survivors. *Psychosomatic Medicine* 51 (5): 577–589.

· Pennebaker, James W., Janice K. Kiecolt-Glaser, and Ronald Glaser. 1988. Disclosure of traumas and immune function: Health implications for psychotherapy. *Journal of Consulting and Clinical Psychology* 56 (2): 239–245.

· Pennebaker, James W., Tracy J. Mayne, and Martha E. Francis. 1997. Linguistic predictors of adaptive bereavement. *Journal of Personality and Social Psychology* 72 (4): 863–871.

· Pennebaker, James W., and Lori D. Stone. 2003. Words of wisdom: Language use over the life span. *Journal of Personality and Social Psychology* 85 (2): 291–301.

· Peterson, Robin L., and Bruce F. Pennington. 2015. Developmental dyslexia. *Annual Review of Clinical Psychology* 11:283–307.

· Phillips, Louise H., Roy Allen, Rebecca Bull, Alexandra Hering, Matthias Kliegel, and Shelley Channon. 2015. Older adults have difficulty in decoding sarcasm. *Developmental Psychology* 51 (12): 1840–1852.

· Phillips, Susan L., Sandra Gordon-Salant, Peter J. Fitzgibbons, and Grace Yeni-Komshian. 2000. Frequency and temporal resolution in elderly listeners with good and poor word recognition. *Journal of Speech, Language, and Hearing Research* 43 (1): 217–228.

· Pichora-Fuller, M. Kathleen, and Harry Levitt. 2012. Speech comprehension training and auditory and cognitive processing in older adults. *American Journal of Audiology* 21 (2): 351–357.

· Pichora-Fuller, M. Kathleen, Bruce A. Schneider, and Meredyth Daneman. 1995. How young and old adults listen to and remember speech in noise. *Journal of the Acoustical Society of America* 97 (1): 593–608.

· Polat, Uri, Clifton Schor, Jian-Liang Tong, Ativ Zomet, Maria Lev, Oren Yehezkel, Anna Sterkin, and Dennis M. Levi. 2012. Training the brain to overcome the effect of aging on the human eye. *Scientific Reports* 2:1–6.

· Pratt, Michael W., and Susan L. Robins. 1991. That's the way it was: Age differences in the structure and quality of adults' personal narratives. *Discourse Processes* 14 (1): 73–85.

· Prensky, Marc. 2001. Digital natives, digital immigrants, part 1. *On the Horizon* 9 (5): 1–6.

· Pugliese, Michael, Tim Ramsay, Dylan Johnson, and Dar Dowlatshahi. 2018. Mobile tablet-based therapies following stroke: A systematic scoping review of administrative methods and patient experiences. *PloS One* 13 (1): e0191566.

· Pushkar Gold, Dolores, David Andres, Tannis Arbuckle, and Connie Zieren. 1993. Off-target verbosity and talkativeness in elderly people. *Canadian Journal on Aging* 12 (1): 67–77.

· Pushkar Gold, Dolores, and Tannis Y. Arbuckle. 1995. A longitudinal study of off-target verbosity. *Journals of Gerontology Series B: Psychological Sciences and Social Sciences* 50 (6): 307–315.

- Ramscar, Michael, Peter Hendrix, Cyrus Shaoul, Petar Milin, and Harald Baayen. 2014. The myth of cognitive decline: Non-linear dynamics of lifelong learning. *Topics in Cognitive Science* 6 (1): 5–42.

- Randolph, Christopher, Amy E. Lansing, Robert J. Ivnik, C. Munro Cullum, and Bruce P. Hermann. 1999. Determinants of confrontation naming performance. *Archives of Clinical Neuropsychology* 14 (6): 489–496.

- Rao, Gullapalli N., Rohit Khanna, and Abhishek Payal. 2011. The global burden of cataract. *Current Opinion in Ophthalmology* 22 (1): 4–9.

- Reed, Andrew E., Larry Chan, and Joseph A. Mikels. 2014. Meta-analysis of the age-related positivity effect: Age differences in preferences for positive over negative information. *Psychology and Aging* 29 (1): 1–15.

- Reker, Gary T., James E. Birren, and Cheryl Svensson. 2014. Self-aspect reconstruction through guided autobiography: Exploring underlying processes. *International Journal of Reminiscence and Life Review* 2 (1): 1–15.

- Riley, Kathryn P., David A. Snowdon, Mark F. Desrosiers, and William R. Markesbery. 2005. Early life linguistic ability, late life cognitive function, and neuropathology: Findings from the Nun Study. *Neurobiology of Aging* 26 (3): 341–347.

- Roberts, Richard M., and Roger J. Kreuz. 1993. Nonstandard discourse and its coherence. *Discourse Processes* 16 (4): 451–464.

- Roberts, Richard M., and Roger J. Kreuz. 1994. Why do people use figurative language? *Psychological Science* 5 (3): 159–163.

- Roberts, Richard, and Roger Kreuz. 2015. *Becoming Fluent: How Cognitive Science Can Help Adults Learn a Foreign Language*. Cambridge, MA: MIT Press.

- Robinson, Martin. 2017. "The moment I died": Discworld author Terry Pratchett revealed his struggles with a "haze of Alzheimer's" in his unfinished autobiography. *Daily Mail*, February 3, 2017. http://www .dailymail.co.uk/news/article-4187146/Terry-Pratchett-reveals-struggles-haze-Alzheimer-s.html.

- Rohrer, Jonathan D., Martin N. Rossor, and Jason D. Warren. 2009. Neologistic jargon aphasia and agraphia in primary progressive aphasia. *Journal of the Neurological Sciences* 277 (1): 155–159.

- Rose, Mike. 1984. *Writer's Block: The Cognitive Dimension*. Carbondale, IL: Southern Illinois University Press.

- Ruffman, Ted, Julie D. Henry, Vicki Livingstone, and Louise H. Phillips. 2008. A meta-analytic review of emotion recognition and aging: Implications for neuropsychological models of aging. *Neuroscience and Biobehavioral Reviews* 32 (4): 863–881.

- Ruscher, Janet B., and Megan M. Hurley. 2000. Off-target verbosity evokes negative stereotypes of older adults. *Journal of Language and Social Psychology* 19 (1): 141–149.

- Russell, Alex, Richard J. Stevenson, and Anina N. Rich. 2015. Chocolate smells pink and stripy: Exploring olfactory-visual synesthesia. *Cognitive Neuroscience* 6 (2–3): 77–88.

- Ryalls, J., and I. Reinvang. 1985. Some further notes on Monrad-Krohn's case study of foreign accent syndrome. *Folia Phoniatrica et Logopaedica* 37 (3–4): 160–162.

- Ryan, Camille L., and Kurt Bauman. 2016. Educational attainment in the United States: 2015. United States Census, Current Population Reports, March 2016. https://www.census.gov/content/dam/Census/library/publications/2016/demo/p20-578.pdf.

- Ryu, Chang Hwan, Seungbong Han, Moo-Song Lee, Sang Yoon Kim, Soon Yuhl Nam, Jong-Lyel Roh, Junsun Ryu, Yuh-S. Jung, and Seung-Ho Choi. 2015. Voice changes in elderly adults: Prevalence and the effect of social, behavioral, and health status on voice quality. *Journal of the American Geriatrics Society* 63 (8): 1608–1614.
- Salovey, Peter, and Matthew D. Haar. 1990. The efficacy of cognitive-behavior therapy and writing process training for alleviating writing anxiety. *Cognitive Therapy and Research* 14 (5): 515–528.
- Salovey, Peter, and John D. Mayer. 1990. Emotional intelligence. *Imagination, Cognition and Personality* 9 (3): 185–211.
- Salthouse, Timothy A. 1996. The processing-speed theory of adult age differences in cognition. *Psychological Review* 103 (3): 403–428.
- Sankoff, Gillian. Language change across the lifespan. 2018. *Annual Review of Linguistics* 4 (1): 297–316.
- Sarabia-Cobo, Carmen María, María José Navas, Heiner Ellgring, and Beatriz García-Rodríguez. 2016. Skilful communication: Emotional facial expressions recognition in very old adults. *International Journal of Nursing Studies* 54:104–111.
- Schachter, Stanley, Nicholas Christenfeld, Bernard Ravina, and Frances Bilous. 1991. Speech disfluency and the structure of knowledge. *Journal of Personality and Social Psychology* 60 (3): 362–367.
- Schjetnan, Andrea Gomez Palacio, Jamshid Faraji, Gerlinde A. Metz, Masami Tatsuno, and Artur Luczak. 2013. Transcranial direct current stimulation in stroke rehabilitation: A review of recent advancements. *Stroke Research and Treatment*, article ID 170256.
- Schmiedt, Richard A. 2010. The physiology of cochlear presbycusis. In *The Aging Auditory System*, ed. Sandra Gordon-Salant, Robert D. Frisina, Arthur N. Popper, and Richard R. Fay, 9–38. New York: Springer.
- Schmitter-Edgecombe, Maureen, M. Vesneski, and D. W. R. Jones. 2000. Aging and word-finding: A comparison of spontaneous and constrained naming tests. *Archives of Clinical Neuropsychology* 15 (6): 479–493.
- Schubotz, Louise, Judith Holler, and Asli Özyürek. September 2015. Age-related differences in multi-modal audience design: Young, but not old speakers, adapt speech and gestures to their addressee's knowledge. In *Proceedings of the 4th GESPIN—Gesture and Speech in Interaction*, 211–216. Nantes, France.
- Schwartz, Bennett L. 2002. *Tip-of-the-Tongue States: Phenomenology, Mechanism, and Lexical Retrieval*. Mahwah, NJ: Erlbaum.
- Schwartz, Bennett L., and Leslie D. Frazier. 2005. Tip-of-the-tongue states and aging: Contrasting psycholinguistic and metacognitive perspectives. *Journal of General Psychology* 132 (4): 377–391.
- Schwartz, Bennett L., and Janet Metcalfe. 2011. Tip-of-the-tongue (TOT) states: Retrieval, behavior, and experience. *Memory and Cognition* 39 (5): 737–749.
- Searl, Jeffrey P., Rodney M. Gabel, and J. Steven Fulks. 2002. Speech disfluency in centenarians. *Journal of Communication Disorders* 35 (5): 383–392.
- Segaert, Katrien, S. J. E. Lucas, C. V. Burley, Pieter Segaert, A. E. Milner, M. Ryan, and L. Wheeldon. 2018. Higher physical fitness levels are associated with less language decline in healthy ageing. *Scientific Reports* 8 (6715): 1–10.

- Shadden, Barbara B. 1997. Discourse behaviors in older adults. *Seminars in Speech and Language* 18 (2): 143–157.
- Shafto, Meredith A., Lori E. James, Lise Abrams, and Lorraine K. Tyler. 2018. Age-related increases in verbal knowledge are not associated with word finding problems in the Cam-CAN cohort: What you know won't hurt you. *Journals of Gerontology Series B: Psychological Sciences and Social Sciences* 72 (1): 100–106.
- Shafto, Meredith A., and Lorraine K. Tyler. 2014. Language in the aging brain: The network dynamics of cognitive decline and preservation. *Science* 346 (6209): 583–587.
- Sheehy, Gail. 2000. The accidental candidate. *Vanity Fair*, October 2000.
- Simner, Julia. 2007. Beyond perception: Synaesthesia as a psycholinguistic phenomenon. *Trends in Cognitive Sciences* 11 (1): 23–29.
- Simner, Julia. 2012. Defining synaesthesia. *British Journal of Psychology* 103 (1): 1–15.
- Simner, Julia, Alberta Ipser, Rebecca Smees, and James Alvarez. 201). Does synaesthesia age? Changes in the quality and consistency of synaesthetic associations. *Neuropsychologia* 106:407–416.
- Simner, Julia, Catherine Mulvenna, Noam Sagiv, Elias Tsakanikos, Sarah A. Witherby, Christine Fraser, Kirsten Scott, and Jamie Ward. 2006. Synaesthesia: The prevalence of atypical cross-modal experiences. *Perception* 35 (8): 1024–1033.
- Simons, Daniel J., Walter R. Boot, Neil Charness, Susan E. Gathercole, Christopher F. Chabris, David Z. Hambrick, and Elizabeth A. L. Stine-Morrow. 2016. Do "brain-training" programs work? *Psychological Science in the Public Interest* 17 (3): 103–186.
- Slessor, Gillian, Louise H. Phillips, and Rebecca Bull. 2008. Age-related declines in basic social perception: Evidence from tasks assessing eye-gaze processing. *Psychology and Aging* 23 (4): 812–842.
- Small, Brent J., Roger A. Dixon, and John J. McArdle. 2011. Tracking cognition-health changes from 55 to 95 years of age. *Journals of Gerontology Series B: Psychological Sciences and Social Sciences* 66 (suppl. 1): i153–i161.
- Smith-Spark, James H., Adam P. Zięcik, and Christopher Sterling. 2016. Self-reports of increased prospective and retrospective memory problems in adults with developmental dyslexia. *Dyslexia* 22 (3): 245–262.
- Smyth, Joshua M., Arthur A. Stone, Adam Hurewitz, and Alan Kaell. 1999. Effects of writing about stressful experiences on symptom reduction in patients with asthma or rheumatoid arthritis: A randomized trial. *JAMA* 281 (14): 1304–1309.
- Smyth, Joshua M., Nicole True, and Joy Souto. 2001. Effects of writing about traumatic experiences: The necessity for narrative structuring. *Journal of Social and Clinical Psychology* 20 (2): 161–172.
- Snowdon, David A. 1997. Aging and Alzheimer's disease: Lessons from the Nun Study. *Gerontologist* 37 (2): 150–156.
- Snowdon, David. 2001. *Aging with Grace: What the Nun Study Teaches Us about Leading Longer, Healthier, and More Meaningful Lives.* New York: Bantam Books.
- Snowdon, David A., Lydia H. Greiner, and William R. Markesbery. 2000. Linguistic ability in early life and the neuropathology of Alzheimer's disease and cerebrovascular disease: Findings from the Nun Study. *Annals of the New York Academy of Sciences* 903 (1): 34–38.

- Snowdon, David A., Susan J. Kemper, James A. Mortimer, Lydia H. Greiner, David R. Wekstein, and William R. Markesbery. 1996. Linguistic ability in early life and cognitive function and Alzheimer's disease in late life: Findings from the Nun Study. *JAMA* 275 (7): 528–532.
- Stanford News. 2005. "You've got to find what you love," Jobs says. June 14, 2005. https://news.stanford.edu/2005/06/14/jobs-061505.
- Stanley, Jennifer Tehan, and Fredda Blanchard-Fields. 2008. Challenges older adults face in detecting deceit: The role of emotion recognition. *Psychology and Aging* 23 (1): 24–32.
- Starrfelt, Randi, and Marlene Behrmann. 2011. Number reading in pure alexia—a review. *Neuropsychologia* 49 (9): 2283–2298.
- Steele, Claude M., and Joshua Aronson. 1995. Stereotype threat and the intellectual test performance of African Americans. *Journal of Personality and Social Psychology* 69 (5): 797–811.
- Stern, Yaakov. 2012. Cognitive reserve in ageing and Alzheimer's disease. *Lancet Neurology* 11 (11): 1006–1012.
- Sterrett, David, Jennifer Titus, Jennifer K. Benz, and Liz Kantor. 2017. Perceptions of aging during each decade of life after 30. West Health Institute/NORC Survey on Aging in America.
- Stilwell, Becca L., Rebecca M. Dow, Carolien Lamers, and Robert T. Woods. 2016. Language changes in bilingual individuals with Alzheimer's disease. *International Journal of Language and Communication Disorders* 51 (2): 113–127.
- Stine-Morrow, Elizabeth A. L., Matthew C. Shake, and Soo Rim Noh. 2010. Language and communication. In *Aging in America*, vol. 1, ed. John C. Cavanaugh and Christine K. Cavanaugh, 56–78. Santa Barbara, CA: Praeger Perspectives.
- STR Staff. 2018. Fame won't stop the ringing—20 celebrities with tinnitus. January 28, 2018. http://www.stoptheringing.org/fame-wont-stop-the-ringing-20-celebrities-with-tinnitus.
- Strenk, Susan A., Lawrence M. Strenk, and Jane F. Koretz. 2005. The mechanism of presbyopia. *Progress in Retinal and Eye Research* 24 (3): 379–393.
- Stuttering Foundation. 2015. Annie Glenn. June 17, 2015. https://www.stutteringhelp.org/content/annie-glenn.
- Sundet, Jon Martin, Dag G. Barlaug, and Tore M. Torjussen. 2004. The end of the Flynn effect? A study of secular trends in mean intelligence test scores of Norwegian conscripts during half a century. *Intelligence* 32 (4): 349–362.
- Suzuki, Atsunobu, Takahiro Hoshino, Kazuo Shigemasu, and Mitsuru Kawamura. 2007. Decline or improvement? Age-related differences in facial expression recognition. *Biological Psychology* 74 (1): 75–84.
- Swagerman, Suzanne C., Elsje Van Bergen, Conor Dolan, Eco J. C. de Geus, Marinka M. G. Koenis, Hilleke E. Hulshoff Pol, and Dorret I. Boomsma. 2015. Genetic transmission of reading ability. *Brain and Language* 172:3–8.
- Sword, Helen. 2017. *Air and Light and Time and Space: How Successful Academics Write.* Cambridge, MA: Harvard University Press.

- Tanner, Kathleen. 2009. Adult dyslexia and the "conundrum of failure." *Disability and Society* 24 (6): 785–797.

- Teasdale, Thomas W., and David R. Owen. 2008. Secular declines in cognitive test scores: A reversal of the Flynn effect. *Intelligence* 36 (2): 121–126.

- Theodoroff, Sarah M., M. Samantha Lewis, Robert L. Folmer, James A. Henry, and Kathleen F. Carlson. 2015. Hearing impairment and tinnitus: Prevalence, risk factors, and outcomes in US service members and veterans deployed to the Iraq and Afghanistan wars. *Epidemiologic Reviews* 37 (1): 71–85.

- Todd, Zazie. 2008. Talking about books: A reading group study. *Psychology of Aesthetics, Creativity, and the Arts* 2 (4): 256–263.

- Tombaugh, Tom N., Jean Kozak, and Laura Rees. 1999. Normative data stratified by age and education for two measures of verbal fluency: FAS and animal naming. *Archives of Clinical Neuropsychology* 14 (2): 167–177.

- Trahan, Lisa H., Karla K. Stuebing, Jack M. Fletcher, and Merrill Hiscock. 2014. The Flynn effect: A meta-analysis. *Psychological Bulletin* 140 (5): 1332–1360.

- Trunk, Dunja L., and Lise Abrams. 2009. Do younger and older adults' communicative goals influence off-topic speech in autobiographical narratives? *Psychology and Aging* 24 (2): 324–377.

- Truscott, Roger J. W., and Xiangjia Zhu. 2010. Presbyopia and cataract: A question of heat and time. *Progress in Retinal and Eye Research* 29 (6): 487–499.

- Tumanova, Victoria, Edward G. Conture, E. Warren Lambert, and Tedra A. Walden. 2014. Speech disfluencies of preschool-age children who do and do not stutter. *Journal of Communication Disorders* 49:25–41.

- Uekermann, Jennifer, Patrizia Thoma, and Irene Daum. 2008. Proverb interpretation changes in aging. *Brain and Cognition* 67 (1): 51–57.

- Ulatowska, Hanna K., Sandra Bond Chapman, Amy Peterson Highley, and Jacqueline Prince. 1998. Discourse in healthy old-elderly adults: A longitudinal study. *Aphasiology* 12 (7–8): 619–633.

- US Census Bureau. 2011. Statistical Abstract of the United States. Table 53: Languages spoken at home by language, 2008. https://www2.census .gov/library/ publications/2010/compendia/statab/130ed/tables/11s0053 .pdf.

- Van Lancker-Sidtis, Diana, and Gail Rallon. 2004. Tracking the incidence of formulaic expressions in everyday speech: Methods for classification and verification. *Language and Communication* 24 (3): 207–240.

- Van Vuuren, Sarel, and Leora R. Cherney. 2014. A virtual therapist for speech and language therapy. In *Intelligent Virtual Agents*, ed. Timothy Bickmore, Stacy Marsella, and Candace Sidner, 438–448. New York: Springer.

- Veiel, Lori L., Martha Storandt, and Richard A. Abrams. 2006. Visual search for change in older adults. *Psychology and Aging* 21 (4): 754–762.

- Verdonck–de Leeuw, Irma M., and Hans F. Mahieu. 2004. Vocal aging and the impact on daily life: A longitudinal study. *Journal of Voice* 18 (2): 193–202.

- Verhoeven, Jo, Guy De Pauw, Michèle Pettinato, Allen Hirson, John Van Borsel, and Peter Mariën. 2013. Accent attribution in speakers with foreign accent syndrome. *Journal of Communication Disorders* 46 (2): 156–168.

- Vogel, Ineke, Hans Verschuure, Catharina P. B. van der Ploeg, Johannes Brug, and Hein Raat. 2009. Adolescents and MP3 players: Too many risks, too few precautions. *Pediatrics* 123 (6): e953–e958.
- Watila, M. M., and S. A. Balarabe. 2015. Factors predicting post-stroke aphasia recovery. *Journal of the Neurological Sciences* 352 (1): 12–18.
- Watson, Marcus R., Kathleen Akins, Chris Spiker, Lyle Crawford, and James T. Enns. 2014. Synesthesia and learning: A critical review and novel theory. *Frontiers in Human Neuroscience* 8 (98): 1–15.
- Watson, Marcus R., Jan Chromý, Lyle Crawford, David M. Eagleman, James T. Enns, and Kathleen A. Akins. 2017. The prevalence of synaesthesia depends on early language learning. *Consciousness and Cognition* 48:212–231.
- Watt, Lisa M., and Paul T. P. Wong. 1991. A taxonomy of reminiscence and therapeutic implications. *Journal of Gerontological Social Work* 16 (1–2): 37–57.
- Weisman, Steven R. 1983. Reagan begins to wear a hearing aid in public. *New York Times*, September 8, 1983. http://www.nytimes .com/1983/09/08/us/reagan-begins-to-wear-a-hearing-aid-in-public .html.
- Wery, Jessica J., and Jennifer A. Diliberto. 2017. The effect of a specialized dyslexia font, OpenDyslexic, on reading rate and accuracy. *Annals of Dyslexia* 67 (2): 114–127.
- West, Robert, and Claude Alain. 2000. Age-related decline in inhibitory control contributes to the increased Stroop effect observed in older adults. *Psychophysiology* 37 (2): 179–189.
- Westbury, Chris, and Debra Titone. 2011. Idiom literality judgments in younger and older adults: Age-related effects in resolving semantic interference. *Psychology and Aging* 26 (2): 467–474.
- Westerhof, Gerben J., Ernst Bohlmeijer, and Jeffrey Dean Webster. 2010. Reminiscence and mental health: A review of recent progress in theory, research and interventions. *Ageing and Society* 30 (4): 697–721.
- Weyerman, Jessica J., Cassidy Rose, and Maria C. Norton. 2017. Personal journal keeping and linguistic complexity predict late-life dementia risk: The Cache County journal pilot study. *Journals of Gerontology Series B: Psychological Sciences and Social Sciences* 72 (6): 991–995.
- White, Anne, Gert Storms, Barbara C. Malt, and Steven Verheyen. 2018. Mind the generation gap: Differences between young and old in everyday lexical categories. *Journal of Memory and Language* 98:12–25. Whiteside, Douglas M., Tammy Kealey, Matthew Semla, Hien Luu, Linda Rice, Michael R. Basso, and Brad Roper. 2016. Verbal fluency: Language or executive function measure? *Applied Neuropsychology: Adult* 23 (1): 29–34.
- Williams, Angie, and Howard Giles. 1996. Intergenerational conversations: Young adults' retrospective accounts. *Human Communication Research* 23 (2): 220–250.
- Williams, Kristine N., Ruth Herman, Byron Gajewski, and Kristel Wilson. 2009. Elderspeak communication: Impact on dementia care. *American Journal of Alzheimer's Disease and Other Dementias* 24 (1): 11–20.

- Williams, Kristine, Frederick Holmes, Susan Kemper, and Janet Marquis. 2003. Written language clues to cognitive changes of aging: An analysis of the letters of King James VI/I. *Journals of Gerontology Series B: Psychological Sciences and Social Sciences* 58 (1): P42–P44.
- Williams, Kristine N., and Susan Kemper. 2010. Interventions to reduce cognitive decline in aging. *Journal of Psychosocial Nursing and Mental Health Services* 48 (5): 42–51.
- Williams, Kristine, Susan Kemper, and Mary L. Hummert. 2003. Improving nursing home communication: An intervention to reduce elderspeak. *Gerontologist* 43 (2): 242–247.
- Wilson, Anna J., Stuart G. Andrewes, Helena Struthers, Victoria M. Rowe, Rajna Bogdanovic, and Karen E. Waldie. 2015. Dyscalculia and dyslexia in adults: Cognitive bases of comorbidity. *Learning and Individual Differences* 37:118–132.
- Wilson, Timothy D. 2002. *Strangers to Ourselves: Discovering the Adaptive Unconscious.* Cambridge, MA: Belknap Press.
- Wingfield, Arthur A., and Elizabeth A. L. Stine-Morrow. 2000. Language and speech. In *Handbook of Cognitive Aging*, 2nd ed., ed. Fergus I. M. Craik and Timothy A. Salthouse, 359–416. Mahwah, NJ: Erlbaum.
- Wong, Paul T., and Lisa M. Watt. 1991. What types of reminiscence are associated with successful aging? *Psychology and Aging* 6 (2): 272–279.
- Wray, Allison. 2002. *Formulaic Language and the Lexicon.* Cambridge: Cambridge University Press.
- Zarrelli, Natalie. 2016. The neurologists who fought Alzheimer's by studying nuns' brains. *Atlas Obscura*, March 24, 2016. http://www.atlasobscura.com/articles/the-neurologists-who-fought-alzheimers-by-studying-nuns-brains.
- Zec, Ronald F., Nicole R. Burkett, Stephen J. Markwell, and Deb L. Larsen. 2007. A cross-sectional study of the effects of age, education, and gender on the Boston Naming Test. *Clinical Neuropsychologist* 21 (4): 587–616.
- Zechmeister, Eugene B., Andrea M. Chronis, William L. Cull, Catherine A. D'Anna, and Noreen A. Healy. 1995. Growth of a functionally important lexicon. *Journal of Reading Behavior* 27 (2): 201–212.
- Zhan, Weihai, Karen J. Cruickshanks, Barbara E. K. Klein, Ronald Klein, Guan-Hua Huang, James S. Pankow, Ronald E. Gangnon, and Theodore S. Tweed. 2009. Generational differences in the prevalence of hearing impairment in older adults. *American Journal of Epidemiology* 171 (2): 260–266.
- Zickuhr, Kathryn, Lee Rainie, Kristen Purcell, Mary Madden, and Joanna Brenner. 2012. Younger Americans' reading and library habits. *Pew Internet and American Life Project*, October 23, 2012. http://libraries.pewinternet.org/2012/10/23/younger-americans-reading-and-library-habits.
- Ziegler, Johannes C., Conrad Perry, Anna Ma-Wyatt, Diana Ladner, and Gerd Schulte-Körne. 2013. Developmental dyslexia in different languages: Language-specific or universal? *Journal of Experimental Child Psychology* 86 (3): 169–193.
- Zielinski, David, ed. 2013. *Master Presenter: Lessons from the World's Top Experts on Becoming a More Influential Speaker.* San Francisco: Wiley.

인간을 다른 동물들과 구별 짓는 가장 특별한 인지적 능력이 바로 언어라는 주장에 동의하지 않는 사람들은 별로 없을 것입니다. 물론 동물들도 생존과 번식을 위해 다양한 방법으로 의사소통을 합니다. 하지만 이러한 동물의 의사소통 방법은 인간의 언어와 비교했을 때 여러 가지 측면에서 극복하기 어려운 한계가 있는 것이 사실입니다. 이러한 인간의 언어를 과학적으로 연구하는 학문이 언어학이고, 언어학 중에서도 특별히 언어가 인간의 뇌에서 어떻게 이해되고 산출되는지, 단어를 비롯한 다양한 언어 정보가 어떻게 저장되고 표상되며 인출되는지, 그리고 궁극적으로 어떻게 습득되는지를 연구하는 학문을 언어심리학 혹은 심리언어학이라 부릅니다.

언어심리학의 연구 주제들이 이렇게 매력적임에도 불구하고, 심리학이나 언어학 분야에서 아주 영향력이 강하지도 않고, 대중적으로도 소위 인기가 있는 학문은 아닙니다. 어떤 학문의 중요성이 반드시 영향력이나 인기 혹은 관심으로 평가되는 것은 당연히 아니지만, 그 중요성이 제대로 드러나지 못하는 것에 대한 안타까움, 아쉬움, 그리고 해당 분야를 공부하는 학자로서의 책임감은 늘 제 마음 한구석에 자리 잡고 있었습니다.

대학이나 대학원에서 언어심리학을 전공하려는 학생들을 대상으로 하는 훌륭한 교과서나 전문 연구서들은 많이 출판되고 있지만, 언어심리학을 제대로 대중에게 소개한 책은 좀처럼 찾기 어렵습니다. 훌륭한 언어심리학자들이 지금까지 몇 권의 책을 펴내기는 하였고, 실제 한국에 소개된 적도 있지만, 학문적인 흥미와 중요성을 면면히 담아내기에는 아직도 부족합니다. 이러한 상황에서 로저 크루즈 박사와 리처드 로버츠 박사가 쓴 『Changing Minds: How Aging Affects Language and How Language Affects Aging』은 가뭄 속에 단비와 같은 책입니다. 이미 이 두 저자는 언어심리학의 주요한 주제에 대한 학술 교양서를 두 권이나 출판한 터라,^{이 가운데 한 권은 이미 한국어로 번역도 되었음} 이들의 경험이나 전문성에는 의심의 여지가 없었습니다. 게다가 제가 관심을 가지고 연구하는 주제인 인지 노화와 언어에 대한 학술 교양서라니….

　　흥분을 가라앉히고 번역을 해나가면서 우리가 나이 듦에 따라 언어와 인지가 어떻게 변화하는지, 인지적 감퇴에 대한 보상 전략으로서 언어를 어떻게 사용하는지, 더 나아가서 언어가 어떻게 보다 건강한 나이 듦으로 우리를 이끄는지 등에 대해 저자들이 하고자 하는 말을 어떻게 독자들에게 잘 전달할 수 있을지 고민을 하였습니다. 이 책의 성격이 학술 교양서이다 보니, 노화 과정에서 나타나는 언어의 변화를 기술하면서 전문적인 용어들도 많이 나오고, 이해하기 쉽지 않은 과학적 연구 결과들도 많이 소개되어서, 번역자로서 이를 쉽고 명확하게 전달하는 과정이 만만치 않았습니다. 왜 언어심리학 분야의 학술교양서가 지금까지 많이 출판될 수 없었는지를 이해하게 되었고 무엇보다 내용을 좀 더 쉽게 전달하지 못하는 것에 대한 아쉬움이 있었지만, 이 책이 언어심리학과 인지 노화 분야에 대한 지평을 넓히는 데 하나의 밀알이 될 수 있다는 기대와 소망 역시 제 마음에 움텄습니다.

이 책은 크게 두 부분으로 이루어져 있습니다. 책의 각 장이 어떤 내용을 다루고 있는지는 여기서 굳이 설명하지 않겠습니다. 하지만 중요한 점 두 가지만 이야기하면, 첫째, 노화에 따라 언어 능력 역시 감퇴가 나타나는 것처럼 보이지만, 이는 다양한 인지 능력의 감퇴와 복잡하게 연결되어 있습니다. 그런데 언어 능력은 다른 인지 능력에 비해 노화에 따른 감퇴의 정도가 심하지 않아서, 다른 인지 능력의 감퇴가 우리 삶에 미치는 부정적 영향을 줄이는 기능을 담당할 수 있다는 것입니다. 둘째, 잘 읽고 잘 쓰고 잘 듣고 잘 말하는 것은 우리 인생의 후반부를 더욱 건강하고 풍요롭게 해 준다는 점입니다. 첫 번째 요점은 1장부터 5장까지, 두 번째 요점은 6장에서 잘 다루고 있습니다. 저자들은 이러한 주제들과 관련한 중요한 연구 결과들을 이용하여 언어와 노화의 관계를 흥미롭게 다루고 있습니다.

독서의 즐거움과 이를 통한 자아의 확장을 이미 경험하셨거나 경험하길 원하는 독자들께는 기꺼이 이 책을 권하겠지만, 소위 독서가 취미가 아닌 분들께도 이 책을 권할 이유가 있을까요? 이 책을 먼저 읽고 번역한 사람으로서 다음과 같은 분들에게 이 책을 추천합니다. 먼저 건강하고 의미 있는 노년을 준비하고 기대하시는 분들입니다. 이런 삶을 위해 다양한 준비를 할 수 있겠지만, 이 책의 내용들 역시 도움이 될 것입니다. 또한 인간의 언어 정보처리 과정에 관심이 있는 분들입니다. 다른 사람의 말을 이해하고 내가 하고 싶은 말을 하고, 글을 읽고 쓰는 과정은 모국어를 사용하는 사람들에게는 거의 자동적으로 이루어집니다. 하지만 이러한 과정은 엄청나게 복잡한 정보처리를 요구합니다. 이러한 분야의 지식을 쌓고 싶으신 분이라면 이 책이 도움이 될 수 있을 것입니다.

이 책을 번역하기까지 많은 분들의 도움이 있었습니다. 먼저 책의 출판을 허락해준 광주과학기술원GIST 집행부와 GIST PRESS에 감사를 드립니다. 또한 인지 노화를 함께 연구하며 서로 지적 자극을 주고받는 한국사회과학연구사업 연구팀의 동료 연구진들께도 감사를 드립니다. 이 분들과의 연구 경험이 이 책을 번역하는 과정에서 큰 도움이 되었습니다. 아울러 이 사업을 수행할 수 있도록 지원한 한국연구재단NRF—2020S1A3A2A02103899에도 감사를 드립니다. 마지막으로 이 책이 세상에 나올 수 있도록 여러 가지 측면에서 도움을 주신 GIST PRESS의 박세미 선생님과 도서출판 씨아이알의 박승애 실장님께도 큰 감사를 드립니다.

로저 크루즈 Roger Kreuz 는 30년 동안 심리학과 교수로 재직해왔다. 톨레도 대학교에서 심리학과 언어학을 공부한 후, 프린스턴 대학교에서 실험 심리학으로 석사와 박사 학위를 받았다. 그 뒤 듀크 대학교에서 인지 노인학 분야의 박사후 연구원으로 일했다. 그는 언어 심리학의 다양한 분야에서 연구를 수행하고 논문을 출판했다. 그의 세부 전공 분야는 담화 처리 및 비유적 언어 정보처리이다. 그는 미국 과학 재단과 미국 해군 연구소의 지원을 받아 연구를 수행하였다. 그는 두 권의 학술서의 공동 편저자이기도 한데 한 권은 『Empirical Approaches to Literature and Aesthetics』이고, 다른 한 권은 『Social and Cognitive Approaches to Interpersonal Communication』이다. 그는 현재 멤피스 대학의 인문대학 부학장으로 재직 중이다.

리처드 로버츠 Richard Roberts 의 교육 배경은 음성 및 청각 과학, 임상 심리학, 그리고 실험 심리학에 이른다. 멤피스 대학에서 박사 학위를 취득한 뒤, 국립 건강 통계학 센터에서 박사후 연구원으로 일했다. 그는 메릴랜드 대학과 아시아, 그리고 유럽에서 12년간 학생들을 가르쳤다. 2006년부터는 미국의 외교관으로 일하며 나이지리아, 일본, 한국, 몽고 등에서 대사로 근무했다. 또한 미국 외무부에서 프랑스어, 일본어, 한국어 등을 연구했으며, 현재 일본 오키나와의 나하에 있는 미국 영사관에서 공보 장교로 일하고 있다.

로저와 리처드는 함께 담화 처리와 화용론에 관한 논문과 북 챕터를 줄판하였다. 이들은 또한 『Becoming Fluent: How Cognitive Science Can Help Adults Learn a Foreign Language(MIT Press, 2015)』, 『Getting Through: The Pleasures and Perils of Cross-Cultural Communication (MIT Press, 2017)』의 공저자이기도 하다.

그린이 소개

엥크투르 바야르사이칸Enkhtur Bayarsaikhan은 몽고의 울란바토르에 거주하는 인물 디자이너이자 3-D 예술가이다. 그는 『Getting Through: The Pleasures and Perils of Cross-Cultural Communication(MIT Press, 2017)』의 삽화가였고, 몽고의 민화에 관한 책, 몽고인들이 영어를 잘 배우도록 쓴 책의 삽화 또한 그렸다. 그의 작품은 다수의 수상을 하였다.

노화와 언어는
서로 어떻게 영향을 미칠까?

초 판 인 쇄 2021년 12월 07일
초 판 발 행 2021년 12월 15일

저   자 로저 크루즈(Roger Kreuz), 리처드 로버츠(Richard Roberts)
역   자 최원일
발 행 인 김기선
발 행 처 GIST PRESS

등 록 번 호 제2013-000021호
주   소 광주광역시 북구 첨단과기로 123(오룡동)
대 표 전 화 062-715-2960
팩 스 번 호 062-715-2069
홈 페 이 지 https://press.gist.ac.kr/
인쇄 및 보급처 도서출판 씨아이알(Tel. 02-2275-8603)

I S B N 979-11-90961-11-0 (93180)
정   가 16,000원